中國現代史叢書 8

張玉法 主編

美國與中國政治(1917-1928)

—— 以南北分裂政局爲中心的探討

吳翎君 著

東大圖書公司

國立中央圖書館出版品預行編目資料

美國與中國政治（1917-1928）—以南
北分裂政局為中心的探討／吳翎君
著.--初版.--臺北市：東大發行：
三民總經銷，民85
　　　面；　　　公分
ISBN 957-19-1898-9（精裝）
ISBN 957-19-1899-7（平裝）

1.中國—外交關係—美國

645.2　　　　　　　　　　84013753

© 美國與中國政治
（一九一七——一九二八）
以南北分裂政局為中心的探討

著作人　吳翎君
發行人　劉仲文
產著作財
權人財　東大圖書股份有限公司
發行所　東大圖書股份有限公司
　　　　地址／臺北市復興北路三八六號
　　　　郵撥／○一○七一七五——○號
印刷所　東大圖書股份有限公司
總經銷　三民書局股份有限公司
門市部　復北店／臺北市復興北路三八六號
　　　　重南店／臺北市重慶南路一段六十一號
初　版　中華民國八十五年二月
編　號　E 62041
基本定價　陸元陸角
行政院新聞局登記證局版臺業字第○一九七號

有著作權‧不准侵害

ISBN 957-19-1899-7（平裝）

主編者序

　　二十世紀在中國歷史上是一個變遷迅速的世紀。在二十世紀將要結束以前，回頭看看二十世紀初年的中國；或從二十世紀初年的中國，看看二十世紀將要結束的中國；不僅歷史學家會不斷檢討這一段的歷史總成績，走過這個時代的或走不過這個時代的人，無論自己流過多少汗、多少淚、多少血，受過多少飢寒、多少苦難、多少折磨，還是犧牲過什麼、享受過什麼、獲得過什麼，站在二十世紀的盡頭，不能不對這一個世紀作些回顧、作些省思，然後勇敢地走向或走入二十一世紀。這是東大圖書公司出版「中國現代史叢書」、為讀者提供歷史資訊的最大旨趣。

　　二十一世紀是否為中國人的世紀？有人很關心，有人不關心。但在地球村逐漸形成的今日，不管是冷漠還是熱心，不管是不自願還是自願，都得住在這個村，並為這個村的一員。就中國現代史的研究而論，不僅臺海兩岸的歷史學者，多投入研究，或表示關懷，歐美及日本等地的歷史學者，不少亦研究中國現代史。這便是史學界的地球村。

　　中國現代史的起點，臺海兩岸的學者有不同的看法，一般說來，臺灣地區的學者，主張始於辛亥革命時期；大陸地區的學者，早年主張始於五四運動時期，近年又主張始於 1949 年中華人民共和國的成立。外國學者的看法，不出上述兩種。嚴格說來，臺海兩岸學者對現代史分期的看法，都受到政治的影響。許多學者以鴉片戰爭作為近代

史的開端，也是受政治的影響；因爲鴉片戰爭被視爲反帝反封建起始的年代。

　　爲了擺脫政治的糾葛，可以從世界史的觀點來考慮中國歷史分期問題。梁啓超將中國歷史分爲中國之中國、亞洲之中國、世界之中國三個時期，如果將中國人在中國境內活動的歷史劃爲上古史，將中國人向亞洲其他地區擴張的歷史劃爲中古史，將中西接觸以後、中國納入世界體系劃爲近代史，則中國近代史應該始於明末清初。明末清初的中國，不僅與歐洲、美洲進行海上貿易，而且歐洲帝國主義的勢力已經進入中國，譬如葡萄牙佔有澳門(1557)、荷蘭(1624)和西班牙(1626)佔有臺灣，俄國進入中國黑龍江流域(1644)。在葡人佔有澳門以後的二、三百年，中西之間有商業、文化、宗教交流，到 1830 年代以後，因通商、傳教所引起的糾紛日多，由於中國國勢不振，利權、領土不斷喪失，成爲帝國主義國家的殖民對象，到 1897-1898 年的瓜分之禍達於頂點。1899 年英美發佈「中國門戶開放政策」以後，中國免於被殖民瓜分的局勢始獲穩定。我們可以將 1557-1899 年的歷史定爲近代史的範圍。1901 年，中國在義和團的激情反帝國主義以後，開始進行教育、經濟、政治改革，革命運動亦大獲進展，將歷史帶入現代時期。

　　中國上古史爲中國歷史文化的創建期，中古史爲中國歷史文化的擴張期，近代史爲中國歷史文化的收縮期，現代史爲中國歷史文化的更新重建期。本叢書所謂中國現代史，即始於 1900 年，涵蓋整個二十世紀，如果中國更新重建的大方向不變，亦可能涵蓋二十一世紀及其以後。儘管由於政治的糾葛，「中國」一詞在近數十年的臺灣及海外各地已經變成模糊的概念，出現了歷史中國、文化中國、大陸中國、海洋中國等名詞，但中國畢竟是現在世界上歷史悠久、土地廣大、人口

眾多的國家，不能因為它時常出現外力入侵、內部分裂，而忽視它的歷史存在。而且自第二次世界大戰結束以後，中國躍為世界五強之一，它在世界上的地位愈來愈重要。因此，檢討二十世紀的中國史，在世界史中也饒富意義。

現代史上的中國雖然災難重重，但亦有機會撥雲見日，這是中外史家對研究中國現代史有興趣的原因之一。但不可否認的，由於臺海兩岸長期缺乏學術自由，而臺海兩岸及世界各國有關學者，由於掌握材料的性質和多寡不同，許多現代史的著作，流於各說各話，這是學術上不易克服的困難，有些困難則是學術界的不幸。本叢書希望包羅一些不同國度、不同地區、不同觀點的學術著作，透過互相欣賞、批評，以達到學術交流的效果。收入本叢書的專著，儘管有不同的理論架構或觀點，但必須是實證的、避免主觀褒貶的。

傳統中國史學，有些持道德主義，主觀的褒貶性很強；近代中國史學，有些受作者個人信仰或好惡的影響，流於宣傳或謾罵；凡此都妨害歷史求知的客觀性。本叢書在選取稿件時，當在這方面多作考量。

承東大圖書公司大力支持，使本叢書得以順利出版，非常感謝。收入本叢書之八的《美國與中國政治(1917－1928)》，係吳翎君女士就其博士論文改寫而成。吳女士，臺灣花蓮人，1962 年生。政治大學歷史系畢業。臺灣大學歷史學碩士、政治大學歷史學博士，曾任《歷史月刊》主編、政治大學歷史系講師，現在中央研究院近代史研究所做博士後研究。《美國與中國政治》一書，論述 1917 至 1928 年間中國分裂時期，美國與南北兩政府的關係。從承認北京政府到承認南京政府期間，美國對中國政治涉入頗深，使中國人對美國普遍存有既怕又愛

的心理。本書主要利用美國國務院出版的外交檔案，剖析美國與中國南北兩政府實質關係的基礎，以及美國對華政策中理想與現實的糾葛，發前人所未發。特向讀者推薦。

張玉法

1995 年 12 月 1 日於中央研究院

自　序

　　分裂與統一，是中國歷史上無可迴避的課題。中國現代政治史的發展更是糾纏著分分合合的雙主題變奏，從民初的軍閥統治時期到北伐統一，乃至國共內戰到臺海對峙，歷史的弔詭似乎特別鎖定災難頻仍的現代中國。不論是上帝的鞭笞、抑或是上帝的選民，歷史的幃幕似乎又揭序著相似的戲碼，走到地球村隱然可現的廿一世紀，在攸關國家命運的議題上，我們是否仍無法逃脫出歷史發展的窠臼，由新的視野思考中國歷史的分合問題！

　　上述關懷是本書最初選題的主要思考方向，而作者所深切致意的是美國對於中國政治的介入，尤其是中國的分裂問題。由於近代以來中美關係的特殊發展，使得中國人對美國有一種特殊的愛恨情結（ambivalence），中國人時常一廂情願的以為美國是可信賴的友人，這種假想使得美國政府一旦拋棄正義守護神角色，回歸國際現實的強權政治時，中國人便對美國產生微妙的心理變化，從而模糊了對中美關係問題的思考。這種心理反映在 1949 年中華民國政府的撤退來臺，臺灣方面對美國「失去中國」的責任批評；以及 1971 年中華民國退出聯合國、1979 年美國與中共建交，尤為明顯。本書希望透過美國與中國現代史上第一次南北分裂時期（1917-1928），美國與南北兩政府的關係，重新檢視「中美特殊關係」所建構的事實基礎。

　　本書雖有現實關懷的一面，但不意味著將 1920 年代的中國與 1990 年代臺海兩岸的情勢做一類比和推論。古今異時異地，歷史的類

比有如險灘急流，不應亦不能貿然嘗試。本書的主要工作係還原當日史料，並解釋美國對華政策的實質內容。全書共計六章，各章內容如次：

第一章〈引論〉：說明研究旨趣、研究方向，以及全書架構。

第二章〈美國對參戰問題和南北分裂的態度(1917-1918)〉：探討美國對中國參戰問題的態度及其影響；以及就參戰問題與政爭環扣相連，論析美國政府與中國內政之關聯——從府院之爭到張勳復辟事件中的角色；並探討南北分裂初期美國對於護法軍政府的態度。

第三章〈美國與中國南北兩政府(上)(1918-1925)〉：探討美國與南北兩政府的承認問題及政策之轉變。首先探討美國與1919年南北和議之關係、美國與北京政府之承認——由「法理承認」到「事實承認」之轉折，以及美國與直系政權之關係及北洋軍閥內戰中的立場。其次，探討美國對廣州政府要求外交承認與援助之回應及其影響、美國對陳炯明事件及對關餘交涉的態度。

第四章〈美國與中國南北兩政府(下)(1925-1927)〉：探討在五卅事件以後日愈高張的民族主義風潮下，美國與南北兩政府之關係與承認問題。由於中國政局的混沌，1926年7月以後，美國駐華使領先後提出「不承認政策」(non-recognition policy)——不承認北京，並且認爲中國無足以代表中國人民之政府；此乃爲因應中國情勢重大轉變而採取的觀望策略。

第五章〈北伐時期南北情勢轉變與美國(1926-1928)〉：探討北伐開展後，美國對於北伐軍事行動的態度及其對交戰雙方是否保持中立。由北伐初期的限制長江航權之衝突與交涉，到上海租界中立化之提議、南京事件之解決，論述美國政府居間所扮演的角色。最後探討美國對於南京政府的法理承認，以及對於南京政府成立之初的政局評

估。

第六章〈結論〉：將前五章的討論做整體觀照，論述美國對於中國政治的務實著眼點。中國南北局勢本身的明朗化，是美國國務院承認南京政府的最後一道門檻。

本書是由博士論文修訂而成，因此，對於自己而言，它意味著過去學習生涯的總結，也是學術生涯的另一個起點；而一本書的出版，更是接受檢驗的開始。

有人將寫論文和胎孕過程相提並論，可見得論文寫作之艱辛；但其甘甜亦在論文胎孕新生後的豐實。對於已為人母的我而言，本書所承載的溫情，遠遠超過文字本身。感謝家人的支持、師長的愛護以及友情的溫暖，如果沒有他們的諒解與鼓勵，本書的完成，將是遙遙無期。

1991 年冬，揮別雜誌社編輯檯的工作，決心歸隊做一名歷史學徒。當時心裡著實發慌，如同面對久已荒蕪的田園，不知從何翻整。外子明輝的寬容，成全我專心攻讀學位的心願；在他的驅策下，使得一向視電腦為畏途的我，將論文一字字從鍵盤上敲出。結婚十年，夫妻倆幾乎都在學位的壓力下打轉；從碩士學位到博士學位，一波波的挑戰有如浪裡行舟，若非疼惜與恩情，怎能渡過驚濤！

猶憶重回學院時，博兒剛上幼稚園中班。每當我坐上書桌邊時，他都像小猴般，在我身後把我當大樹勾弄，還不時發出泰山獅吼。撰寫本書時，他已是小學二年級的白胖小男生，乖巧聽話，小孩的成長速度快得令我既喜且愧。

回顧學史之路的歧路多荊與浮沈，也曾試圖做一名歷史學的逃兵，眾裡尋它千百度，又回到學術研究本位時，驚覺少林寺的拳法早已生疏。其間的沈潛養晦，師長們的春風化雨，使我不敢放棄。戴玄

之師在我大四時叮囑我投考研究所，希望戴老師在天國看到這本小書的出版，或亦稍感欣慰。感謝臺灣大學張忠棟師引領我走進中美關係史的研究領域。杜維運師在我懷憂喪志時，如醍醐灌頂的鼓舞士氣。閻沁恆師及師母(林瑞炳老師)，賜我華廈廣屋，使我們一家三口免於搬家之苦；尤其在論文撰寫期間，閻師母常大包小包的打點食物，讓我感受到大家長的慈愛。大學時代的導師張哲郎師、林能士師十年如一日的提攜與關心，使我感受人世的溫厚情懷。

　　本書的完成，首要感謝張玉法院士及魏良才教授的悉心指導，不論是章節結構與文字的潤飾，兩位指導教授均逐字審訂，並提供關鍵性解釋，使得我在論文撰寫階段，對鑽研檔案產生極大的興趣。本書且蒙張玉法師推薦交由東大圖書公司出版。在當了數年專職學生後，秦瓊賣馬，卻是滿心歡喜。感謝東大圖書公司劉振強先生的盛情雅意，使得本書能順利問世。

　　感謝李國祁、李恩涵、李雲漢和王綱領諸位教授，在論文口試時，提出許多寶貴意見；部分意見已在進行修訂時採納，部分將做為日後研究主題的參考。

　　在博士論文的最後完稿階段，感謝摯友管美容、郭瑋瑋的幫忙排校；遠在德國的李貌華，不時以電話詢問進度；李達嘉學長、吳淑鳳學妹和張健俅學弟惠借相關資料；北京中國社會科學院的王熹先生協助蒐集大陸所藏檔案的奔勞；康樂、簡惠美夫婦代為「看顧」外子明輝的細心設想；一群登山的老少朋友，予我精神鼓勵和饗以美食大餐，這些都令我感受到朋友間的好情義。

　　歷史研究不能沒有材料，本文主要依據的民國時期外交部檔案及美國國務院出版的外交檔案，均受惠於中央研究院近代史研究所檔案館及圖書館，特此深致謝悃。由於中央研究院近代史研究所所長陳三

井先生的引介，使得我在取得博士學位後，在近史所進行爲期一年的博士後研究，得以心無旁鶩地修正博士論文，並利用近史所豐富的學術資源進行下一專題的研究，謹此致上十二萬分之謝意。

最後，謹將本文獻給養育我的父親吳福隆老師、母親莊緣妹女士。他們任由我選擇冷門的歷史系爲大學第一志願，一路行來，恆爲支柱，雖然他們總笑我是古墓派的傳人；而魏晉在後或秦漢在前，在他們已感茫然。但父親的樂觀與母親的韌性，永遠是驅策我向前的最大力量。

吳翎君　謹誌

1995 年 11 月 20 日　指南山下

美國與中國政治(1917-1928)
——以南北分裂政局爲中心的探討

目　　次

第一章　導論

　　對於一次世界大戰到 1930 年代以前中美關係史的研究，一般劃分為三個階段討論：(1) 1913 年至 1917 年，以威爾遜總統(Woodrow Wilson)推展遠東政策爲主軸，涵蓋的議題包括美國捲入遠東事務的根源——理想主義或現實主義、美日在亞洲的抗衡；(2) 1917 年至 1922 年，美國參戰、美國對中國的援助(新國際銀行團的組成)、美日持續競爭，以及圍繞戰後秩序重建的相關議題，如巴黎和會、華盛頓會議、山東問題等；(3) 1922 年至 1931 年，爲華盛頓體系的建立、對中國民族主義的回應、華北危機的開始及華盛頓體系的崩潰。上述三階段的研究，目前均有相當豐富的研究成果，而其中的代表性著作各有一套解釋體系，幾乎已可另闢學術蹊徑探討①。

---

① 例如有關一次世界大戰前後的美國遠東政策之解釋，建造的解釋體系不同，增加此一議題的挑戰性。從 1930 年代末期格里斯沃德(Whitney A. Griswold)的《美國的遠東政策》*The Far Eastern Policy of United States* (New York: Harrcourt, Brace and Company, 1938)一書，作者將威爾遜塑造成遠東遏制政策的建築師，哈定總統則承續其後，而華盛頓會議則是遏制政策的高峰。到了 60 年代初期威廉斯(William Appleman Williams)的《美國外交的悲劇》*The Tragedy of the American Diplomacy,* rev. (ed.), (New York: Delta Books, 1961)一書，則幾乎顛覆了格里斯沃德所建造的解釋體系；本書論證 1917-1922 年是美國在亞洲建造非正式帝國的開始，這個非正式帝國比起過去美國一向攻訐的霸權毫不遜色；威爾遜和哈定的根本性設想，是防止遠東發生劇變，與相關國家促進在華利益，對中國不友好，對日本也不敵視，認爲華盛頓會議標誌合作政策的勝利，而非遏制的勝利。其後，入江昭(Akira Iriye)的《超越帝國主義》*After*

　　論者普遍強調美國對華政策之一體兩面,即理想主義與現實主義的糾葛不清。這種矛盾在威爾遜總統任內(1913-1921)的遠東政策中最為明顯。威爾遜總統期許以道德與正義使命捍衛中國主權,但其理想主義色彩,則不時和現實利益衝突,最後仍向強權政治之現實妥協②。當一次世界大戰在歐洲爆發,日本根據英日聯盟的協定,迅即強占德國在山東的權益,接著提出 21 條要求。中國政府曾寄望威爾遜政府從中斡旋,試圖從德國手中取回山東特權,代理國務卿藍辛(Robert Lansing)的名言:「如果為了中國領土的完整而使美國陷入國際上的窘境,那將是極其虛妄的事」③。其後,藍辛出任國務卿,果然於「藍辛石井協定」中,承認日本對其鄰近之中國地區有特殊權益。藍辛的這項「不為中國問題捲入國際糾紛」的指令,可說是藍辛任內對華政策的指導性原則。1919 年,標榜進步主義的威爾遜總統,於巴黎和會對日本讓步山東問題,導致中國人民對美國的強烈失望。威爾遜欲通

Imperialism: The Search for a New Order in the Far East, 1921 -1931 (New York: Atheneum, 1969),又開拓了另一視野。他認為威爾遜放棄過去的帝國主義政策,謀求在東亞建造一個國際合作的政治秩序,本書運用比較的方法,強調美、日、英及華會體系外的蘇俄對華政策嘗試與轉變,最後證明美國所建造的華盛頓體系是失敗的。此一討論,詳見:Ernest R. May & James C. Thomson, Jr. eds., *American-East Asian Relation: A Survey* (Cambridge, Mass.: Harvard University, 1972), pp. 190-194.

② Roy W. Curry, *Woodrow Wilson and Far Eastern Policy, 1913-1921* (N. Y. : Bookman Associates, 1957), pp. 311-322. 認為威爾遜的遠東外交政策,帶有激烈的宗教色彩與「改造中國」的正義性質,威爾遜有意遏止日本的野心,但是遠東事務無論如何不能與歐洲事務相比,強權政治的現實,最後戰勝理想主義。

③ The Acting Secretary to the Minister in China(Reinsch), Nov. 4, 1914, United States Dept. of State, *Foreign Relations of the United States,* 1914, Supp., p. 190. 下文提及此檔簡稱 *FRUS*。

過國際聯盟使中國問題國際化，使中國與列強的衝突可以通過和平、公正的方式解決。然而，美國並未能如威爾遜所願加入國際聯盟，成爲他在遠東政策失敗的另一個悲劇。

　　繼起的哈定（Warren G. Harding）政府，在遠東繼續面臨與日本的緊張關係。來自美國國內的強大壓力要求削減軍備，而日本海軍的建設卻使美國不能放棄制定巨大的軍備計畫，國務卿休斯（Charles E. Hughes）體會到解決困境的方式，是和日本達成一項協議結束海軍競賽；同時，英日同盟的存在與日本在中國的擴張，對遠東和平造成極大的威脅。在美國的倡議下，1921年華盛頓會議的召開，重新確立了門戶開放政策的精神與中國主權及領土完整的原則。爲緩和列強在遠東的競爭關係，列強同意以「國際合作」（international cooperation）取代列強間的競爭，並期望透過新國際銀行團的組成達到「經濟外交」（economic diplomacy）的目的；對中國內部事務，列強則同意遵守不干涉政策，此即所謂「華盛頓體系」的建立，被喻爲遠東國際政治「新時代」的來臨④。

　　對中國而言，1920年代是革命性變化的一個時期。由「五四」愛國運動爆發的民族主義風潮襲捲中國，一波波的排外運動，直接向各國自近代以來建立的（不平等）條約體系挑戰。領導華盛頓會議的美國政府於會議結束後的數年，並未積極促使華會的各項決議實現，例如坐視法國遲遲未簽署華會決議案。五卅事件爆發後，柯立芝（Calvin Coolidge）政府有意促使修約，緩和中國的日愈激化的民族主義風潮。然而，華會相關國家在修約問題上未能有共識，1925年北京關稅會議的失敗，雖然與北京政局的動盪有關，但華會國家無法發揮更高的合

---

④　Akira Iriye, *After Imperialism: The Search for a New Order in the Far East, 1921-1931,* p. 25.

作政策理想，亦是主因；而美國政府在修約問題上最後採取了單獨交涉。1928 年日本製造濟南事件，隨即加緊侵略華北，說明了華盛頓體系所強調的維護中國主權及協調外交，已決然崩潰。1931 年日軍發動九一八事變，揭開太平洋戰爭之序幕。

有關上述，從一次世界大戰至 1930 年代以前的中美關係的論著，其研究取向多爲美國對華政策或遠東國際政治的觀照面，成果斐然。後續研究如欲取徑於此，發展空間相當有限。基於此種考量，本文主要將焦點扣緊美國與中國政治，尤其是與中國內政的關係。

本文主體架構爲：中國現代史上第一次的南北對峙時期(1917-1928 年)，美國與中國政治的關係，美國對於南北兩政府的影響、立場以及最後承認國民政府政策上的轉圜；從承認軍閥統治下的北京政府到承認國民政府之間，美國對中國政治的反應、涉入(involve)以及涉入的程度，試圖剖析此一時期美國對中國政治的實質意涵。

中國南北分裂的肇端，發生於第一次世界大戰爆發後不久。歐戰之初，中國與美國原屬中立國國家，直到戰爭的最後階段，美國才加入歐戰。美國政府基於遠東利益考量，對於中國參戰問題，出現微妙的變化；而中國方面則因參戰問題，內爭不已，府院關係愈爲緊張。論者普遍以爲美國與日本都想利用參戰問題爭奪中國的控制權，日本大力支持段祺瑞參戰，美國爲遏制日本在華的擴張，所以支持反對參戰的黎元洪總統，這種說法認爲府院之爭是美國和日本爭奪中國控制權的投射⑤。歐戰期間，美日在華的競爭的確極爲緊張，但是否與中

---

⑤　此一說法以大陸學者最爲普遍，認爲府院之爭代表著日—段勝利，美—黎失敗，爲美國在中國政治的又一次挫敗。從早期胡繩的《帝國主義與中國政治》(北京：三聯書店，1950)，頁 109-190，到最近出版的陶文釗，《中美關係史》(四川：重慶出版社，1993)，頁 42，都持一致的看法。

國的內爭(內亂)有如此的緊密的聯繫？1917 年 6、7 月,北京政局經府院之爭、國會被迫解散及張勳復辟事件一連串的餘波震盪,以段祺瑞復任國務總理而暫告落幕,但段自居「再造共和」之功,拒絕恢復國會。國會被解散後,孫中山南下護法,南北正式宣告分裂。

美國政府在道義上始終鼓勵統一與和平的中國,並於一次世界大戰進入尾聲,著手戰後和平會議時,希望中國南北重建統一工作,提出消弭中國內戰、促成南北和談的建議,但未獲致任何成果。南北統一的命題,最後爲國民革命軍北伐而完成。

南北對峙時期,最重要的是外交承認問題。近代以來,國際社會承認各國政府的標準有二,有採事實觀點者,即一個新政府的成立,不問其是否合乎法律程序,只要有實際的存在事實,即承認其爲事實(de facto)政府;有採法律觀點者,認爲一個新政府的成立,如具法律程序之正當性,即予承認,此即爲法理(de jure)政府。如以政變、內戰或革命方式取得政權,則承認必須愼重考慮。當一國家之政府依照憲法程序之規定而有所改變時,在正常情形,其方式爲新政府知照各國,各國即予承認,不構成承認問題⑥。1917 年以後,列強雖承認北京政府,但鑑於北京政局動盪不安,加以法理基礎不足,是以新政府

⑥　承認國家與承認政府,兩者有所區別。承認國家是承認其在國際社會具有人格,國際人格一經承認,並不因國內政府更迭而有所變動。然而一個新政府成立,是否能代表此一國際法人,參與國際社會,則須經另一次承認,此即政府承認。新政府是指元首的更迭或政體的變動等。當一個國家的舊政府不復存在,而其新政府未被承認時,該國的國際法人地位,並未喪失,但是卻無法行使其法定的能力。新政府的承認,是其他國家肯定新政府具有唯一代表本國,以享受國際權利與負擔義務的能力,而表示願意與之交往。以上所引參考:朱建民,《外交與外交關係》(臺北:正中書局,1977),頁 283;王人傑,〈國際法上的承認〉,收入:丘宏達主編,《現代國際法》(臺北:三民書局,1993 年 8 月,第 10 版),頁 214-215。

之成立，有時引發是否應予繼續承認的質疑或聲稱其爲事實(de facto)政府的討論。1926年下半年美國駐華使領先後主張與南方政府建立事實關係，其後又提出「不承認政策」(non-recognition policy)——不承認中國有具代表性的政府，對南北兩政府採取觀望態度。駐華使領與國務院間對於北京政府的承認問題有相當繁複的討論，顯現美國政府對中國內政的態度及立場。

至於美國政府對南方政局的態度，1917年以後，孫中山擎起護法大業之幟，期待標擧世界民主政體表率的美國政府，施予外交援助。美國政府不僅不同情護法運動，且視之爲一種分離運動。當廣州政府要求分享關餘及南方派於美國屬地募款時，美國政府採取相當強硬的態度。駐華使領對於陳炯明的評價，反而高於孫中山，此種「美國經驗」挫敗，對於國民政府後來外交路線之轉變有相當的影響。待廣州國民政府建立，美國政府對於南方的態度，逐漸改變，反映在強徵華會附加稅一事上，最爲明顯。

對於美國政府所宣稱對中國內戰及各黨派的中立，此一時期有兩大主題：(1)美國與直系政權的關係及北洋軍閥內戰中的態度。(2)北伐開展後，美國政府在南北交戰中的立場，是否有偏袒一方？不論北洋軍閥內戰或北伐軍事行動，都造成外人在華生命財產的威脅。包括美國政府在內的各國，此時援引兩項條例，以保護既有在華權利：其一爲，1858年天津條約所規定的內河航行權問題；其二爲，1901年辛丑和約中，對於京津附近不得開戰及保持京津至海口鐵路沿線之暢通。各國爲維護條約利益及保僑措施，最常有的擧動是聯合採取砲艦外交。然而，砲艦外交之過度使用，相對即是造成對中國政局的干涉。

就第(1)點而言，軍閥政治下的北洋政府，相當程度地反映了帝國

主義列強在中國的衝突與競爭，其中又以美、日兩國的爭逐最爲明顯。1919年南北和議破裂後，北方軍閥派系矛盾日益加劇，最後演成直皖之戰和兩次直奉戰爭。列強雖然允諾遵守華盛頓體系精神，對中國內戰採協調一致態度──不干涉政策，但是從美、日兩國外交文件中，可看出美、日兩國在北洋軍閥內戰中的緊張關係。直皖和兩次直奉戰爭，具體而微地反映了美日兩國角逐對北京政局的影響力與矛盾，其投射模式是美英／直系、日本／皖系或奉系的支持關係，然而這種緊張對立關係，是否影響美國對於軍閥內戰中的不干涉政策？過去強調英美與直系的關聯是否有被過度強化？關於英美與直系的關係，吳應銧(Odoric Y. K. Wou)的研究有相當的成績，但是其主要偏重軍閥派系與英美人士的關聯⑦，本文則著重美國政府的角色做一探討。

就第(2)點而言，北伐開展後美國政府對於南北交戰雙方抱持何種立場，尤其是國民革命軍抵達長江流域時，採取限制自由航行權措施，並對各國在長江流域的經濟利益造成威脅時，美國政府採取怎樣的回應？美國政府曾提議上海租界中立化，此一提議相當可以顯現美國政府的立場。在北伐時期最大的中外糾紛──南京事件之交涉過程中，國民政府分裂爲武漢、南京對峙，美國政府之交涉則不僅牽涉寧案本身的求償，而是因應於國民政府內部左、右兩派勢力之角逐以及中國政局的明朗化。其間是否反映美國政府對國民政府的同情與支持？本文將透過具體事例說明美國政府所宣稱對於中國各黨派的不干涉政策，其施行面的成效。

⑦ 詳見：Odoric Y. K. Wou, *Militarism in Modern China, the Career of Wu Pei-fu, 1916-1939* (Dawson: Australian National University Press, 1978)一書中的第7章〈與英美的關係〉。

　　北伐統一後，美國政府於1928年7月通過關稅自主協定承認南京政府，成爲列國之中最早承認國民政府的國家。然而，國務院對於南京政府前途，不表樂觀。國民政府提出公使館升格爲大使館、使館南遷等要求，美國政府之回應，顯見美國政府對南京政府成立之初政局的評價。

　　本文以年代爲經、事件爲緯，將屬於同一時期美國與南北政局相關的議題，分別討論，主要爲凸顯主題之比較。透過這種比較更可看出美國政府對於兩個政府之間的歧異，及其態度的轉變。以1925年爲界的原因爲：其一，1925年7月，廣州國民政府未正式建立以前，美國政府不重視與南方的關係。在美國外交檔案中，有關於1925年以前南方政府的報告文件大都收藏於未正式出版的《美國國務院檔案》的微捲中，顯示出南方派被視爲地方勢力及不受重視。其二，1925年以後排外運動愈演愈烈，從五卅慘案之交涉對手是北京政府，但卻不能解決日益激化的排外衝突事件，美國政府逐漸和地方政府建立關係以解決保僑之困擾，對南方政策亦逐漸改變。1927年1月27日，凱洛格對華政策公開宣言，除對中國表示修約之誠意外，基本上已將南北政府視爲平等的政治實體，是故本文第四章以1927年爲南北分論之下限。

　　自近代以來中美關係之發展，時常被冠以「傳統中美友好關係」的意涵。它代表以門戶開放政策爲主所繁衍的一套特殊關係，塑造美國政府爲尊重中國主權及領土之代言人的形象，使得中國朝野對於美國有較大的好感與依賴，以及過度評價美國對華政策的實質。中國方面往常一廂情願地以爲美國是中國可信賴的友人，這種假想使得美國政府一旦拋棄正義守護神角色，回歸國際現實的強權政治時，中國便對美國產生愛恨交加(ambivalence)的情結，從而模糊了對中美關係

問題的思考⑧。透過美國與南北政府的關係，將有助於了解「中美特殊關係」所建構的事實基礎。

從 1917 至 1928 年美國對中國南北政治的立場，檢視美國與中國的傳統特殊友好關係，相當能凸顯特殊關係下的實質意涵。1917 年，中國參戰問題浮出檯面時，駐華公使芮恩施（Reinsch, Paul S.）對於中國參戰問題的奔走，與美國國務院衡量國際全局的現實考量，互相牴牾；即使國務院對中國問題亦有所同情。1926 年以後，北京政府陷入無政府狀態，而對峙的南方政權則獨具活力；北伐軍事行動開展後國民革命軍大有斬獲，國務院對南方政權的態度乃逐漸轉向。爾後，美國對於國民政府的溫和派有更多的諒解。但是，同情與諒解，是否轉化為有效的支持？此一諒解，是否影響美國政府的中立及南北政局的明朗化，則待進一步的分析。

本文擬探討美國與中國政治之關係，尤其側重南、北兩政府與美國政府關係之轉折過程；至於一次世界大戰前後的美國對華政策，或由巴黎和會到華盛頓會議等中國問題之解決，則不在探討之列⑨。

---

⑧　學者普遍認為近代以來中美之間有種特殊關係的存在，見：Michael H. Hunt, *The Making of a Special Relationship—the United States and China to 1914* (New York: Columbia University Press, 1983), pp. 299-306; John K. Fairbank, *The United States and China* (Cambridge, Mass. : Harvard University, 1978), Fourth Edition, pp. 315-320.

⑨　中文方面的研究專書有：王綱領，《歐戰時期美國對華政策》（臺灣：學生書局，1988），本書運用中英文資料，探討美國與 21 條要求、美國與洪憲帝制、美國與中國參戰、巴黎和會的中國問題。項立齡，《中美關係史上的一次曲折——從巴黎和會到華盛頓會議》（上海：復旦大學出版社，1993）一書，主要運用北京外交部編印的外交檔案及《秘笈錄存》的資料，針對山東問題之解決的探討。

第二章　美國對參戰問題和南北分裂的態度(1917-1918)

　　1914年7月，第一次世界大戰爆發。美國最初採取中立外交政策，不捲入歐洲戰局，一直到1917年1月由於德國宣布採行無限制潛艇戰，2月3日美國對德斷交，美國參眾兩院並於4月4日和6日分別通過參戰案正式向德國宣戰①。從大戰爆發，歷經美國宣布同德國斷交，至美國正式向德國宣戰，美國政府對中國的參戰問題態度上呈現一些轉折。其中原因不僅牽涉中美政府間的交涉，且牽繫列強在華錯綜複雜的利害關係。

　　就中國內部而言，參戰案原為外交問題，但由於總統黎元洪與國務總理段祺瑞間的夙怨，使得參戰案與內爭問題產生連鎖效應。以中德斷交案來說，黎總統初傾向中立，在美使勸說下，立場已傾向斷交，此和段總理的主戰外交漸趨一致，就在通過斷交案的決策過程中發生激烈衝突，導致可能合作的立場又告分裂，此後段氏堅持主戰，而黎氏則決然反戰。

　　府院之爭的擴大與激化在 1917 年 6、7 月間達到高點，而衝突焦點則環扣著中國的參戰問題，兩造爭持不下，最後以激烈手段收場，黎總統罷免段，段引督軍團叛變，黎召張勳平亂，不料引起復辟事件。北方政局歷經軍人干政動亂，孫中山南下護法，爾後形成中國南北分峙的政治情勢。中國政局的分裂——參戰問題是一間接原因，論者普

---

① Julius W. Pratt, *The History of United States Foreign Policy* (N. J. : Prentice-Hall, Inc., 1972), pp. 259-266.

遍以爲美國與日本都想利用參戰問題爭奪中國的控制權，日本大力支
持段祺瑞參戰，美國爲遏制日本在華的擴張，所以支持反對參戰的黎
元洪總統，這種說法認爲府院之爭是美國和日本爭奪中國控制權的投
射②。歐戰期間，美日在華的競爭的確極爲緊張，但是否與中國的內
爭(內亂)有如此的緊密的聯繫？不論中日文的著作對於寺內內閣的援
段政策，可謂成果豐碩而紮實③，但對於美國與中國內政的實際關聯
則較爲學者所輕。1917年府院政爭之際，日本報刊一再發布美國政府
的介入，日本當代學者臼井勝美也持相同看法④。但美國政府的介入
究竟有多深，其影響力又如何，應可透過更細微的檢視來說明。

　　國內持論反對參戰者，以孫中山先生最爲積極。中德斷交當日，
他曾致電參衆兩院，主張勿加入協約國，以免中國因政局內訌導致仇
外派及回教徒趁機作亂⑤；又發表《中國存亡問題》一書，申論中國
不可參戰，並電促各政團否決北京政府參戰之主張⑥，並且曾致書美

---

② 　此一說法以大陸學者最爲普遍，認爲府院之爭代表著日─段勝利，美─黎失
　　敗，爲美國在中國政治的又一次挫敗。從早期胡繩的《帝國主義與中國政治》
　　(北京：三聯書店，1950)，頁109-190；到最近出版的陶文釗，《中美關係史》
　　(四川：重慶出版社，1993)，頁42，都持一致的看法。
③ 　詳見：林明德，〈簡論日本寺內內閣對華政策〉，收入：中華文化復興運動推
　　行委員會主編，《中國近代現代史論集》，第23編，《民初外交》(上)(臺北：
　　商務印書館，1986)，頁524-525；臼井勝美，《日本と中國》(東京：原書房，
　　1972)，頁103-136。
④ 　詳見：臼井勝美，《日本と中國》，第2章第1節所論「美國的干涉」，頁114
　　-117。
⑤ 　中國國民黨中央黨史會編印，《國父全集》函電(9)，頁288-289，致北京參
　　衆兩院主張勿加入協約國。
⑥ 　《中國存亡問題》一書，收入：中國國民黨中央黨史會編印，《國父全集》專
　　著(7)，頁46-86。《孫中山全集》，第4卷(北京：中華書局，1984)，頁
　　39-99。另外，就國內輿論而言，對投入歐戰，存有相當大的歧見。與德絕交，
　　未必代表中國一定加入歐戰，或因中國貧弱，參戰易遭內亂；或因中美利害

總統威爾遜，希望中國勿捲入戰事。孫中山南下護法後，更憂慮北京
政府藉參戰之名，取得美國及英日等協約國的各項援助，以武力對付
南方；因此護法初期孫中山積極與美國聯繫，希望取得外交上的支
援。美國駐華公使芮恩施與廣州總領事也和孫中山有所接觸，他們對
護法運動及軍政府的看法，當然也影響美國對軍政府的態度。

　　本章擬探討美國對中國參戰問題的態度及其影響；其次，就參戰
問題與政爭環扣相連，論析美國政府與中國內政之關聯——從府院之
爭到張勳復辟事件中的角色；再者，探討南北分裂初期美國對於護法
軍政府的態度。

第一節　美國與中國參戰問題

　　歐戰爆發之初，北京政府的反應最初頗為消極，因恐戰禍波及，
影響國內政局，因而於 1914 年 8 月 6 日宣布局外中立，並公布局外中
立條約二十四款⑦。中國雖已宣布中立，但北京政府深知中國實無力

　　不同，不能貿然與德交惡，免生後患；或因中國素主和平，不應捲入國際戰
　　爭。如譚人鳳、章炳麟等，反對步英美之後與德絕交，並謂中國無力加入戰
　　爭，若德人戰勝則賠款割地，將遺禍無窮。見：張水木，〈德國無限制潛艇政
　　策與中國參加歐戰之經緯〉，收入：中華文化復興運動推行委員會主編，《中
　　國近代現代史論集》，第 23 編，《民初外交》（上），頁 328-330。言論界之驕
　　子梁啟超，則力主參戰，建議北京政府效法意大利的加富爾加入克里米亞戰
　　爭，以提高國際地位。見李劍農，《中國近百年政治》（下），頁 491。
⑦　中央研究院近史所檔案館編，《外交檔案・歐戰檔・歐戰軍情及中國中立》（臺
　　北：中央研究院近史所檔案館），函號 9，宗號 9，冊號 1。下文提及《外交
　　檔案・歐戰檔》簡稱《歐戰檔》。關於中國對歐戰的初步反應，詳見：黃嘉謨，
　　〈中國對歐戰的初步反應〉，收入：中華文化復興運動推行委員會主編，《中
　　國近代現代史論集》，第 23 編，《民初外交》（上）（臺北：臺灣商務印書館，
　　1986），頁 261-277。

承擔中立國之責任，不能遏止他國侵犯中國，袁世凱總統遂提議，仿照 1904 年日俄在中國境內交戰，清政府劃定交戰區的方式，以限制戰區防堵戰禍蔓延⑧。

由於中美歷來的友好關係，北京政府乃積極爭取當時同為戰爭中立國的美國之支持。8 月 3 日，外交部特派代表與美國駐華使館代辦馬慕瑞(J. V. A. MacMurray)接洽，請求美國政府要求參戰各國，承諾不在中國之領土、領海、租借地內作戰⑨，同日，外交部又電駐美公使夏偕復，令探詢美國對於歐戰的態度，是否有意出面限制戰區應以歐洲為限，以免戰事波及東亞⑩。

外交部於 8 月 6 日，一面電請美總統勸告各國限制戰區，一面電訓駐日公使陸宗輿向日本首相大隈重信，轉達北京政府之意。大隈不僅不接受，且以為中國有聯美之意，更表示日與英有同盟關係，如果東亞有戰事，日本不能置之事外⑪。8 月 10 日，日本駐華代辦小幡酉吉奉日政府訓令，到外交部詰難此事，對「此等關係東方和平之事，不先與日本電商，而先商之美國政府，甚不滿意」⑫。由於日本政府堅

---

⑧　見：《顧維鈞回憶錄》第 1 卷，頁 120。當時《上海時報》曾就列強在中國的均勢之論，謂歐戰如果無法遏止，英法等國勢必無暇東顧，日本便起而執亞東外交之牛耳，該報呼籲各交戰國家互相讓步，維持和平，否則至少也應縮小戰爭，以減輕戰禍。見：《上海時報》，民國 3 年 8 月 2 日社論。

⑨　MacMurray to the Secretary of State, Aug. 3, 1914, *FRUS*, 1914, Supp. p. 162.

⑩　致駐美夏公使電，民國 3 年 8 月 3 日，《歐戰檔・歐戰文件・駐京公使及國內外各機關往來文件》，函號 1，宗號 1，冊號 1。

⑪　王芸生，《六十年來中國與日本》(香港：三聯書店，1979 修訂版)，第 6 冊，頁 38。

⑫　外交部答覆此事「先由夏使條陳，因電令探詢美政府意見。續准該使來電，美政府業向各交戰國調停。本政府為保全各國在東方商務起見，始分電日美兩駐使，向所在國交換意見」。見：《六十年來中國與日本》，第 6 冊，頁 40。

持反對，北京政府深知提議限制戰區，已不可能。12 日北京政府外交部表示：因局勢改變，美國總統的電文無效，已電令駐美公使夏偕復婉詞取消⑬。美國務院亦因避免與日衝突，對中國取消限制戰區的建議，並不堅持，但云與各國合作，設法使中國租界維持中立⑭。1915 年 11 月，英法俄欲促使中國參戰，日本政府因懼中國參戰將不利於日本在華擴張政策，故堅持反對⑮。加以此時袁世凱正醉心於帝制，對日本尤不敢得罪，參戰之議遂擱淺。

　　1915 年 11 月至 1916 年底，交戰各國對中國參戰之議均未再提起。當時國內輿論頗多傾向德國，因德國自 1905 年後與中國關係友善，相較於同是協約國的日本和俄國均為近代以來侵略中國最猖狂之國家，且當時德國在戰爭上擁有優勢⑯。美國於 1917 年 2 月 3 日對德絕交後，國際情勢大變，中國政府是否應隨美國對德絕交，繼而加入協約國參戰等事，才又引起國內外輿論的重視。

　　1917 年 2 月 3 日，美國宣布與德國斷絕外交關係，同時照會各中立國家，要求他們採取類似行動。2 月 4 日，美國國務院指示芮恩施向中國政府通報情況，並正式邀請中國政府仿照美國，與德絕交⑰。北京

---

⑬　《六十年來中國與日本》，第 6 冊，頁 40。

⑭　The Acting Secretary of State to Minister in China(Reinsch), Nov. 4, *FRUS*, 1914, Supp. pp. 186-189. 另見：收駐美夏公使 13 日電，民國 3 年 8 月 13 日：「對於中國政府體察當前形勢，中途自行取消限制戰區的建議，自無難意」。《外交檔案‧歐戰檔‧歐戰文件‧駐京公使及國內外各機關往來文件》，函號 1，宗號 1，冊號 1。

⑮　《六十年來中國與日本》，第 7 冊，頁 16-19。

⑯　張忠紱，《中華民國外交史》，頁 207。

⑰　Roy W. Curry, *Woodrow Wilson and Far Eastern Policy, 1913-1921* (N. Y.：Bookman Associates, 1957), pp. 158-159, 348, notes 9. 威爾遜的通告本意，不在號召任何一個國家追隨美國的行動與德國斷交。但是，芮恩施與中國打交道時，卻是如此交涉。

政府對美國政府此項邀請,態度極為謹慎,因德、日的態度亦在考量之列。早於 1916 年 12 月 19 日,威爾遜提議和平調解歐洲戰局,並以此議正式通知中國政府時,段祺瑞內閣表示願與美國合作,並聲明中國受大戰之影響,較之任何國家為烈,蓋中國深知山東問題,如須獲得圓滿解決,必須參與戰後和會[18]。在答覆美國贊同威爾遜的和平聲明之時,段另告知德國駐華公使辛策(von Hintze),表示協約國已應允給予中國援助,並允許將來可參加和會。辛策立即表示,只要中國維持中立,德國亦可給予協約國所許的條件[19]。由於德國方面,一再對中國政府示好,並透過各種管道,阻止中國參戰[20];加以日本態度的考量,使得中國面臨參戰問題的外交抉擇,更為困難。但在美使芮恩施的不斷奔走與勸說下,中國外交動向已逐漸傾向美國之立場。

芮恩施在駐華公使三年餘期間,一再目睹日本對華的加緊控制,認為這是脫離日本箝制的大好機會。2 月 4 日以後的數天內,芮恩施拜訪了總統黎元洪、國務總理段祺瑞、言論界領袖梁啟超等人,鼓動中國與美國採取聯合行動。不惟如此,總統府美籍顧問福開森(John C. Ferguson)、英籍顧問莫里遜(George E. Morrison)、美國的中國通羅伊‧安德森(Roy Anderson,曾為美孚公司駐華代表)和一些英美在華記者,如上海《遠東時報》編輯端納(W. H. Donald)等具影響力的歐美人士也在芮恩施的影響下,紛紛敦促中國接受美國的聯合行動。黎元洪總統初傾向中立,考量的是交戰各方的力量如何、美國支持協

---

[18] 張忠紱,《中華民國外交史》,頁 207。

[19] 李國祁,〈德國檔案中有關中國參加第一次世界大戰的幾項記載〉,收入:中華文化復興運動推行委員會主編,《中國近代現代史論集》,第 23 編,《民初外交》(上),頁 279。

[20] 關於德國方面對中國參戰的勸阻與活動,詳見:李國祁,〈德國檔案中有關中國參加第一次世界大戰的幾項記載〉,頁 279-294。

約國勝算如何、與德絕交或參戰對國內形勢的影響，這些問題使他躊躇不定。後來經福開森、莫里遜的勸說及海軍上將蔡廷幹、參議院副議長王正廷、外交總長伍廷芳的影響，雖仍有疑慮，但已逐漸接近美國的觀點[21]。國務總理段祺瑞則提出兩項條件：一要財政援助貸款一千萬，二要保證軍事不受外國控制。芮恩施在沒有得到國務院的訓令下擅自作主——據說是因為海底電纜故障，無法與國務院聯繫——承諾將採取充分措施，使中國能承擔與美國聯合行動後的責任，而絲毫無損於中國的主權獨立、軍隊控制及一般行政管理[22]。

　　北京政府最大的顧慮在於日本的態度，所以收到芮恩施請求與美同一行動後，2月7日駐日公使章宗祥密探日本政府意向。日本外相本野表示，中國應與美國採同一態度；駐華日使林權助、公使館武官齋藤季治郎與總統府日籍顧問坂西利八郎等人，亦表示希望中國與協約國一致態度[23]。日本政府態度的轉變主要由於寺內內閣上臺後，鑑於大隈內閣的干涉政策，引起中國及英美國家的抨擊，是故大幅修正大隈內閣對華提出的 21 條要求，高唱中日經濟「提攜」[24]。2 月 9 日，芮恩施拜訪段祺瑞，在座的北京財政總長陳錦濤、海軍總長程璧光等政府要員表示，近年來中德關係尚稱友好，若突與之斷交，看似係一種背信的行為，日本也可能以此迫使中國接受 21 條第 5 號的苛刻條件。芮恩施則予以說服：如果中國加入協約國之一方，將可獲得協約國的善意回應，日本在這種情況，欲對中國主權進行任何干涉，勢必

[21]　芮恩施著，李抱宏、盛震溯譯，《一個美國外交官使華記》（北京：商務印書館，1982），頁 189-193。
[22]　Roy W. Curry, *Woodrow Wilson and Far Eastern Policy, 1913 -1921*, p. 159.
[23]　《六十年來中國與日本》，第 7 冊，頁 78。
[24]　〈西原借款資料選譯〉，《近代史資料》（北京：1981：2），頁 171。

更加困難㉕。在取得日本的支持與美國的贊助後，北京政府權衡利害，決意響應美國呼籲，當天內閣會議(2月9日)即針對德國潛艇封鎖公海對德提出抗議，聲明德國此舉違背國際公法，傷害華人生命，並妨害通商，若中國抗議無效，德國潛艇計畫照行，則中德國交勢將被迫斷絕㉖。當日芮恩施照會北京政府，內容有「美國將給予中國以公平待遇的率直保證」，北京政府隨即允諾「假使美國政府認為德國所採取的行動，足以構成宣戰的理由，中國政府至少應斷絕與德國的外交關係」㉗。

　　2月9日的照會，顯然也為中國政府的下一個動作埋下伏筆，因照會中聲明若抗議無效將斷絕中德關係，所以迅即引起交戰國家不同立場之強烈反應。日本對於美國勸說中國與中立國家採取對德斷交的一致行動相當關注，因為此一行動等於剝奪日本在華的領導地位。就在北京考慮美國照會之時，日本正秘密與協約國商議，以山東和北太平洋德屬島嶼作為日本勸說中國參戰的報償。2月16日，日本得到英國的保證：將在和平會議上對山東權利和占領德屬島嶼的問題上給予支持；交換條件是，日本派遣驅逐艦在地中海護航。2月20日，俄國接受日本的條件。法國和意大利也相繼支持同意日本的條件。如上所述，在美國參戰之前，日本已得到協約國將在和會上支持獲得戰爭利益的回報。於是，此後日本積極催促中國參戰㉘。

㉕　芮恩施，《一個美國外交官使華記》，頁193。

㉖　《歐戰檔・交戰國在華船艦軍火・抗議德奧封鎖海岸》，函號24，宗號24，冊號5。

㉗　Reinsch to Lansing, Feb. 9, 1917, *FRUS,* 1917, Supp. I, p. 407. 另見：芮恩施著，《一個美國外交官使華記》，頁196。

㉘　詳見：王芸生，《六十年來中國與日本》，第7冊，英日諒解、日法意俄諒解，頁71-74。Roy W. Curry, *Woodrow Wilson and Far Eastern Policy, 1913-1921,* p. 161.

　　英法兩國對於中國對德抗議，甚表讚佩與感謝㉙。德國方面則謀以挽救，德外交部向駐德顏惠慶公使承諾並警告：「如果中國始終中立，於議和時，德政府決不置中國權利於不顧，如附和協約國，必終爲日本國之犧牲品，德國將來斷難臂助……潛艇作戰，收效甚速，數月內協約國必將求和」㉚。據德國檔案記載，黎元洪和段祺瑞均遣可靠人士告知德國，抗議照會僅是一種形式，並無任何新意，一切個人關係均照舊㉛。可見得北京政府在抗議德國的無限潛艇政策後，在外交策略上仍極爲謹愼，一方面積極追隨日本美國之後，準備參戰；另一方面亦向德國示好，表示係受日本及協約國所迫，冀望取得德國諒解。

　　美國政府對中國響應美國對中立國的呼應，提出對德的抗議照會，表示讚賞之餘，也不免憂慮；因爲芮恩施的行動遠超出國務院給他的授權，這使國務卿藍辛感到不安。就美國政府而言，2月3日美國與德斷交，同時照會各中立國家採取一致行動，中國政府之所以也收到邀請，僅只是一種尊重與禮貌，國務院並沒有示意中國參戰的意圖。2月10日藍辛給芮恩施的電報說：「美國政府讚賞中國的安排，但不希望將它引到危險的境地。遺憾的是，實際上美國不能提供任何立即的保證……沒有一個中立國願意與美國採行聯合，因此，中國應當嚴肅考慮此情況，免得孤立」㉜。

㉙　據駐英公使施肇基電，英外交部「欲先證明其對於中國政府之友誼，並聲明於其權力之內時時準備匡助中國。見收駐英施公使電，民國6年3月6日，來新夏主編，《北洋軍閥》，第3冊，頁295；收駐法胡公使電，民國6年2月11日，來新夏主編，《北洋軍閥》，第3冊，頁315。
㉚　收駐德顏公使電，民國6年2月22日，來新夏主編，《北洋軍閥》，第3冊，頁320。
㉛　李國祁，〈德國檔案中有關中國參加第一次世界大戰的幾項記載〉，頁282。
㉜　Lansing to Reinsch, Feb. 10, 1917, *FRUS,* 1917, Supp. I, p. 408.

　　芮恩施並未把國務院的訓令向中國政府轉達，反之卻一再要求國務院確認他向中國作出的承諾。他於 2 月 12 日給藍辛的電報，力陳日本正透過參戰問題加速控制中國，希望美國政府能給予中國政府保證，「合眾國所承擔的領導，使得美國對可以向中國提供的任何軍事援助方式享有決定性的發言權。……任何其他國家爲了單獨控制而提出的建議，都不可能超出美國政府的領導而奏效的」㉝。藍辛於 2 月 26 日致芮恩施的電文，清楚說明了國務院的立場剛好與芮恩施的主張南轅北轍，國務院所考量的是歐戰之進展，如果合眾國與德國之間目前發生戰爭，國務院現在無意敦促中國也對德國宣戰。中國參戰問題還是等待事態的進一步發展，國務院現在不能提供對中國的援助，並勸誡勿慫恿中國參戰「以免中國由於我們的勸告，而捲入我們將無法解救的困境」㉞。

　　藍辛的勸告仍未能說服芮恩施公使，2 月 28 日，芮恩施再次向國務院抗辯，聲言：與美國一致是中國抵抗日本勒索的唯一可靠的辦法，他警告說如果美國不予援助，中國將放棄對美國的信賴，而以日本的被保護國身分參戰㉟。藍辛在 3 月 2 日和 12 日的指示，明白訓示芮恩施，「既然協約國迄今爲止都同意日本在中國的行動」，美國政府「也不要求中國遵循美國的行動方針」㊱。至此，國務院的立場已表達清楚，對中國參戰問題乃至日本政府在中國政府的滲透，採取觀望的低調態度。

　　北京政府對德抗議照會發出後，芮恩施一方面爭取國務院的承

㉝　Reinsch to Lansing, Feb. 12, 1917, *FRUS,* 1917, Supp. I, pp. 408-409.
㉞　Lansing to Reinsch, Feb. 26, 1917, *FRUS,* 1917, Supp. I, p. 411.
㉟　Reinsch to Lansing, Feb. 28, 1917, *FRUS,* 1917, Supp. I, pp. 412-413.
㊱　Lansing to Reinsch, May 12, 1917, *FRUS,* 1917, Supp. I, p. 419.

諾，一方面更進一步勸使中德絕交。芮恩施派人到南京勸說副總統馮國璋[37]，芮恩施且於3月間多次拜會馮國璋，終於獲得完全贊成與德絕交的最後保證[38]。3月初芮恩施與黎總統有多次晤面，黎向芮恩施表示贊同中德斷交，同時透露與段祺瑞間的摩擦[39]。然而，府院因歐戰問題產生的第一次爭執，仍愈演愈烈，在通過中德斷交案的決策過程中，府院關係正式宣告分裂。

緣於段急於進行對德絕交之部署，於3月4日率閣員進謁黎總統，要求黎元洪同意並電令駐日公使轉達日本政府，黎以此事關係重大，須先獲得國會同意才可作最後決定，尤其當時反對絕交及參戰的國會人士仍不在少數，故須審慎決定。再者，按照約法，總統有宣戰媾和權，故黎未立允段之請求。段因黎的不信任憤而出京赴津，黎先後欲以徐世昌、王世珍代理國務總理，徐、王皆辭而不就。各國公使亦表示關切段之去職，後經副總統馮國璋調停，黎氏不再過問對德斷交問題，段氏乃於6日回京供職[40]。3月8日北京政府將中國決定對德絕交及所希望之條件秘密通知日本，請其贊

---

[37]　符致興編譯，《端納與民國政壇秘聞》(湖南：湖南出版社，1991)，頁204。原著爲出版於1948年的《端納回憶錄》(*Donald of China*)。2月3日至9日旋風式的拜會活動中，因疏忽遺漏了副總統馮國璋，爲使全中國都支持理解北京政府之所以響應美國政府的決定，芮恩施策動薩姆‧布萊恩與端納到南京勸說馮國璋。在此之前，由於馮國璋的德國顧問，曾不斷灌輸德國必勝的強烈看法，使馮反對與德絕交；經端納的游說，馮的立場開始動搖。

[38]　芮恩施，《一個美國外交官使華記》，頁199。

[39]　芮恩施，《一個美國外交官使華記》，頁199。

[40]　參見：沈雲龍，《黎元洪評傳》(臺北：中央研究院近史所專刊，1963)，頁103。

助㊶。10 日參衆兩院通過對德絕交案。

北京政府於3月10日通過對德斷交案,於3月13日正式宣告與德國斷交。芮恩施適於是日接到國務院的指示,指令中含有對於敦促中立國合作的照會,芮恩施推動過力。在芮恩施看來他只不過是盡力去執行讓中國與德國斷交的指令,而他確實做到了。芮恩施在回憶錄寫道:

> 其實當一個政府進行一種生死關頭的步驟時,不僅包括本身利益和整個文明,同時又要邀約其他國家一同合作,則其代表對於本國政府指令的含意,必須確實認定,方爲穩妥。……一個負責的公務員決不應該以不痛不癢的感覺去解釋那種指令。㊷

對於勸說中國與德絕交,美國的立場當然在中國政府考量之列。芮恩施不斷奔走力勸中國響應美國立場加強中美關係,爭取美國對華援助,

---

㊶ 中國所列之條件:
第一:庚子賠款,德奧方面永遠取消,協約國方面,希望以援助中國之好意,十年內展緩償還。十年後仍照原有金額償付,不另加利息。
第二:中國政府希望以援助中國財政之好意,承認中國即時將進口關稅額增加五成,並由中國政府陸續改正關稅價表,改正後即按實價值百抽七五徵收。至中國政府將釐金裁撤後,即實行光緒 28 年 29 年 30 年與日英諸國所定就,將關稅加至實價值百抽十二五,其復進口之子口半稅,亦即於正稅加至十二五之時廢止。
第三:辛丑條約及附屬文書中,有妨礙中國防範德人行動之處,如天津周圍二十里內中國軍隊不能駐紮,又使館與沿鐵路各軍隊等類,希望解除。
中國對協約國應負之義務:一、原料之資助。二、勞工之派遣。
但日本不允立即贊助中國所提條件,謂須中國先對德絕交,然後再商定條件。
參見:王芸生,《六十年來中國與日本》,第 7 卷,頁 88-89。
㊷ 芮恩施,《一個美國外交官使華記》,頁 199-200。

以抵制日本之侵略及在戰後和會上爭取國家主權之收回，使堅守中立的黎元洪和偏向反對中德絕交的馮國璋接受美國之呼籲，當有其影響。

4 月 4 日和 6 日，美國參眾兩院分別通過參戰宣言，正式向德國宣戰[43]。美國正式對德宣戰後，駐美公使顧維鈞電北京政府，主張應追隨美國之後，以第三交戰國的地位投入歐戰，而非受日本左右加入（協約國）而戰。他縷析「隨美入戰」的種種好處[44]。又表示，美國政府不便明勸中國勿加入協約國，但是提醒顧公使，協約國對我國所提出的希望三條件，「不僅無慨允之意，且於附加條件外，又有一最後條件」，顧以為此為美國政府示意不願中國加入協約國，否則毋須如此誠懇相告[45]。4 月 26 日，顧維鈞於華府與英外相會晤，英外相表示「如中國助美為戰，亦必全力對德，於我英外部正同」，英國政府對中國加入美國方面或加入聯盟，並無異議，重點在中國儘快參戰。這使顧維鈞更積極勸說北京政府隨美入戰，以抵制日本的威脅[46]。

顧維鈞可能高估了美國政府的善意[47]，事實上，從 3 月底藍辛責難

---

[43] Julius W. Pratt, *The History of United States Foreign Policy*, pp. 259-266.

[44] 顧維鈞分析「隨美入戰，其利有四。」見顧維鈞電，1917 年 4 月 12 日。收入：《近代史資料》，總 38 號（北京：1979：1），頁 184-185。

[45] 顧維鈞電，1917 年 4 月 9 日。收入：《近代史資料》，總 38 號（北京：1979：1），頁 185。

[46] 顧維鈞電，1917 年 4 月 26 日。收入：《近代史資料》，總 38 號（北京：1979：1），頁 186。

[47] 顧維鈞於回憶錄中提到：「美國參戰後，協約國的公使們更加緊尋求中國的同情與支持，並且把美國參戰當成中國加入協約國一方無可爭議的理由」。見：《顧維鈞回憶錄》，第 1 冊，頁 153。惟此處「協約國的公使們」當指日本以外的協約國國家公使，顧的回憶錄以為「中國參戰係加入美國方面」，且過於強調美國政府促成中國參戰的影響力，見頁 155。實則決定中國參戰的主力仍在日本，顧氏之回憶錄似乎過於強調個人在此事件所扮演的角色。

芮恩施對中國參戰問題推動過力時，即可預見即便中德斷交，美國對中國參戰問題，仍然不會積極。美國政府對德宣戰後，芮恩施於 4 月 12 日致電美國務院，力主敦促中國對德絕交，並請美國政府以財力援助中國，美國政府僅表示，若中國對德宣戰，美政府可依照援助其他對德交戰國之例，以財力援助中國[48]。美國的這項援助，最後並無下文。4 月 19 日，外長伍廷芳晤見芮恩施，芮恩施知事已無轉寰，乃如實陳述美國政府的立場：

> 芮恩施：本國政府以爲目下情形無足以迫使中國即行參與戰事，且深信中國雖略等候亦無損失，以故若待美國自行決定其政策，然後再有舉動較爲方便。
>
> 總長：然則美國欲中國之參與歐戰否？
>
> 芮恩施：否，若中國目下不參與戰事較爲穩妥。
>
> 總長：目下即參加戰事，似不能謂其無益。
>
> 芮恩施：誠有利益，然不加入亦可取得之，故莫如置身局外爲獨立舉動之爲愈也。[49]

美國政府認爲中國參戰宜伺機而動，美國的立場是不主張中國對德宣戰，但不反對中國作宣戰之準備。甚至認爲中國如「置身局外」對中國本身更爲有利。中國既不能獲得美國之援助，協約各國對中國所提條件之表示，尤爲空洞，中國如決定參戰，勢不能不與日本合作。此

---

[48]　Reinsch to Lansing, Apr. 14, 1917, *FRUS,* 1917, Supp. I, pp. 427, 431 -432.

[49]　《外交檔案・歐戰檔・與德絕交》，民國 6 年 4 月 19 日，伍總長會晤美芮恩施問答。函號 13，宗號 13，冊號 2。

為力主參戰的段祺瑞，不得不以日本為奧援的主要背景。

就戰時中國外交而言，歐戰初期美國本身為中立國家，當同為中立國的中國政府向美國提出希望參戰各國在華限制戰區的防堵策略時，美國政府表示支持；但在日本政府抗議之下北京政府態度軟化，美國政府即不堅持。由於日本覬覦占領德國在山東的利益，其在華軍事行動不受中國政府呼籲中立而有所節制，中國的中立政策也未引起列強之相當重視。中國政府自追隨美國抗議德國無限制潛艇政策進而與德國斷交，交戰各國轉而重估中國參戰的影響力，此有利於中國國際地位的提昇。所以就中國參戰問題而言，美國政府的影響僅在於促成中德絕交。但自中德絕交以至於宣戰，實為日本與協約國所促成，而尤以日本敦促之力居多。美國政府自發出中立國同聲抗議德國無限制潛艇政策，對中國是否參戰，態度始終消極。駐華公使芮恩施原本希望促成中國參戰，更希望美國政府加強對中國政府的援助，擴大在華影響，以遏制日本的擴張，但美國政府不計於此。

美國人民長期受孤立主義影響，不希望捲入歐戰，威爾遜於1916年11月競選連任時，仍以不加入戰爭為號召。美國對德絕交後，不少美國人民對於和德宣戰有不少反對聲浪，即如威爾遜總統也仍在評估參戰利弊⑤⓪。在這種情況下，美國政府沒有立場勸說中國參戰。待美國政府正式宣戰後，所關心的是歐洲戰場的進展，特別是應付德國潛水艇戰術所造成的棘手問題。對於威爾遜總統及國務卿藍辛來說，亞洲事件不能和歐戰場上的重大問題相提並論。歐洲戰事已令美國政府自顧不暇，不願遠東多啓事端，即使經芮恩施再三警告如果美國再不採取行動，中國可能受制於日本。美國政府衡諸「歐洲優先」的議程表，

---

⑤⓪　Julius W. Pratt, *The History of United States Foreign Policy,* pp. 254 -255.

遂不鼓勵中國參戰，以免對中國參戰問題負有責任，中國參戰一事乃
聽任日本政府主導。

　　一次大戰結束後，美國又有餘力關心中國事務時，日本在中國已
經取得一定的優勢。美國政府如欲參與中國事務，勢必先取得與日本
的合作，若要顧及中國主權、繼續推行中國門戶開放政策，則美國政
府參與中國事務更屬不可或缺；芮使雖沒有說服美國政府提供對華援
助，但卻使威爾遜相信，要以經濟手段保全中國的獨立是必要的[51]。此
所以大戰後期，美國已開始籌劃重返國際銀行團的原因[52]。

第二節　美國對府院之爭與復辟事件的反應

　　美國對中國參戰態度，不予鼓勵的另一原因，在於 1917 年北京政
局的動盪不安。1917 年 6 月，由府院之爭的白熱化引燃督軍團叛變，
黎總統召張勳平亂，不料導致復辟事件。其後，南、北復因法統問題
宣告分裂。美國政府及芮恩施公使對中國內政的關注，已甚於中國的
參戰問題。

　　1917 年 5 月 14 日，芮恩施公使分別會見黎元洪總統和內閣總理
段祺瑞，黎表示督軍介入北京政治是內閣不孚國會信任的主因，另一
方面段總理則表示國會的無理態度使得雙方合作無望，並坦言正與日

---

[51] Warren I. Cohen, *American's Response to China—A History of Sino-American Relations* (New York: Columbia University Press, 1990), p. 78.

[52] 威爾遜總統於 1913 年甫上任不久，以道德主義的立場退出國際銀行團，直至一次大戰後期又積極策劃重返國際銀行團，詳見：王綱領，《民初列強對華貸款之聯合控制》（臺北：私立東吳大學中國學術著作獎助委員會，1982），頁 91-96。

本發展友好關係，但未出賣中國利益。5月22日，黎再次邀宴芮恩施，表達欲解除段國務總理職務的決心。由於黎段兩人對參戰問題意見相左，府院之爭愈形劇烈，美國最擔心的反是中國政局的安定問題。芮恩施即憂懼督軍推翻黎氏，將導致北京政局混亂，南方也可能趁機興兵，中國因此可能分裂(53)。

就芮恩施而言，他是透過美國政治運作的觀點來看待府院之爭，而傾向於黎元洪總統的立場。黎元洪向他表示如國會在立法上不拒絕參戰，他贊成參戰，而段則表示如國會不通過參戰案，就將國會解散。芮恩施認爲「在這樣重要的事件上無視國會存在，將會造成美國和其他西方國家的惡劣印象」(54)。鑑於北京政情危險和叛亂督軍的態度，6月初，外交總長伍廷芳要求芮恩施代爲轉達美國威爾遜總統——作爲世界民主和憲法的捍衛者，能公開聲明支持黎元洪總統是憲法保障的國家元首，在此一政權下將可確保美國及其他列強的在華利益，並且強烈要求「美國政府和英法協商，請他們在對華問題的態度上和美國一致，明確指出叛亂督軍以爲國會肯支持他們，純屬空想」(55)。

美國政府認爲，中國政界的一致和諧，遠重於中國的參戰問題，是故6月4日美國政府向中、日、英、法四國政府發出同文照會，其中對於中國是否參加對德作戰，已置於第二順位；至於首要之事，則是「能維持一個統一的負責的中央政府」。美國國務卿藍辛還特別指示芮恩施透過非官方途徑把照會的內容告知反對黎元洪的督軍團，並要求日、英、法等國爲恢復中國的和平秩序而與美國採取一致行

(53) U. S. Department of State, *Records of Department of State Relating to Internal Affairs of China, 1919 - 1929* (MF), June 12, 1917, 893.00/2675. 以下提及美國國務院檔案簡稱 *SDA*。

(54) 芮恩施，《一個美國外交官使華記》，頁203。

(55) Reinsch to Lansing, June 5, 1917, *FRUS*, 1917, p. 50.

動⑤⑥。美國國務院致北京政府外交部的照會如下：

> 中國對德宣戰，或者繼續與其維持現狀是次要的事。中國最重
> 要的是恢復和繼續其政治的統一，並依循國家發展的道路前
> 進，在這路上它已有顯著的進步。
> 對於中國的政體或所有的執政者，美國的興趣僅在於從友誼出
> 發能爲中國有所助益，但是美國極爲關心的是中國能維持一個
> 統一的、負責的中央政府，而此刻誠摯地希望爲中國及世界利
> 益計，立即消除派系鬥爭。各黨派、各方面人士都應該重建一
> 個統一的政府，使之在世界列強中取得名符其實的地位，但由
> 於內鬨與不和，而無法達到上述情況。⑤⑦

芮恩施接到訓令後和外交總長伍廷芳晤談，表達了美國政府的立場，
伍廷芳對美國政府在中國政局最困難時表示友好感到欣慰。芮恩施也
透過福開森博士(Dr. J. C. Ferguson)和羅伊·安德森(Roy C.
Anderson)把美國的照會直接交給聚集在天津的反對派領袖，提醒他
們注意。包括段在內的督軍們對美國的這項勸告似乎都表示了善意
⑤⑧。中國報紙均表贊成美國的提議，《北京京報》即於 6 月 8 日以此事
刊出社論⑤⑨。美國駐廣州總領事赫茲萊曼(P. S. Heintzleman)報告
說，廣州方面對美國的照會熱烈回應，尤其對於強調中國統一的必要
性，表示歡迎⑥⑩。

---

⑤⑥　Lansing to Reinsch, June 4, 1917, *FRUS,* 1917, pp. 48-49.

⑤⑦　Lansing to Reinsch, June 4, 1917, *FRUS,* 1917, p. 49.

⑤⑧　Reinsch to Lansing, Aug. 24, 1917, *FRUS,* 1917, p. 101.

⑤⑨　《北京京報》，1917 年 6 月 8 日，轉引見：*SDA,* 893.00/2712.

⑥⑩　Reinsch to Lansing, Aug. 24, 1917, *FRUS,* 1917, p. 102.

　　就在芮恩施爲這項成果表示滿意的同時，日本方面對美國這項要求列強對中國政局的聯合勸告提出強烈抨擊。日本以爲美國的這項舉動顯然已構成對中國內政的干涉，更何況美國在 1915 年 3 月 13 日「布萊安照會」中已承認中日之間在政治和經濟上的特殊密切關係⑥；美國政府至少應先和日本商量，爲此日本駐美大使佐藤愛麿(Aimaro Sato)致美國務卿藍辛：

　　　　日本政府在維護中國的統一與和平上，比其他國家更爲關切，但
　　　　是日本政府惋惜的是，日本政府認爲目前向中國政府提出關於
　　　　這方面的提議是不合時宜的。……日本政府基本上一貫堅持不干
　　　　涉中國內政的方針，所以當前的危機中，應謹愼避免對中國政府
　　　　作出任何表示。日本政府相信，在目前時局發展難以判斷之際，不
　　　　干涉態度對日本及其他各國是最有利的，坦白地說，日本政府看
　　　　不出有任何理由需要參加所提議的共同對中國政府的聲明。⑥

日本政府把美國的照會視爲干涉中國內政，日本報紙和日本報刊駐北京的通訊人員，且大力渲染美國駐華使館積極介入總統和督軍間的爭執，甚至說芮恩施與黎總統共同策動陰謀，由芮恩施提供大量金錢，促使段祺瑞垮臺⑥。事實上，稍早於美國的照會之前，包括《讀賣新

---

⑥　1915 年 3 月 13 日布萊安照會，按日本方面的解釋，此項照會即是美國政府
　　承認日本在中國享有「特殊利益」的正式聲明。見：日本外務省編《日本外
　　交文書》，大正 6 年第 3 冊，1968 年版，頁 729，730。另見：*FRUS,* 1917,
　　pp. 60-62。郭廷以，《中華民國史事日誌》，第 1 冊，頁 308。
⑥　日本駐美大使佐藤愛麿致美國務卿備忘錄，見：*FRUS,* 1917, pp. 71-72.
⑥　美駐日代辦惠勒致藍辛，見：Wheeler to Lansing, June 14, 1917, *FRUS,*
　　1917, p. 68.

聞》、《日日新聞》刊載了美國駐華使館與黎元洪的秘密聯繫,日本外務省政務局長對外公開表示,他相信段的下野,是美國在幕後操縱[64]。6月8日《朝日新聞》還杜撰了一個美國給北京政府的照會[65],日本方面種種的宣傳與造勢,旨在削弱美國對中國的影響力,並藉此激起其他國家駐華代表們對美國的不信任,以便阻止協約國家不與美國合作。芮恩施後來再三解釋,美國政府的照會是對現有政府(existing government)的支持,駐華使館的行動是把駐在地政府當作合法權力機構(rightful authority),但從來沒有做過任何干涉之事,也沒有對反對派方面挑動任何敵意[66]。

　　英國政府對於美國政府勸告中國內政的照會,亦不表贊同。由於英國在歐戰場的緊繃,不願亞洲事務多生曲折,所重視的是中國參戰問題對協約國的有利影響,不希望插足中國內政。英國外相希塞爾(Robert Cecil)認為如果英國響應美國關於中國內政的一致勸告,將使英國介入北京政府的派系政爭,如此明顯支持一方而輕忽另一方的

---

[64]　Wheeler to Lansing, June 1, 1917, *FRUS,* 1917, p. 48.

[65]　據美駐日代辦惠勒的報告,日本方面所捏造的美國務院致中國照會,內容如下:

中國是遠東的中心,如果因為各黨派的爭執而引起革命的動亂,日本將出兵中國保護它的利益。一般疑慮德、俄間很有可能單獨媾和,為了阻止俄國的獨自媾和,日本遲早會代表協約國派兵前往東三省,遠東和平是重要的⋯⋯如果日本利用中國的動亂派大軍進駐東三省,那就可能引起協約國的誤會,因此維護和平是急需的。基於此一理由,美國政府對此深為關切,美國希望日本能隨時派遣軍隊進駐東三省。

此一不實照會,引起美國強烈抗議,並要求日本政府更正。6月12日,日本主要報紙刊載了日本外務省正式發表否認《朝日新聞》所傳的消息。見:Wheeler to Lansing, June 11, 14, 1917, *FRUS,* 1917, pp. 60-61, 63.

[66]　Reinsch to Lansing, June 11, 1917, *FRUS,* 1917, p. 60.

作法，更可能擴大中國的分裂；這是對華外交的險棋，不符合英國利益。英國外務部表示：

> 英國政府認爲，中國政局的混亂不需要英國政府採取任何步
> 驟，不使英國駐北京代表在今後形勢發展中感到爲難，在當前
> 局勢下發表聲明支持北京政府爲事實(de facto)政府，將被認
> 爲輕蔑目前北京政府的敵對黨，而正是這一敵對黨爲了參戰問
> 題，一直與政府交涉中，假若段派勢力一旦獲勝，段政權將很
> 難和英國恢復過去的友好關係。⑰

在英國消極回應調停中國內爭、日本斷然拒絕美國提議之下，雖有法
國和美國採一致步調⑱，列強共同調停之議仍爲泡影，任由北京政局自
然發展。

　　府院之爭愈演愈烈，北洋各省在段祺瑞的煽動下脫離北京政府，
黎爲收拾局面邀張勳平亂，未料反受制於張，演出解散國會及復辟醜
聞。由於美國於前述 6 月 4 日的照會提到：「美國的興趣僅在於從友
誼出發，能爲中國有所助益」，似乎隱含對中國政體「不感興趣」之意，
是故復辟事件後，美國的態度令中國朝野及其他國家存疑，美國外交
部不得不針對張勳復辟事件表達明確立場，據駐美公使顧維鈞電文：

---

⑰　英外務部致美駐英大使佩齊(Page)照會，The Foreign Office to Ambas-
　　sador Page, June 14, 1917, *FRUS,* 1917, pp. 74-75.
⑱　法國外交部長建議美國，爲避免不必要的誤解，提議就中國政府參戰的照會
　　改爲：「即如果協約國繼續認爲中國參戰具有實際重要性，那協約國首先是
　　要重建中國的秩序與和睦，因爲這在列強看來，才是中國採取對外行動的必
　　要前提。」見：Ambassador Sharp to the Secretary, enclosure, June 20,
　　1917, *FRUS,* 1917, p. 76.

美外部在報上宣稱，美國殊不願見帝制復現於中國，並解釋美
政府之態度較爲詳晰。其照會（按：指 6 月 4 日的照會）中所述
對於中國政體及執政之人員，美國只爲極友誼之關懷一節，並
非謂中國繼續共和與否，美國冷淡視之，其意不過表示美國殊
不願對於黨派之紛爭及領袖中何人繼承現存之政體諸問題，有
所干涉而已。美國常爲中國共和政體之贊成人，有懸揣以爲現
在政爭系爲帝制等語，如果屬實，則美國良深歉疚。⑥⑨

美國國務院在給海軍部的密件中，對此一照會進一步的說明：「美國
並不是不關心共和政體的維繫，相反地，美國希望一個『不中斷續存
的共和政體』(uninterrupted continuance of Republican Govern-
ment)」⑦⓪。復辟發生後，英美法俄日五國聯合警告張勳，要他確
保黎元洪人身安全⑦①。 7 月 4 日芮恩施發給國務院一緊急電文，內文
說黎已避入日本使館，並請馮國璋代大總統職，段又回任國務總理，
因此他在未得到政府授權之前，擅作主張率先提出美國政府沒有撤銷
對共和政府的承認，希望國務院儘快針對中國政府的現狀發表聲明⑦②。
　就上述一連串中國政局亂象而言，美國支持一個「不中斷續存的
共和政府」，係基於對華政策的保守利益考量。在美國政府而言，協約
國發表措詞相同的聲明，將促使中國派系免於分裂，化內訌爲統一，
這對協約國對抗軸心國的事業是有利的。在聲稱希望重建中國的派系
合作下，承認現有政權是確保在華利益的穩健手法，而以列強聯合一

⑥⑨　〈顧維鈞電報〉(1916 年 6 月 12 日)，《北洋軍閥》，第 3 冊（上海：上海人民
　　　出版社，1993），頁 312。
⑦⓪　Lansing to the Secretary of Navy, July 11, 1917, *SDA*, 893.00/2652.
⑦①　Reinsch to Lansing, Aug. 9, 1917, *FRUS*, 1917, p. 91.
⑦②　Reinsch to Lansing, July 4, 1917, *SDA*, 893.00/2648.

致的主張旣能避免國際風險，又最能保障列強在華的共同利益。顯然日本方面對任何有關中國問題的照會，都過度敏感。由於美國政府的行動，引起了日本政府的多方揣測，美國於 7 月 6 日交給日駐美大使佐藤愛麿的照會中提出解釋：

> 中國黨派之爭，並沒有威脅太平洋地區的現狀及機會均等的原則，因此，美國沒有必要按照 1908 年的協定通知日本政府，說明美國政府對於中國內訌、在華利益及希望中國內部實現政治上的和解等意圖……美國政府採取的行動，引起了日本政府一系列的照會，但美國政府認爲，它在各方面都沒有脫離美國對中國的傳統政策，也沒有違反布萊安國務卿於 1915 年所發表的見解，從這兩種情況看，美國從來沒有主張用任何權力來控制中國的政治發展，也沒有承認任何國家有「至高無上」的權利來擴大對華的政治影響。[73]

日本標榜「不干涉」中國事態，事實上日本寺內內閣與段祺瑞一直保持親密關係。從 1917 年 2 月以來，日本首相寺內正毅的私人代表西原龜三在北京政府要人中進行廣泛游說，力勸中國參戰。張勳復辟後，段祺瑞獲日本支持組織討逆軍，乘機再起，日本中將靑木宣純還曾直接參加指揮討逆軍，日本公使林權助並要求各國使節不干涉段的軍事行動。日本適時提供的財政援助則有：7 月 12 日直隸財政廳以補助金

---

[73] Lansing to Sato, July 6, 1917, *FRUS,* 1917, p. 261. 照會中所謂 1908 年的協定，即魯特—高平(Root-Takahira)協定。此協定大意內容是：美日政府，依其權限內之一切和平手段，維持中國之獨立及領土完整，及該國內列強工商業之均等主義，以保衛列強在該國之利益。此協議可說是緩和美日兩國在中國競爭下的一種諒解。

融為名向日本三菱洋行借款 100 萬日圓，7 月下旬西原龜三自津赴京，又先後籌集數百萬日圓貸予段派[74]。復辟亂平，段重新組閣，日本寺內內閣更進一步確立徹底援助段內閣為「正統」政府，表面上希望中國南北妥協，實則無意認真促其妥協，積極援助段內閣成為寺內內閣對華政策之主要目標[75]。

　　參戰問題使得府院之爭加劇，美國政府又背負「干涉內政」之嫌後，對中國參戰問題不僅消極且刻意規避，8 月 3 日代理國務卿波克（Frank L. Polk）給芮恩施的電報指示，要芮恩施照 6 月 4 日的照會行事，至於北京的協約國公使打算召開的關於中國參戰問題的會議，認為芮恩施不宜參加，如果中國政府對德宣戰，則可表示美國政府滿意並支持這一行動[76]。段在取得日本的財政援助後，於 8 月 13 日密電駐外各使領館，告以決定對德宣戰[77]，翌日正式向德宣戰[78]。至此，延宕半年之久的參戰問題乃告一段落[79]。

[74]　西原龜三著，章伯鋒譯，〈西原借款回憶〉，《近代史資料》，總 38 號，頁 146。
[75]　日本寺內內閣於 7 月 20 日內閣會議中決定，「給予段內閣相當之友好援助，以平定時局，俾能解決此刻中日間的許多懸案為上策」的方針，關於日本與段政權的密切關係，林明德，〈綜論日本寺內內閣之對華政策〉言之甚詳，本文不贅。收入：林明德，《近代中日關係史》（臺北：三民書局，1984），第 3 章第 3 節。
[76]　Polk to Reinsch, Aug. 3, 1917, *FRUS,* 1917, p. 89.
[77]　《外交檔案・歐戰檔・宣戰檔・外交部駐外各使館電》，民國 6 年 8 月 13 日，函號 15，宗號 15，冊號 1（臺北：中央研究院近史所檔案館藏）。
[78]　《政府公報》（命令），民國 6 年 8 月 14 日。
[79]　協約國方面至 9 月 8 日，始正式接受中國所提希望條件接受，其內容如下：
　　一、海關稅率值百抽五。
　　二、庚子賠款緩五年（自 1917 年 12 月 1 日至 1922 年 1 月 30 日），並取消賠德奧之庚款。
　　三、廢除軍隊駐兵天津特定地區之限制。
　　原文見：《日本外交文書》，大正 6 年第 3 冊，頁 540-546。

　　爲確立段政權成爲法理(de jure)政權，取得列強的一致承認，日本政府於 9 月初分致英、美一份有關中國政局的照會，希望英美列強共同援助北京政權爲「唯一、合法」的政府，並盡最大努力保證不給予任何企圖顛覆北京政權的個人或組織任何鼓勵或援助⑧。美國國務院基於協約國目前應團結一致對抗德國的前提下，同意了日本的主張，「以最好的方式有效的支持中央政府」，亦即支持北京政府爲中國唯一的中央政權⑧。

　　論者有稱美國與日本都想利用參戰問題爭奪中國的控制權，美國支持黎元洪，日本則支持段祺瑞，美國爲遏制日本所以支持反對參戰的黎元洪⑧。此一說法就目前中英文的資料來看，並沒有可信的第一手資料顯示美國政府支持黎元洪，如日本方面所宣稱的包括財政和軍事方面的援助。芮恩施雖因極力補救府院間在參戰問題上的衝突，而較同情黎元洪；但美國政府並不贊同芮恩施的過度投入，甚至予以責難。再者，美國政府對中國參戰問題的態度，已如前節所述，美國政府對促成中德斷交，有提攜示範的作用，使得中國政府跟隨美國政府的勸說，與美國同一行動。但美國對中國參戰態度始終消極，中國參戰問題主要是由段祺瑞與日本政府主導。

　　美國參戰後，不希望遠東多啓事端，有意緩和與日本的緊張關係。

---

⑧　The Japanese Embassy to the Department of State, Sep. 4, 1917, *FRUS,* 1917, p. 103.

⑧　The Secretary of State to the Japanese Ambassador, Sep. 6, 1917, *FRUS,* 1917, p. 104.

⑧　此一說法以大陸學者最爲普遍，認爲府院之爭代表著日—段勝利，美—黎失敗，爲美國在中國政治的又一次挫敗。從早期胡繩的《帝國主義與中國政治》，頁 109-190，到最近出版的陶文釗，《中美關係史》(四川：重慶出版社，1993)，頁 42，都持一致的看法。

1917 年 5 月 12 日，藍辛主動向日本駐美大使佐藤愛麿表示，要求日本
派遣特使，就當時的國際形勢及中國問題進行商談。日本爲緩和雙方
關係，也想就中國問題與美國達成某種諒解。1917 年 11 月 2 日美日簽
訂藍辛石井協定，美國政府承認「日本在中國，特別在中國之與日本
屬地接壤的部分，有特殊利益」，兩國政府永遠遵守「門戶開放」或在
華工商業機會均等的原則⑧。

　　美國政府對中國政治的涉入，是附屬於美國遠東政策下的產品。
第一次大戰改寫了遠東的舊秩序，英法逐漸自遠東舞臺退去，代之
而起是日本擴張主義。鑑於日本在華的擴張勢力，威爾遜對日本採
取遏阻政策（containment），同時在現實主義的考量下，美國政府
也希望建立美國在亞洲事務的霸權，拓展一個以美國爲影響力的非
正式帝國；然而這種雙重考量，使得威爾遜戰略目光短淺，亦使得
遏阻政策有其內在矛盾與侷限性，當「美國利益」與「中國福祉」
有所衝突時，採行必要的安協是唯一的方式。誠如入江昭所言，
威爾遜的遠東政策是在列強合作的基礎上謀求建立新的國際政治
秩序，而這種合作主義的秩序最能有效地爲美國在東亞的利益服

---

⑧ 關於藍辛石井協定，照會原文見 *FRUS,* 1917, p. 264. 譯文見：《中美關係
資料彙編》（下）（世界知識出版，1957），頁 467-468。
　此一協議，不僅美國政府始終不承認日本在華的「至高」（paramount）利益，
且學界對此一問題亦爭議不休，有人以爲此一協議是美國對日本的讓步，一
場不可避免的災難；也有人以爲此係美國對日遏制政策的高峰。普雷斯科特
（Francis G. Prescot）的博士論文《藍辛石井》（"The Lansing-Ishii Agree-
ment", Ph. D. Diss. Yale University, 1949）認爲，這個協議是戰時聯盟
的外交，是試圖解決戰時迫切的問題的一種努力，也是處理戰後突出的困難
問題如太平洋海運問題、海軍競賽問題、中國商業問題的必要協議。詳見：
Ernest R. May & James C. Thomson, Jr., eds., *American—East
Asian Relation: A Survey.* pp. 199-200.

務⑭。

　　美國政府對中國內部事務的關心，遠不如芮恩施個人對中國事務的同情。芮恩施於1913年受命為駐華公使時，頗得到同是政治學者出身的威爾遜總統之信任。芮恩施認為「門戶開放」政策是美國參與亞洲事務，同其他早已在中國市場獲利的列強公平競爭的利器。由於中美的長期友好關係，他相信此一政策的實行，將使得列強在華利益均霑，並使中國的政治經濟得以重建。芮恩施以為威爾遜的政治主張——對內實行的是進步主義的思想，對外則以門戶開放政策建立屬於美國的非正式帝國的藍圖，而他本人所推行的政策正是貫徹門戶開放政策理想。因此，他極力勸說美國政府、商人重視中國這塊龐大市場可能獲致的利益⑮。不僅如此，他認為文化工作的傳播也是建立中美友好關係的管道，所以傳教事業的承續和開拓，也是芮恩施在華活動的重點。為此他曾向國務卿布萊安建議美國政府派遣教育特使到中國進行教育改革⑯。

　　一次世界大戰的爆發，使得英法德等列強投入歐洲戰場無暇東顧，芮恩施認為這是打破英法德日在華獨占的大好機會；然而日本趁機侵占山東，繼而提出21條要求，對門戶開放政策構成嚴重威脅，所以他極力勸說美國政府加強與中國的財經文教關係。但威爾遜和藍

---

⑭　Akira Iriye, *After Imperialism: The Search for a New Order in the Far East, 1921-1931,* pp. 10-12.

⑮　Noel Pugach, "Making the Open Door Work: Paul S. Reinsch in China, 1913-1919," *Pacific Historical Review,* V. 38, No. 2 (1969), pp. 157-159, 169.

⑯　Reinsch to Bryan, Jan. 25, 1915, *SDA,* 124.93/15; Reinsch Memorandum, "On the Use of Foreign Experts", Jan. 1916, *SDA,* 893.01. Quoted in Noel Pugach, "Making the Open Door Work: Paul S. Reinsch in China, 1913-1919", p. 161.

辛則不願捲入列強在中國錯綜複雜的利害衝突之困境，美國政府刻意規避涉入中國內政，以及這種該被斥責的特殊利益的要求⑧；這使得長期以威爾遜代言人自居的芮恩施倍感挫折。由於芮恩施在華的政治活動經常逾越公使角色，擅自作主，使得國務卿藍辛對芮恩施出於「善意」的自作主張甚感苦惱，這也是爲什麼像藍辛石井如此關係中國權益的協定，沒有讓美國駐華公使知道的主因。此一協定也使一直在強化中美關係以遏制日本競爭的芮恩施，不得不承認美國政府的退縮與讓步⑧。

第三節　護法軍政府成立初期與美國的關係

1917 年 6、7 月，北京政局經府院之爭、國會被迫解散及張勳復辟事件一連串的餘波震盪，以段祺瑞復任國務總理而暫告落幕，但段自居「再造共和」之功，拒絕恢復國會。國會被迫解散後，孫中山於 6 月 13 日派胡漢民到廣州商討護法問題。及復辟亂後，孫在上海與唐紹儀、章炳麟、孫洪伊等人會商對策，決議將政府移設上海，並電參眾議員南下參與護法大業，同時電請西南六省(兩廣、雲南、湖南、貴州、四川)參與建設臨時政府大業。由於上海地處公共租界，外交牽掣過多，孫於 7 月 8 日率海軍南下廣州。國會議員亦相繼南下於廣州開非常會議，於 9 月 1 日成立中華民國軍政府，南北對峙之局因而展開。

上述革命黨人南下護法的行動和目的，上海及廣州的美國領事報告皆詳述此事，並將革命黨人在南方的活動及對北方政局的沖激，一

---

⑧　Noel Pugach, "Making the Open Door Work: Paul S. Reinsch in China, 1913-1919", p. 160.

⑧　芮恩施，《一個美國外交官使華記》，頁 240。

一向美國駐京公使及國務院報告。就美國國務院的資料看來，6月初府院之爭因參戰問題僵持不下之際，美國政府對孫中山及革命黨人的態度尚稱友善，甚至認為北方政局的混亂，將使南方的革命黨人伺機而起。但復辟事件為段祺瑞所平，北方政局明朗化後，美國對南方的評價愈來愈惡劣。這一方面的觀察來自廣州總領事認為廣州政局陷於派系內訌及對孫中山領導的不信任；一方面的觀察來自駐華公使芮恩施對中國局勢的估量，認為中國政局的穩定甚於一切，尤其是護法運動形如再一次的革命，中國人民最需要的是和平。軍政府建立後，美國政府不僅不予外交承認，且曾於革命黨人於南洋籌款時故意阻撓，使得護法初期原寄望於威爾遜總統的孫中山，倍感挫折。

　　孫中山對中國參戰問題自始即抱持反對態度，中德斷交後反戰態度愈為積極，不僅著書《中國存亡問題》申論中國不可參戰，且致書段祺瑞、參眾兩院及北京各政團反對參戰，勸告維持中立方免禍害[89]。為阻止中國參戰，1917年6月8日，孫中山於上海致電美威爾遜總統，希望美國本於勸告中國結束戰時中立國狀態之影響力，在中國面臨是否參戰的關鍵時刻，就中國人民之福祉，求取協約國國家的一致對華態度，避免將中國引入歐戰。至於北方軍閥違法亂紀，假參戰之名，行擴張之實，孫於電文中措辭甚為強烈：

　　　　一幫叛亂分子假藉為了人民的利益而宣戰，但是真正的目的則是為了恢復君主體制，是故極力努力爭取協約國的同情和支持。為獲取協約國的借款，名義上加入協約國成為忠實夥伴，

---

[89]　參考：莫世祥，《護法運動史》（臺北：稻禾出版社，1981），頁18-22。《中國存亡問題》一書，共有10章，由孫中山口授，朱執信執筆，收入：《孫中山全集》，第4卷（北京：中華書局，1984），頁39-99。

　　實則全為一己之私。中國人民洞悉這干人的真正動機，而大力
　　反對因參戰案導致的軍國主義，更可惡的是現在為了參戰案，
　　背棄人民、廢除國會。雖然這幫軍閥占有優勢，但我們有能力
　　壓制他們而維繫共和，懇請總統閣下，能將上述事實的真象，
　　告知協約國友邦，並發揮影響力，在阻止參戰的態度上，和他
　　們取得一致合作的態度。假如您能採取這一項友誼行動，我們
　　就可以容易地摧毀中國的軍國主義與無政府主義。⑨

孫於英文原信中，指稱主戰的叛國者藉參戰之名恢復君主體制，其用
意應在使身為世界民主潮流表率的美國政府嫌惡主戰派，而大力反對
中國參戰。威爾遜沒有正面答覆孫中山的信。如前節所述美國政府甫
於 6 月 4 日已針對中國因參戰案導引的派系內爭問題，對列強發出同
一照會，其中將中國參戰問題置於第二順位，中國的統一與支持一個
負責任的中央政府，才是美國政府首要關心之事。美國政府認為中國
黨派內爭的消弭與合作是第一要義，所以藍辛對孫中山這封電報的反
應是：威爾遜總統不能允諾這樣的請求⑨，事實上，藍辛對於孫中山與
南方革命黨人的活動早已有所聞，美國政府沒有必要回應孫中山的信
函，以免導致美國支持南方革命勢力的印象。

　　芮恩施早於 1917 年 3 月 26 日給藍辛的電報中，提及北京政府缺
乏威信，使得社會浮現不滿動盪，很有可能透過各種方式再發生一次
革命，或是革命黨人鼓動分裂運動，從而導致國家的解體。據云「孫
中山和唐紹儀曾策劃，由南方的革命勢力與親日派、泛亞洲及一切排

---

⑨　　*SDA*, 893.00/2631. 此信為英文原件，筆者譯。

⑨　　參考：李雲漢，〈中山先生護法時期的對美交涉〉，收入：中華文化復興運動
　　推行委員會編，《中國近代現代史論文集》，第 24 編，頁 163。

外勢力，聯合起來進行革命。幸而他們沒有多大的影響力」㊒。6月初府院之爭加劇，芮恩施更明白表示，如支持國會的黎總統爲督軍推翻，南方無疑會興兵討伐北方，結果中國將分裂㊓。6月14日芮恩施報告，段祺瑞向他表示孫中山和岑春煊確實曾和上海日本領事簽定秘密協定；一旦執政的話，將給予日本相當於21條要求第5號條款的利益。段的這項指控，主要爲向美國政府示意，不要對革命黨人有任何期待㊔。這項關於孫中山與日本秘密活動的傳聞，姑不論其眞假㊕，但經由芮恩施報告，傳送至國務院，對美國政府如何評價孫中山應產生影響。

對美國政府而言，中國參戰問題的重要性，遠不如中國政局的安定，維持中國的統一，建立一個負責任的中央政府，使中國政府有能力履行列強在華的共同利益及清末以來的條約義務關係；中國形式上的統一顯然比分裂對美國及其他列強有利。是故無論是府院之爭所可能導致的政變或是南北因法統的分裂，都是美國政府所不願看到的。除了芮恩施的報告一再提示美國政府，如果段派軍人獲勝，恐怕南北內戰隨之爆發外；廣州總領事赫茲萊曼(P. S. Heintzleman)於6月6日給國務院的報告說，廣州局勢尙稱穩定，東南各省督軍和將領大多支持黎元洪及國會，雖然桂系將領陸榮廷、廣東督軍陳炳焜似有意和北方妥協，但日前局勢難料，革命黨要人李烈鈞、胡漢民、岑春煊在

㊒　Reinsch to Lansing, Mar. 26, 1917, *FRUS,* 1917, p. 46.

㊓　Reinsch to Lansing, June 2, 1917, *FRUS,* 1917, p. 48.

㊔　Reinsch to Lansing, June 14, 1917, *SDA,* 893.00/2675.

㊕　1917年6月日本參謀次長田中義一曾在上海與孫中山會面，因傳聞復辟派與日本關係密切，孫特以此事質問田中。孫並且派戴季陶於6月16日赴日本調查此事，且希望日本支持正義之一方，以實現兩國眞正之親善。參考：王耿雄，《孫中山與上海》(上海：人民出版社，1991)，頁110-111。李雲漢，〈中山先生護法初期的對日政策〉，收入：《中國近代現代史論集》，第24編，頁149。

廣州有大批的擁護者，不排除將來南方可能興兵的危險性。他同時以為南北合作的先決困難在於過去的敵對意識，從一次革命到三次革命，南方做為革命的勝利者，但卻長期處於北方的統治之下，南北的地域差異，是中國分裂的潛在危險因素⑨。

1917 年 6 月府院之爭白熱化之際，美駐京公使和廣州總領事的報告，一再強調南方各省支持總統和國會，痛斥違法亂紀的督軍⑨，但美國政府關注的是府院之間的爭執及北京政府派系間的和諧，對於革命黨人及南方所呼籲的護法主張並不重視。6 月中旬，黎元洪受督軍團威迫下令解散國會，代理國務總理伍廷芳拒絕副署離京南下。6 月 20 日廣東督軍陳炳焜、廣西督軍譚浩明宣告國會未經恢復以前，暫行自主。赫茲萊曼報告說，革命黨要人正與西南軍閥商議「討逆」事宜，但窘於經費短缺。革命黨人向他表示擁護共和政體及恢復國會的決心，對於美國政府 6 月 4 日致北京政府照會──強調全國統一的必要性──廣州官方及輿論甚表歡迎⑨。7 月初孫中山由上海至廣州後，護法運動緊鑼密鼓展開，美國駐廣州總領事對孫中山的護法事業不予支持的態度，才開始明朗化。

美國政府對於孫中山的護法事業不予支持的另一原因，與當時德國方面支持孫中山推翻段政權亦有相當關聯。緣於中德絕交後，德駐華公使辛策(von Hintze)在阻止或延緩中國參戰不成後，乃積極籌劃倒段，希望由中國政府的更換，而使中國變更外交政策，因此全力支持孫中山從事倒段運動。德使辛策於 3 月 25 日下旗返國前，令德上海總領事克里平(Knipping)與孫中山聯絡，以金錢──最多二百萬元，

---

⑨ Hintzleman to Lansing, June 6, 1917, *SDA,* 893.00/2650.

⑨ Reinsch to Lansing, June 5, 1917, *FRUS,* 1917, p. 50.

⑨ Hintzleman to Lansing, June 23, 1917, *SDA,* 893.00/2680.

支持革命黨倒段。孫對共同倒段一事甚爲贊同，且對克里平表示，對日本政府中部分要員有影響力，將派員到日本確實了解日本對華實情⑨。這項關於孫受德國支援的傳聞，美國政府也甚知悉。

8月5日，美廣州總領事報告，廣東督軍親自告知他，德人以150萬墨幣支持孫中山⑩。這項傳聞，對孫中山無疑甚爲不利，因爲北京政府早於3月10日響應美國對中立國的照會，與德國絕交。美國政府於4月6日對德宣戰後，雖不鼓勵中國參戰，但北京政府正籌劃參戰事宜，中國畢竟形式上仍爲統一的國家，孫與敵對國關係密切，這在美國政府看來是不可思議的分離運動，更何況廣州國會亦於9月22日承認對德參戰案⑩，次年孫欲請求美國政府承認廣州軍政府爲合法政權時，不得不澄清有關他與德國之間的傳聞，孫於3月18日致美廣州總領事赫茲萊曼的信件：

> 本人在此鄭重肯定的說明，直到目前爲止，本人從未收授任何德國方面的資金，目前本人唯一努力的目標即是恢復中國的立憲政府，給予人民保障，並促進中國民主政治的福祉。⑩

---

⑨　參考：李國祁，〈德國檔案中有關中國參加第一次世界大戰的幾項記載〉，收入：《中國近代現代史論集》，第23編(上)，頁285-286。克里平的報告小述及日本參謀次長田中義一與孫的會面，孫告知欲倒段，而田中則允將孫之意電告日本政府。同引，頁286。關於孫中山與德國的關係，另可參考：周惠民，〈孫中山先生尋求與德國進行軍事合作之努力〉，國父建黨革命一百週年學術研討會，(臺北：1994年11月19日至23日)。

⑩　Hintzleman to Lansing, Aug. 5, 1917, *SDA,* 893.00/2707.

⑩　參考：郭廷以，《中華民國史事日誌》，第1冊，頁330。

⑩　孫中山致美廣州總領事英文信，收入：Hintzleman to Lansing, April 28, 1918, *SDA,* 893.00/2847.

孫中山的這項澄清，並無助於美國政府改變對孫中山及軍政府的不友善態度。

　　護法運動開展之際，對立的北京段政權卻在日本寺內內閣的援助下，逐漸穩定政局。日本駐華公使林權助於7月20日建議，應徹底援助段內閣，其具體辦法如下：(1)南方派要求日本政府借款、購買武器時，一律加以拒絕，同時阻止民間的提供。(2)謹慎言行以杜絕南方派對日本之任何期待。(3)在日本控制地區絕不容許南方派作反抗北京政權之活動，且不作南北調停的想法⑩。日本政府這項援段辦法，為確立段為中國唯一「正統」政權，如此則必須徹底切斷孫中山與日本政府及民間的任何聯繫。孫中山於外援孤立下，求見美駐廣州總領事，除表達在廣州另組政府的意願外，更迫切希望美國政府施予援手。但赫茲萊曼對孫中山在廣州的政治行情不表樂觀，在他看來桂系軍閥各有所圖，而孫也只不過是借助南方軍閥的力量以反段⑩。他於7月21日給芮恩施的報告中陳述孫中山在廣州的處境，「廣州人視孫為幻想家和不切實際者，直到目前大多數人對另建政府並不怎麼當做一回事」。「愈來愈多的南方保守領導者認為當前的局勢，不足以抗拒北方的軍事力量，最好讓北方來解決目前的危機，但南方領導人則一味拖延，直到獲取更多的力量，最後將不可避免和北方一戰」⑩。

　　芮恩施於8月21日致國務院電，提到南北對峙的狀況，總統馮國璋似有意重開國會以調和南北，但段堅持反對。他認為廣州的分離運

---

⑩　林明德，〈簡論日本寺內內閣之對華政策〉，收入：《中國近代現代史論集》，第23編（上），頁532。

⑩　Hintzleman to Lansing, July 21, 1917, *SDA*, 893.00/2694. p.2.

⑩　Hintzleman to Lansing, July 21, 1917, *SDA*, 893.00/2694. pp. 4-5.

動或許會持續一陣，但妥協度很高，除非外力介入援助南方[106]。逾兩日，芮恩施又針對南北對峙的政局，向國務院做進一步的分析，他認為國民黨人在廣州的事業受阻的反對因素有：(1)中國人民對於國會被解散並無多大的感受，護法主張激不起普遍共鳴。(2)廣州實力派軍閥視護法領袖孫中山和唐紹儀激進、極端、不能信任，他們似乎對這樣的分離運動不以為然。(3)南下的海軍，起不了多大作用。(4)最主要因素是缺乏大量財源從事分離運動及北伐。芮恩施並報告，北京政府對南方的態度，國務總理傾向武力解決，但總統馮國璋反對用武，傾向於和南方革命黨領導者達成和解[107]。

8月31日，廣州國會非常會議通過軍政府組織大綱，9月1日，軍政府正式成立。但軍政府在桂系的掌控下，試圖奪取護法運動的領導權，內部矛盾日趨激化。9月27日，芮恩施電國務院，敘述廣州內部領導權的問題：「孫在廣州的影響力正在消退，可能會讓位給立場較不偏激者。桂系的陸榮廷和北京中央一直保有密切聯繫，據說他有意爭取下屆副總統之職，當我以此事詢問國務總理時，段答覆，以他的出身根本就不配考慮(陸原為馬賊出身)」。芮恩施另報告，兩廣、湖南、四川軍閥間的爭奪地盤之事，廣東督軍陳炳焜堅決反對傅良佐任湖南督軍，甚至不循正常外交途徑，沒透過廣州美領事館，就直接電告芮恩施表達南北可以妥協，但傅良佐不能不去職的決心[108]。10月12日，芮恩施給國務院的報告指明「孫中山所領導的軍政府，實際上徒

---

[106] 芮恩施此一電文末提到北京政府受日本支持，但廣州總領事的報告也說，有部分的日本人給予廣州當局財力援助。Reinsch to Lansing, Aug. 21, 1917, *FRUS,* 1917, p. 99. 事實上，在日本內閣確定援段政策後，嚴厲禁止日本朝野給予南方革命勢力支持，此一援助現象，已大為減少。

[107] Reinsch to Lansing, Aug. 23, 1917, *FRUS,* 1917, pp. 99-100.

[108] Reinsch to Lansing, Sep. 27, 1917, *FRUS,* 1917, p. 105.

具名義」。他認爲軍政府如有存在的意義，其重要性在於南北軍閥有所分別，但顯然他們沒什麼兩樣，南北的爭執幾乎與公共政策無涉，而是私人恩怨的鬥爭，如粤督陳炳焜之反對段派的傅良佐⑩。事實上，這也是孫中山感慨尤深的「南與北如一丘之貉」⑩。

　　10月12日，芮恩施給國務院的電報，應是影響美國政府對南北政局觀感最具關鍵性的一封電報。當時北京政府已準備籌設新國會，並通緝孫中山及廣州眾議院院長吳景濂。芮恩施曾就北京政府對南方的態度詢問段祺瑞。段祺瑞向他表達軍隊應國家化、制度化，以免國內和平時常受地方武力之破壞；一旦軍隊制度化，他以內閣總理的立場，保證必定讓軍隊完全擺脫政治私人利益，僅用於正當軍事用途，他期盼中國的軍隊不再淪爲黨派個人之私器，人民得以自由解決與個人息息相關的憲法、國會問題及公共政策問題。芮恩施對於這項出自國務總理的提議，認爲果眞實現，是一項「光明的計畫，它能促使中國統一，使政治活動自由化」。「我相信段祺瑞是誠心推行此事，而他的對手(指廣州政府)卻害怕武力收編的結果，最後仍會政治化，造就一個袁世凱式的獨裁」⑪。這封電文透露出芮恩施對段祺瑞有相當高的評價。依芮恩施所見「代總統馮國璋支持段，兩者的關係應會持續下去⋯⋯段或許會因調和南北而暫時引退，但他的情操和信望是偉大的，並將持續提昇威望」，「他的引退也可能是邁向下次總統選舉的一個階梯」⑫。就當時政局發展而言，芮恩施顯然對北京政局的評估有

⑩　Reinsch to Lansing, Oct. 12, 1917, *FRUS,* 1917, p. 107.
⑩　孫中山，〈辭大元帥職通電〉，1918(民國7)年5月4日，收入：鄒魯，《中國國民黨史稿》，第4冊，頁1084-1085。另見：《孫中山全集》，第4卷，頁471-472。
⑪　Reinsch to Lansing, Oct. 12, 1917, *FRUS,* 1917, p. 108.
⑫　Reinsch to Lansing, Oct. 12, 1917, *FRUS,* 1917, pp. 108-109.

誤，馮、段二人因用兵川湘，停、戰主張不同而失和，北洋派系因而分裂。段於 11 月 20 日因馮系軍人逼迫再度辭職，研究系閣員亦相繼求去[113]。芮恩施於其報告中敍述段的辭職，認爲它比預期來得太快了，段的突然失勢與其手下傅良佐未能掌控湖南有絕對關係[114]。但芮恩施對段祺瑞仍不改前述好感，段辭職後仍負責參戰事宜，芮恩施給國務院的報告「我相信在此事託付他是有益的，他個人的誠信和忠實普遍受肯定」[115]。段祺瑞並未從政治舞臺消失，馮段鬥爭持續擴大，次年 3 月，馮爲段派軍人所逼復請段組閣。

美國國務院不僅不支持廣州軍政府，且於革命黨人於南洋籌款時，橫加阻止。廣州軍政府苦於財源無著，於 1917 年 10 月 6 日派孫科及大元帥府秘書黃展雲前往馬尼拉籌款，其後將轉往菲律賓各島，目的向當地華僑出售廣州軍政府公債。美廣州總領事發給護照後，即將此事向國務院報告，美國國務院特以此事命令陸軍部長密切注意，並阻止革命黨人在美國屬地的菲律賓群島出售公債。因爲數星期前革命黨人在夏威夷籌款時，中國公使館曾向美國務院要求阻撓革命黨人的籌款。美國務院要陸軍部比照辦理，理由是「目前爲止南方還沒有建立負責的、獨立的政府」[116]。

1918 年 4 月，軍政府內部有西南實力派傾軋，而外交上又陷於孤

---

[113] 參考：王樹槐，〈段祺瑞的三次組閣〉，收入：《中國近代現代史論集》，第 21 編(3)，頁 114-118。

[114] Reinsch to Lansing, Nov. 20, 1917, *FRUS,* 1917, p. 110.

[115] Reinsch to Lansing, Nov. 23, 1917, *FRUS,* 1917, p. 111.

[116] The Secretary of State to the Secretary of War, Nov. 26, 1917, *FRUS,* 1917, pp. 111-112. 另據孫中山，〈致菲律賓同志函〉，《孫中山全集》第 4 卷，頁 191。也提到軍政府成立，孫中山於 9 月 23 日，通知菲律賓僑界革命黨同志，以「義師待發，需餉孔殷」，特派孫科及大元帥府參事陳民鐘、秘書黃展雲前往募餉。

立無援，孫中山乃再次向美國領事要求外交承認與援助。他疾呼中國
情勢危急，北京段政府和日本勾結，除非美國能支持軍政府，使得南
方發揮影響力揭破日本的陰謀，進而挽救中國⑰。但赫茲萊曼仍不爲
所動，甚至以爲「廣州政府的存在將使美國在遠東事務中的角色顯得
尷尬」⑱。赫氏的電文指稱，廣州政府不被視爲交戰團體（belligerent）
⑲，其意指軍政府爲叛亂團體是極明顯了。

　　廣州軍政府內部的情勢，一如美國駐穗領事所了解的軍閥派系惡
鬥爭權，桂系與軍政府大元帥孫中山裂痕日深之後，桂系即聯合岑春
煊之政學會，與軍政府對抗。1918 年 5 月，廣州非常國會通過修改軍
政府組織大綱，將以孫中山領導的大元帥制改爲七總裁制，選出政學
會領袖岑春煊爲首席總裁，孫中山、陸榮廷、伍廷芳、唐紹儀、唐繼
堯、林葆懌爲總裁。孫以事無可爲，憤而離開廣州⑳。

---

⑰　孫致美廣州總領事英文信，收入：Hintzleman to Lansing, April 23, 1918, *SDA,* 893.00/2847, pp. 4-5.
⑱　Hintzleman to Lansing, April 23, 1918, *SDA,* 893.00/2847, pp. 5-6.
⑲　國際法上對於交戰團體（belligerent）亦有所謂的承認問題。因爲一個國家發生內戰，第三國利益常因此受到損害；爲保護第三國權益，並尊重內戰發生國關係雙方的合法權利，乃有交戰團體的承認制度之適用。在內戰中，與合法政府對抗的團體，要求被承認爲交戰團體，必須符合幾個條件：(1)它必須有一個政府與自己的軍隊，例如美國南北戰爭時南方政權在大衛斯（Jefferson Davis）領導下而設於 Richmond 的政府，與由李將軍（General Lee）統帥的軍隊；(2)叛軍政府必須在實際上控制了該國的一部分領土而有效的管理；(3)雙方的軍事行動勝負難卜；(4)反叛團體在進行與合法政府的軍事行動時，必須遵守戰爭法規則；(5)該團體追求之目的，必須是政治性質的。背叛的團體在具備上述條件後，就可能獲得交戰團體之承認，但並不意味著對於內戰中叛亂一方的支持，只是給予既存事實的確認，而非給予價值的判斷。參見：王人傑，〈國際法上的承認〉，收入：丘宏達主編，《現代國際法》（臺北：三民書局，1993 年 8 月，第 10 版），頁 223-224。
⑳　孫中山，〈辭大元帥職通電〉，《孫中山全集》，第 4 卷，頁 479。

　　如比較上述芮恩施及廣州總領事對南北政局及領導者的評斷，可以理解美國政府對護法政府的態度為何不具好感。北京政局雖然鬥爭不斷，但就法理上，北京政府重開國會及領導人如段祺瑞對軍隊國家化的承諾，使得芮恩施對北京政府並不全然失望；反觀廣州軍政府的法理基礎，或領導者威信，對美國政府都不具說服力。如後來廣州總領事赫茲萊曼給芮恩施的電文，強烈地批評廣州政府「不團結、沒有活力、無一致目標」，「它要求承認為統治中國之一部分或全部，但卻不足以被視為交戰團體」，「沒有一般的政府組織架構，談不上是事實(de facto)政府」[121]。

　　1918年11月18日，歐戰停戰協議簽字後不久，孫中山致電威爾遜表示賀意，再次說明反對中國參戰的理由，因為中國的參戰行動，其結果證明了助長軍閥黷武主義，並說明護法戰爭的本質為軍閥與民主之戰，南北統一的先決條件為——國會恢復並自由行使職權，他提醒威爾遜：

> 今日美國之精神與物質，倘被誤用以壓迫人民，則中國民主必將萬劫不復，永無希望。故余不得不訴請於閣下，務請拯救中國之民主與和平，亦盼閣下能了解，吾人和談的條件無他，所堅持者乃國會必須有充分自由以行使職權。……請閣下正告北方軍閥，最初選舉產生的國會必須恢復，且予以尊重。[122]

這封致電報的內容，與前述1917年6月孫中山致威爾遜的信函一樣，

---

[121]　Hintzleman to Lansing, April 23, 1918, *SDA*, 893.00/2847, p. 3.

[122]　*SDA*, 893.00/2901. 孫中山致威爾遜總電，1918年11月18日。中文見〈致美國總統威爾遜電〉，《孫中山全集》，第4卷，頁513-514。

沒有得到回覆，威爾遜指示國務卿藍辛致電美駐上海領事，轉告孫中
山此封電報已收悉，在適當時機，將予考慮⑫。另外，孫中山在 11 月
19 日由上海致函芮恩施，希望他將中國的眞實情況及中外軍閥的勾
結，向美國總統轉達：

> 美國總統和人民只有透過您才會知道中國的眞實情況，您的責
> 任重大。中國究竟是民主政治還是黷武主義獲勝，主要取決於
> 閣下對我國無助的人民在現階段所給予道義上的支持。⑭

芮恩施對孫的電報相當重視，但他所關注的是中國內部的和平及日本
的擴張政策，而不是孫中山的護法主張。所以，在給國務院的長電中，
對孫之主張恢復舊國會的理由，隻字未提，主要譴責日本提出 21 條要
求以來對中國的毒害；他認爲中國的和平「只有拒絕承認日本過去四
年來在中國秘密操縱的種種結果，特別是日本在山東建立的政治勢力
和特權地位，才能使中國避免成爲一個軍事獨裁國家的附庸」。「目前
中國的局勢給我們共同消除中國國內衝突根源，從而避免凶險的災
禍，提供了最後的機會」⑮。

　　11月18日，孫中山致威爾遜的電文發出後，孫對美國政府的態
度甚表樂觀。他在回覆廣州議員書中，提及「自此電發後，隨由路

---

⑫　*SDA*, 893.00/2901. 威爾遜在答覆藍辛時表示，正因孫中山所公開的理想和
　　目的，使他很不願意捲入和孫的通信中。另見：C. Martin Wilbur, *Sun
　　Yat-sen: Frustrated Patriot* (New York: Columbia University Press,
　　1976), p. 324, footnote 70.

⑭　芮恩施，《一個美國外交官使華記》，頁 258。

⑮　芮恩施致威爾遜的備忘錄，內容見：《一個美國外交官使華記》，頁 256
　　-259。

透社電遍傳歐美，引起各國之注意，故美上議院近乃有認南方爲交
戰團體之提議；而美政府對文電亦表示贊同，此後將請美總統出
而主持公道，吾人終可達到護法之目的」⑫。事實上，早在數月前
廣州就盛傳美國政府有意承認南方爲「獨立之交戰團體」，但這項傳
聞因駐華代辦馬慕瑞沒有得到國務院方面的訊息而無法證實⑫；等
到12月2日五國駐穗領事一同向廣州軍政府提出召開南北和會的說
帖時，特別聲明「提出勸告並非承認軍政府，或爲一獨立之交戰團
體」⑬，這項傳聞也就不攻自破了。但是，孫中山對美國政府仍有很
大的期望，他於12月13日，致函許崇智及蔣中正(時在漳州軍中)，
又提到：

> 此電發後，聞美總統甚表贊同，謂必有以副文之望。文近在滬
> 與諸同志，以美總統自歐戰停後，方主張以正義公道維持此後
> 世界之永久和平，而於扶助弱國尤引以爲己責。故文對於我國
> 南北事，主張請美總統出爲我仲裁人，囑國人一致鼓吹此說，
> 則以美總統之主持公道，必能爲我恢復國會，更加一重有力之

---

⑫ 孫中山，〈覆廣州國會函〉，收入：《孫中山全集》，第 4 卷，頁 521。

⑫ MacMurray to Lansing, Sep. 5, 1918, *FRUS,* 1921, Vol. I, p. 492. 此封
電文爲駐華代辦馬慕瑞(時美國公使芮恩施回國渡假)所呈，希望美國政府對
中國政局有更明確的指示，因廣州盛傳美國有意承認南方爲交戰團體，而駐
華使館沒有得到任何訊息可證實此係謠傳。這封於 1918 年的電報，收入上述
1921 年的外交檔案中有關海關交涉的檔案。以此看來美國參議院中如有承
認南方爲交戰團體之提議，並不是因爲孫中山致威爾遜信函所產生的影響，
而是早在 1918 年 7、8 月間，列強有意暫停北京政府提用關餘，以促成南北
和議。關於南北和議，詳見本書第三章第一節。

⑬ 〈五國勸告南北調和〉，《晨報》，民國 7(1918)年 2 月 3 日。上海《民國日
報》，民國 7(1918)年 12 月 4 日。

保障也。此説頗得各方所贊同，不久當可見諸事實。⑫

由孫中山致廣州議員及國民黨要人的信函，可知孫中山並不反對召開南北和議，只是唯恐北方軍閥與南方桂系犧牲國會，達成利益交換。孫中山樂觀期許美國政府必定支持護法主張，實則如與上述芮恩施致國務院的意見對照，可知此為孫中山對美國政府的一廂情願，芮恩施或美國國務院對護法主張根本甚為冷漠。

從府院之爭到南北分裂，美國駐北京公使芮恩施對擁護國會的主張，顯然有內在矛盾。府院之爭時，他對段祺瑞不尊重國會的態度，存有惡感⑬。如以此判斷，何以對孫中山恢復舊國會的主張，不予支持。如就上述芮恩施給國務院的報告，可看出最主要的因素，在於芮恩施深知孫中山在廣州軍政府中並無實際權力，實權掌控在西南軍閥之手，而西南軍閥之護法係為一己之私，全無誠意。芮恩施對於段祺瑞的個人操守評價極高，他在回憶錄中也提到「段將軍個人的智慧和正直令人尊敬，他在選擇助手方面卻缺少幸運，如選擇傅良佐，招致湖南人反對」，他相信段對維護中央政府權威所做的努力，但在方法上有爭議：「他想的只是軍事的權威，並沒有認識到輿論和民政的組織需要什麼」⑭。在衡估中國南北政情及對領導者個人威望的信心後，孫中山的護法運動，並不能獲得芮恩施的認同；更何況北京政府已準備重開國會⑮。

就美國政府的出發點而言，實際擔負外交決策的威爾遜總統及國務卿藍辛，希望中國維持政局的統一與建立負責任的中央政府，是一

---

⑫ 孫中山，〈致許崇智、蔣介石函〉，收入：《孫中山全集》，第 4 卷，頁 526 -527。

⑬ 詳見：本章第二節。

⑭ 芮恩施著，《一個美國外交官使華記》，頁 225。

⑮ 北京政府於 1917 年 9 月 29 日令各省選派參議員，於一個月內到京組織臨時參議院，並令內務部籌備國會選舉事宜。11 月 10 日，北京臨時參議院開會。參考：郭廷以，《中華民國史事日誌》，第 1 冊，頁 331，339。

種善意勸告。中國政局的安定，黨派間的和諧將有助於中國的統一。基於此種考量，護法運動所意含的分離運動不能獲得美國政府的同情是可以理解的。再者，北京政府爲列強所共同承認的法理政府，美國政府如果單獨對廣州政府施予援手，以美國正擴張遠東的影響力而言，這一著棋確實不符現實利益，誠如前文所引廣州美領事所言，廣州政府的存在將使美國政府在遠東事務的角色陷於尷尬。

　　軍政府成立之初，美國政府雖不予以承認，護法主張也未獲得美國政府的認同。但美國政府對中國南北分裂及內戰的情況，始終寄予同情。尤其是日本與皖系的利益結合，幾乎使得中國成爲日本的軍事附庸國，美國政府頗思予以抵制。待一次世界大戰接近尾聲，威爾遜總統於冀望戰後和平會議之時，也對中國內政提出呼籲，希望南北召開和平會議。就某方面來說，美國政府之主張列強(包括日本)採一致態度促成中國南北和談，也是預期南北統一後的北京政府與列強的關係重新調整，在列強合作的基礎上技術性地遏制日本在華勢力的過度擴張。

第三章　美國與中國南北兩政府 (上)(1918-1925)

　　從 1917 年至 1928 年，中國處於南北對峙的狀態。北京政府在軍閥控制下內部傾軋不已，儘管北京政府缺乏法理基礎，但北京政府為列強所承認的合法政權，南方政權則被列強視為內戰中的地方勢力，不為國際社會認可。北京政府與列強支持的關係，表現在下列幾種方式：(1)履行外交關係，包括清末以來條約賠款之義務(如庚款)、對外貸款、通商口岸和修築鐵路等等，這些都必須有北京政府之承認或默許。(2)北京外國公使館的存在，給北京城提供了實質的保護。緣於 1901 年辛丑和約達成的協議，如果北京發生戰事，或京津鐵路被占領，可能招致外國的干預。(3)更重要是外國承認與財政收入有關，包括鹽稅和關稅被用來做為償付庚款及其他外債本息，由於列強的干預，使得軍閥較難以插手這些稅收①。此所以南方廣州政府努力爭取國際承認及爭取廣州關餘之主因。

　　1917 年以後，列強雖承認北京政府，但鑑於北京政局動盪不安，加以法理基礎不足，是以新政府之成立，有時引發是否應予繼續承認的質疑或聲稱其為事實(de facto)政府的討論。依照國際法所謂法理(de jure)政府，其承認通常依國際慣例，只需將新政府成立的事實，

---

① 參考：Andrew J. Nathan, *Peking Politics, 1918-1923: Factionalism and the Failure of Constitutionalism* (Michigan: Michigan University, 1976), pp. 60-61.

通知其他國家，其他國家或以國書致達，或派遣特使致賀，即構成對新政府的承認②。北洋政府時期每經一次內戰，政府即告重組。面對更迭不斷的北京政局，北京外交使團對於新政府的成立，是否應予以承認，時有討論，顯示出北京政府與列強之支持關係的不合理。美國政府對北京政府的外交承認，雖然是以列強協調一致的態度，但美國駐華公使在北京外交使團中有相當之影響力，美國駐華公使及國務院針對是否予新政府承認之討論，其態度也顯現美國政府對中國內政的政策性意涵。

　　軍閥政治下的北洋政府，相當程度地反映了帝國主義列強在中國的衝突與競爭，其中又以美、日兩國的爭逐最為明顯。就北京政府與列強間緊張微妙的合作關係而言，美國不贊成日本單方面支持皖系軍閥，因為一個包括各種軍事政治力量組成的對列強各國平等開放的中國，要比一個單純對日本開放的親日政權，對美國更為有利。1919 年

---

② 承認國家與承認政府，兩者有所區別。承認國家是承認其在國際社會具有人格，國際人格一經承認，並不因國內政府更迭而有所變動。然而一個新政府成立，是否能代表此一國際法人，參與國際社會，則須經另一次承認，此即政府承認。新政府是指元首的更迭或政體的變動等。當一個國家的舊政府不復存在，而其新政府未被承認時，該國的國際法人地位，並未喪失，但是卻無法行使其法定的能力。新政府的承認，是其他國家肯定新政府具有唯一代表本國，以享受國際權利與負擔義務的能力，而表示願意與之交往。新政府的標準有二，有採事實觀點者，即一個新政府的成立，不問其是否合乎法律程序，只要有實際的存在事實，即承認其為事實(de facto)政府；有採法律觀點者，認為一個新政府的成立，如具法律程序之正當性，即予承認，此即為法理(de jure)政府。如以政變、內戰或革命方式取得政權，則承認必須慎重考慮。事實政府的承認，僅是維持兩國間的領事關係，不能產生法理(de jure)承認的全部效果。以上所引參考：朱建民，《外交與外交關係》(臺北：正中書局，1977)，頁 283；王人傑，〈國際法上的承認〉，收入：丘宏達主編，《現代國際法》(臺北：三民書局，1993 年 8 月，第 10 版)，頁 214-227。

南北和議失敗後，北洋軍閥內部矛盾日益加劇，最後演成直皖之戰和兩次直奉戰爭。美國政府在北方軍閥內戰中標榜不干涉政策，但對於直系所控制的北京政權，相較於皖系，美國政府確實展現較強的企圖心。關於英美與直系的關係，吳應銧(Odoric Y. K. Wou)的研究已有相當的成績③，但對於軍閥內戰中美國政府的態度，以及美國與直系政權的關係，仍有待進一步具體分析。

對於中國政局的分裂，美國政府始終寄予同情，並寄望南北政府以和平方式解決。1918 年下半年，大戰進入最後階段，中國南北和談的契機，也於此時出現。自南北對峙以來，中國內部雖然召開數次促成南北統一及黨派合作的會議，但以 1919 年的上海南北議和最受矚目，列強之參與也最多。

1919 年南北和議期間，列強為促使和平，對廣州政府態度轉為友善，但仍不予正式承認。美國政府主動倡議南北和談，並提出具體措施，似有承認廣州軍政府為北方之交戰團體之意。所以，廣州政府正式成立後，孫中山曾積極爭取美國的援助，交涉過程的失敗，影響及於中國國民黨與其政府外交路線的轉向。一直到國民革命軍北伐開始，隨著北伐軍的開展，南北形勢之逆轉，美國政府對廣州政府的態度才逐漸轉變。

第一節　美國與南北和議

1917 年 12 月 17 日，美駐華公使芮恩施致國務院報告，陳述桂軍

---

③　詳見：Odoric Y. K. Wou, *Militarism in Modern China, the Career of Wu Pei-fu, 1916-1939* (Dawson: Australian National University Press, 1978)一書中的第 7 章〈與英美的關係〉。

陸榮廷決歸順北京中央，必要條件(sine qua non)是重開舊國會；廣
州軍政府外交部長伍廷芳與陸榮廷主和的態度趨向一致，伍曾向廣州
美國領事表達，希望美國總統能作爲南北和平的仲裁者。上海《字林
西報》(*North China Daily News*)曾呼籲由英美出面，促成南北和平
解決，上海領事也曾呼應此一主張，芮恩施爲求謹慎並未予承諾④。
但英美在華人士對南北和議的主張未曾稍歇，1918 年 2 月 8 日，《北京
導報》(*Peking Leader*)刊出〈中國之必需：和平與統一〉(China's
Imperative: Peace and Union)呼籲南北停戰。指出中國作爲協約國
的一員在追求民主奮鬥的過程中，英美應予以友好之援助，並促成中
國於世界大戰結束後召開南北和議⑤。

　　1918 年下半年，對峙的南北政權傾向停戰言和。國內要求南北停
戰，使人民免於戰禍之苦的和平呼聲日益高漲，和平期成會團體相繼
出現⑥。國際背景則是，第一次世界大戰結束，美、英、法等西方列
強重新關注其在華權益，要求日本放棄援助皖系主戰派的援華政策，
轉而與列強一道敦勸中國各派停止內戰，實現統一。南北和談的契機，
於焉出現。

---

④　Reinsch to Lansing, Dec. 17, 1917, *FRUS,* 1917, p. 113. 《字林西報》
　　爲普遍代表上海英美人士觀點的一份報紙，經常以中外關係、中國政局及時
　　事爲社論，由於其獨占路透電訊近 30 年，其他在華報刊無人能敵，其影響力
　　也最大。見郭立東編，《近代外國在華文化機構綜錄》(上海：上海人民出版
　　社)，頁 205。

⑤　*SDA,* 893.00/2780.《北京導報》，1917 年 12 月，於北京創辦的英文報，執
　　筆者以英美人士居多，偏向英美，尤其是美國立場，普遍受中外讀者歡迎，
　　參見：郭立東編，《近代外國在華文化機構綜錄》，頁 125。

⑥　關於國內對於南北和議之要求，與和平期成會團體的出現，詳見：李新、李
　　宗一主編，《中華民國史》(北京：中華書局，1987)，第 2 編，第 2 卷，頁 304
　　-313。

　　9 月下旬，美國政府委託中國駐美公使顧維鈞，轉達美國政府祝賀徐世昌當選第二任總統之意，並希望他迅速解決中國南北對立問題⑦。10 月 10 日徐世昌就任大總統時，威爾遜發表賀電，並規勸中國停止內爭，實現統一：

　　　　本大總統之所馨香禱祝者，不僅以中、美兩國素敦睦誼，而實因值此文明變化最關緊要之時，中國因內亂而分析，若不早息爭端，殊難協同友邦一致達維持正義之目的。今貴大總統就任之日，正貴國各派首領以愛國爲懷，犧牲一切，息爭之時，更宜和衷共濟，力謀國民幸福，統一南北，而於各國際公會中亦占其應有之地位也。⑧

駐華外交使團在祝賀徐世昌當選的頌辭中，也希望中國南北早日和平統一⑨。10 月 17 日，總統府美國顧問韋洛貝(W. W. Willoughby)向徐世昌提出一份關於南北調和意見書，10 月底 11 月初，顧維鈞又接連電告北京政府，「美國國務卿轉述美總統願以實力助華息爭，免失國際地位」⑩、「美政府對於我國內亂異常關心，務乞將最近所定辦法電示」⑪。

　　美國政府鼓吹中國南北和議，但日本政府則一力扶植段派推行武力統一政策，是故英美欲促成中國之統一，首要考慮是日本的態度。

---

⑦　葉恭綽，〈1919 年和議之經過及其內幕〉，《文史資料選輯》(北京：中國文史出版社)，第 26。

⑧　〈美總統希望中國息爭之表示〉，《申報》，1918 年 10 月 19 日。

⑨　〈馮徐交替與時局〉，《申報》，1918 年 10 月 13 日。

⑩　〈專電〉，《申報》，1918 年 11 月 1 日。

⑪　〈和平之聲〉，《申報》，1918 年 11 月 7 日。

日本起初對中國內外議和之要求不予理會，後因各方議和醞釀的正盛，英美的態度亦趨積極，且原敬內閣為調整對華外交，才予以接受⑫。緣於 1918 年 9 月 28 日，原敬內閣成立後，鑑於日本國內對寺內內閣援段政策的抨擊，指責政府助長中國內亂，原敬根據輿論的要求，表示「希望中國鑑於世界形勢之急轉，應速息內爭，以為戰後之籌備」⑬。在對華外交上遂採取與英美等國協調一致的對華政策。

　　為促使南北和平，英法美日等政府的北京公使團決定於 1918 年底，暫停北京政府提用關餘，但唯恐廣州軍政府以為列強有鼓勵南方延長戰爭之意，英美法日駐廣州總領事分別致函軍政府，表示希望軍政府勿加以干涉關餘之取用⑭。廣州軍政府外交部則展開爭取關餘之交涉，外交部長伍廷芳致電英美法日駐粵領事，表示北京公使團的這項舉動，證明各國「不再贊助北方繼續戰爭之盛意」，「軍政府本不願國內延長戰爭，惟切望中國得早日回復合法之統一政府」，更希望「護法各省亦得提用關稅餘款，照北方之數相等至少依照比例之數，以作地方行政之用」⑮。為促使南方儘速與北京政府達成和平，北京外交領事團分別與南北政府商議，允許南北政權分享總稅務司控制的海關關餘。自 1919 年起，廣州軍政府分得關餘的 13.7%，由廣州海關償付，前後計六次。北京外交使團決定讓南北政權分享關餘，並主動倡議南

⑫　關於日本與中國南北議和的關係，詳見：林明德，〈日本與 1919 年的南北議和〉，收入：《中國近代現代史論集》，第 23 編，《民初外交》（上），頁 559-580。
⑬　〈日本對我內爭之態度〉，《申報》，1918 年 10 月 23 日。
⑭　〈關於提用關餘的咨文〉，1918 年 1 月 25 日，丁賢俊、喻作鳳編，《伍廷芳集》（下冊），頁 845。
⑮　外交總長伍廷芳致英美法日駐粵領事，收入：《伍廷芳集》（下冊），頁 845-846。

北和談，此似已有默許廣州軍政府存在之意，據聞美參議院也曾討論是否承認南方為交戰團體⑯。

　　1918年10月間，美國政府指示其駐日大使協同英、法、意各國駐日大使，與日本外交當局磋商，共同對中國進行調停勸告，實現南北停戰，和平統一。徐世昌總統乃於11月16日下令停止戰爭。11月22日，英、法、日、意、美五國駐華公使聚會討論，擬發表一份對華勸告書，由美使芮恩施草擬備忘錄。芮恩施提出，美國政府主張只有統一的中國才能獲得列強的支援，否則不予以財政援助，但由於日本公使反對，所以這項主張被略去⑰。12月2日，五國公使向徐世昌遞交中國南北息爭的勸告書，並聲明不干涉中國內政。同日各國駐廣州總領事亦向軍政府提出勸告，內容大致相同。值得注意的是，致軍政府勸告書之前先聲明：「提出勸告並非承認軍政府，或為‧獨立之交戰團體」⑱。推究其原因，應如同上述南北分享關餘一事，為避免美國有

---

⑯　1918年9月5日，駐華代辦馬慕瑞(時美國公使芮恩施回國渡假)向國務院請示，希望對中國政局有更明確的指示，因廣州盛傳美國有意承認南方為交戰團體，而駐華使館沒有得到任何訊息可證實此係謠傳。MacMurray to Lansing, Sep. 5, 1918, *FRUS,* 1921, Vol. I, p. 492. 另據莫世祥，《護法運動史》，頁80，提到1919年1月16日，英法美國駐廣州領事奉命暫以半承認的方式，「對廣州南方政府的建立，表示祝賀」。此外，孫中山覆廣州國會議員書，曾提及他於1918年11月18日致威爾遜總統一信，陳述南方如與北方妥協，先決條件在於國會能有完全自由之行使。美參議院對孫之意見甚為重視，乃有承認南方為交戰團體之說。見：孫中山，〈覆廣州國會函〉，收入：《孫中山全集》，第4卷，頁521。但上述討論，不久即為國務院否定，美國政府提出南北和議勸文，即明言「不承認南方為交戰團體」。

⑰　芮恩施，《一個美國外交官使華記》，頁249。

⑱　〈五國勸告南北調和〉，全文見：《晨報》，1918年12月3日。另見駐美使館，外交部來電，民國7年12月4日。《外交檔案‧使美檔‧南北議和案》，函號1，宗號1，冊號8(臺北：中央研究院近史所檔案館藏)。

助長南北戰爭之意。關於美國對限制財政援助的建議，雖然在五國聯合勸告書中被刪去，但列強如欲促成和平，則不能迴避此一問題。日本政府於12月3日發表一項關於中國財政的聲明。聲明說：

> 日本政府不能阻擋它的國民在中國創辦的財政經濟事業，只要這些事業是兩個友好鄰邦之間特殊關係的自然而合法的產物。……同時，日本政府完全能體會在中國內戰頻仍的現狀，借款容易造成誤會和干涉中國的和平，因此日本政府決定不向中國提供可能增加其國內局勢複雜性的財政援助。[19]

此一聲明相當程度確認了美國政府所提議的限制財政援助之適當。

芮恩施1月11日致國務院的報告說，軍閥政客玩弄權柄，更凸顯裁軍問題的必要性，但北京政府毫無財力資遣軍隊，目前迫切需要五百萬元裁撤南北方過半的部隊。北京政府準備在外國軍事代表的監控下確實執行這項裁兵計畫。如果順利裁兵之後，北京政府單單是公共設施、鐵路、漕運的費用，即需款一億元之多，芮恩施希望美國政府能與日本合作，提供中國財政上的需要，以避免日本的獨占及控制。所以催促美國芝加哥銀行副總裁阿伯特(John Jay Abbott)來華討論新借款團一事，將刻不容緩[20]。

日本政府雖於12月3日承諾停止借款，但此時日本並沒有停付參戰借款，也沒有停止日械輸華的行動。爲促使中國內部和平早日到來，

---

[19] 摘自《北京導報》(*Peking Leader*)，1918年12月5日。轉引見：*FRUS,* 1919, p. 290.

[20] Reinsch to the Acting Secretary of State, Jan. 11, 1919, *FRUS,* 1919, p. 294.

美國務院訓令芮恩施與各國公使達成協議，即在統一政府未成立前，不以資金支持南北任何一方；為了防止日械的輸華，美國政府則另提議對中國全面禁運軍火。12 月 6 日，美代理國務卿波克(Frank　L. Polk)訓令芮恩施，著手與他國在華公使討論禁止軍械、彈藥，和資金的供應㉑。

另一方面，中國內部的情形是，徐世昌雖已下令停戰，但南北戰事仍未歇止。12 月 11 日，北洋政府擬定以朱啓鈐為北方談判總代表等名單，但由於皖系軍閥仍繼續進攻陝西靖國軍和援閩粵軍，廣州國會中乃有主張南北停戰前不得先派議和代表，因此南方代表遲遲未能派出㉒。針對陝、閩戰事遲延南方代表之任命，1919 年 1 月初芮恩施致電美代理國務卿希望美國政府進一步促使南北雙方加緊和談脚步㉓。1 月 9 日芮恩施就限制財政援助與軍火禁運問題，與日使小幡酉吉交換意見。日使的答覆如下：(1)有關美國公使所提的第一點財務支持中國的問題。日本政府願意參與發表一個關於向中國提供財政援助的宣言，但是必須保留中日兩國間的一項「實業借款」——一項秘密協定下的借款(按：即中日共同防敵軍事協定)，由參戰處與三家日本銀行(朝鮮、日本實業銀行和臺灣銀行)簽訂二千萬元的借款，日使表示這項借款係私人銀行與參戰處所訂，日本政府不能加以干涉。(2)關於美國公使對軍火的提議。日使表示日本政府同意禁運軍火，但也如同參戰借款一樣，泰平公司與中國政府訂有私人合同，在合約屆滿之前(1919 年 4 月)日本政府不能橫加干涉。日使又表示所有參戰借款受到

㉑　The Acting Secretary of State to Reinsch, Dec. 6, 1918, *FRUS,* 1918, p. 667.

㉒　參考：李新、李宗一主編，《中華民國史》，第 2 編，第 2 卷，頁 323-330。

㉓　Reinsch to the Acting Secretary of State, Jan. 4, 1919, *FRUS,* 1919, p. 290.

日本政府官員的監督，以防止用於內戰。芮恩施提醒日使，實業借款
有轉作政治用途的危險，段祺瑞之反對徐總統的和平政策，事實上即
是與這項使北方軍閥擴充軍備財源的借款有關㉔。

　　美國的禁運建議獲得英、法的支持，1月13日，法駐日代理大使
向日本外務省提出禁運軍火的相同建議。1月18日，小幡向英使朱爾
典(John Newell Jordan)說明日本政府的立場。認爲美國所提倡的列
國一致對華禁運軍火，可能會被南方誤解爲列強已改變了前所聲明繼
續支持北京爲法理政權的政策㉕，將鼓勵南方對抗北方，現內閣不能廢
止或修正寺內內閣所訂的中日軍事同盟，是以不能干預日本公司對中
國政府按月提供武器至今年4月的合同。並表示日本供應軍火以裝備
中國軍隊的原始目的本在準備用於法國戰場，現在則用於裝備段祺瑞
將軍的三個師，此軍力是爲了使段氏能夠解散各省督軍的軍隊而組織
的。朱爾典個人認爲在目前供應武器給中國任何派系都是大的錯誤，
他個人不相信段氏對此的表白，且認爲他是南北和平的障礙㉖。本書
(第二章第二節)曾提到芮恩施對於段祺瑞督辦參戰軍及設法讓中國參
戰的誠意，甚表信任，但這是在歐戰未結束前。當芮恩施推動南北和
議之際，段繼續與徐世昌總統唱反調，仍向日本支領參戰借款餘額，
以推行武力統一政策時，芮恩施則對此批評甚多㉗。

㉔　Reinsch to the Acting Secretary of State, Jan. 10, 1919, *FRUS,* 1919,
　　pp. 291-292.

㉕　由日本提議，英美共同支持北京政府爲法理政權，見：本書第二章第二節。

㉖　Jordan to Curzon, Jan. 20, 1919, *British Government, Foreign Office
　　Files* (MF), No. 371/3682, p. 225. 轉引見：陳存恭，〈列強對中國的軍火
　　禁運〉，收入：《中國近代現代史論文集》，第23編(下)，頁965。

㉗　Reinsch to the Acting Secretary of State, Jan. 11, 1919, *FRUS,* 1919,
　　p. 293.

　　2 月 20 日南北和議正式開幕,南方談判總代表唐紹儀於致詞時,稱國內戰事之禍源,與外力之助長有絕對關係,「蓋武力派苟不借助外力,則金錢無自來,軍械無從購,兄弟鬩牆早言歸於好矣」㉘。唐氏於開議不久,即提議廢止中日軍事協定,解散參戰軍,取消參戰借款,同時要求將軍事協定所附屬文書一併提交和會查閱,並得北方代表的同意,因電北京政府照辦。不料北京政府不予置理,僅將中日軍事協定文書交付和會(2 月 28 日)。其中卻包含一項於和會召開前 2 月 5 日,由徐樹錚與日本陸軍代表東乙彥所簽訂延長軍事協定的協約。北京政府所以將這一項協定故意於此時發表,無非表示絕對不能容納南方解散參戰軍、撤銷借款及廢止中日軍事協定的要求㉙。和議因此於 3 月 2 日宣布中斷,為南北和議第一次的停頓。

　　南北和議召開期間,美國務院再命美駐日代辦針對參戰借款與軍火一事,詢問日本政府的合作意願。2 月 27 日美駐日代辦馬慕瑞(J. V. A. MacMurray)㉚拜訪日本外務省,由外次幣原接見,日本政府對上

㉘　兮雲,〈國內和議之回顧〉,《東方雜誌》(1919 年 3 月),第 16 卷,第 12 號,頁 189。

㉙　李劍農,《中國近百年政治史》(臺北:臺灣商務印書館,1978),頁528-529。

㉚　馬慕瑞公使生於 1881 年,出身律師,於 1906 年步入外交界,先後任職於曼谷、聖彼得堡,曾於 1913 年奉派至北京,1917 年出任東京大使館參贊,爾後於 1919 年出任遠東事務司司長,1921 年至 1922 年期間以首席顧問身分,隨美國代表團參加華盛頓會議的軍備限制會議,1925 年擔任助理國務卿,不久即調為駐北京公使(其岳父為替袁世凱擬備忘錄,主張中國實行帝制的美國政治學者古德諾,Frank　J.　Goodnow)。參考:Buckley, Thomas, "John Van Antewerp MacMurray: The Diplomacy of an American Mandarin", in Richard D. Burns, et al., eds., *Diplomat in Crisis: U. S.—Chinese—Japanese Relations, 1919-1941* (Santa Barbara: Clio-ABC Press, 1974), pp. 28-29.

述促成南北和平之二事，態度已有轉化。在貸款方面由於參戰借款的二億元早於去年夏天由日本三家銀行和中國政府簽訂，日本政府已無法控制；但軍火一事，日本政府為促進和平，暫時停止供應，對於撤銷參戰軍一事，日本政府則認為這是中國內政問題，日本無意干涉。馬慕瑞則希望日本能採行進一步的態度，讓北方以為日本不鼓勵壯大其勢力，但幣原未置可否㉛。3月1日，日駐華公使小幡電告中國外交部，停止應行繳付中國政府之軍械至南北和會終了時為止，並希暫勿提用參戰借款㉜。日本雖已轉變，但態度仍甚消極。

　3月2日，南北和談中斷，唐紹儀致電外交使團，指出陝西戰事，關繫和談成敗，再者，錢能訓內閣對南方所提撤銷參戰處根本無能為力。因為陝西陳樹藩係段派的一員大將，得到段祺瑞的支持，段為擴張地盤勢力，取消參戰軍或停募根本不可能。美駐上海總領事沙曼斯(Thomas　Sammons)表示外交使團急欲了解為何要持續這樣的進攻計畫，是否可能有某種秘密協定，南方代表深信只要向世人宣告日本正操控中國的命運，以獲得國際同情才可能獲致和平結果㉝。稍早軍政府已表示：「如陝西不停戰，國防軍不取消，則議和破裂之罪，北方應負擔之」㉞。為促使日本有進一步積極行動，英美法意四國公使於3月7日聯合向北京政府提出緩提參戰借款說帖，並要求參戰軍不作

㉛　The Charge in Japan (MacMurray) to the Acting Secretary of State, Feb. 28, 1919, *FRUS,* 1919, pp. 301-302. 由於外相生病告假，乃由次長幣原接見。

㉜　The Charge in Japan (MacMurray) to the Acting Secretary of State, Mar. 7, 1919, *FRUS,* 1919, p. 317.

㉝　Thomas Sammons (Consul General at Shanghai) to Reinsch, Mar. 3, 1919, *FRUS,* 1919, p. 303.

㉞　〈和議中之陝西問題〉，《晨報》，1919 年 2 月 27 日。

內戰之用㉟，同時以英國爲主進一步向日本要求迫使中國解散參戰軍；對這種強烈要求，日本以干涉中國內政而婉拒㊱。

　　3月下旬，和議已中斷二十餘日，唐紹儀對於各國是否眞有誠意促使中國統一以掃蕩中國的軍閥政治頗表懷疑，芮恩施認爲這種猜疑對英法及美國來說甚不公平。因爲要採取任何明確的行動，又沒有落入日本所稱的介入中國事務的責難是非常困難的一件事。芮恩施提到從1918年12月2日五國第一次對華聯合勸告，列強即自囿於勸告內容——所謂的不干涉中國內政，而無法對和議作出有效的行動；以撤銷參戰軍及英國主張更換陝西省長爲例，皆以日本反對「介入」而擱置。就他個人而言，他支持朱爾典主張撤換陝西省長一事，雖然這是侵犯了中國內政，與五國聯合勸告中不干涉中國內政的主張背道而馳；但是日本政府口頭上說不介入中國事務，卻仍提供財政援助給段派軍閥。芮恩施向國務院建議目前如欲透過在華公使及其政府促使中國和平途徑，只有兩種情況。其一，由徐總統及南北和會共同擬出一項具體重建和平計畫，並要求列強予以支持。其二，列強的支持，不僅僅只是勸告的形式，而是包含一項財政援助，在這種情況下將得以制衡日本對段政權的支持㊲。美國政府沒有積極回應芮恩施的這項方案，但同意以列強聯合對華勸告的方式，促使和議再開。其次就芮恩施的第二項主張而言，美國政府已著手重返國際銀行團。3月底，英美法等國

㉟　The Representatives of France, Great Britain, Italy, and the United States to the Chinese Acting Minister for Foreign Affairs, Mar. 7, 1919, *FRUS,* 1919, p. 312.

㊱　The Japanese Minister in China (Obata) to the British Minister in China (Jordan), Mar. 3, 1919, *FRUS,* 1919, p. 311.

㊲　Reinsch to the Acting Secretary of State, Mar. 27, 1919, *FRUS,* 1919, pp. 322-324.

駐華公使經數次會商，準備提出第二次勸告。英國公使朱爾典將此事私下通知北京政府外交部[38]。

南北和議後經各方調停，於4月7日續開和議。在此後的和議中，唐紹儀相繼提出取消中日軍事協定等六項承前續議的議題，以及舊國會完全自由行使職權等十三項新議題，其中雙方代表爭論最多的是國會問題。安福系議員以北京國會參、眾兩院的名義，聲明北方代表在和會上無權討論有關國會的法律問題。益友社和民友會等議員則以廣州國會的名義，要求南方代表堅持舊國會自由行使職權和解散北京非法國會的主張，否則拒絕承認和議全案，逼使南北代表在和會各執己見，無從退讓。再者，南北各自陷於軍閥派系鬥爭，無法統合本身意向以達成和議，致使南北代表無法代表南北政權議和，因此南北和會在4月底再度陷入僵局[39]。

5月14日，美代理國務卿波克致電上海總領事沙曼斯，希望就南北和議觸礁的理由及進一步的情況有更詳細的說明[40]。沙曼斯的回覆顯見其深層理解箇中原因：

> 表面上看起來的理由是國會問題，但據了解，段願意恢復舊國會，只要他的參戰軍及與日本的秘密協定能獲得保留。徐世昌總統也願意恢復國會，只要確保他能連任，徐世昌看出如爲了確保官位而和段及親日派唱反調是不切實際的。根據可靠消息指出北京政府已預付150萬墨幣給陸榮廷。顯然持續的南北和

---

[38]　〈公使團將提勸告與抗議〉，《申報》，1919年3月24日。

[39]　參考：莫世祥，《護法運動史》（臺北：稻鄉出版社，1991），頁81-82。

[40]　The Acting Secretary of State to the Consul General at Shanghai, May 14, 1919, *FRUS,* 1919, p. 344.

議的僵局，更增加日本的優勢地位，雖然因山東問題，造成一股不尋常的反日風潮……段和親日派，對整個局勢愈來愈有影響力。[41]

如沙曼斯的陳述，南北的和平妥協只可能以一種個人及黨派間的分贓方式而達成；即使是因巴黎和會強行將山東主權轉讓給日本而引起「五四」愛國運動的熱潮，都不能影響段和親日派在中國的強勢主導。鑑於上海和會的內外交困，唐紹儀決心引退。5 月 13 日，唐提出具通牒性質的八項條件[42]，北京政府對於唐所提條件，除了第一條(不承認歐洲和會中，日本繼承德國在山東之權利)認為可討論外，其餘全予駁斥。唐紹儀本諸責任向軍政府辭職，朱啓鈐等北方代表也於 14 日向政府提出辭職，至此上海和議可說完全破裂[43]。

在華外人對和議的破裂，甚是失望，有主張透過列強的強制干預而不經南北政府協商來達到中國和平，上海《字林西報》(*North China Daily News*)於 5 月 6 日刊出〈中國唯一之希望——列強毋諮詢南北政府而重建中國和平〉(China's Only Hope, Restoration of Peace by the Powers without Consulting Peking or Canton)，認為長期內戰的結果導致國力虛耗甚至無法償付外債，而政權的分裂將至無可挽救的地步。強烈希望美國政府及列強就全中國人民的利益考量，

[41] Thomas Sammons (Consul General at Shanghai) to the Acting Secretary of State, May 16, 1919, *FRUS,* 1919, p. 344.
[42] 八項條件及南北爭論，見：《1919 年南北議和資料》(北京：中華書局，1962)，頁 260-265。另美上海領事報告唐紹儀所提八項條件的經過，見於 Thomas Sammons (Consul General at Shanghai) to Reinsch, May 16, 1919, *FRUS,* 1919, pp. 344, 346-349.
[43] 《1919 年南北議和資料》(北京：中華書局，1962)，頁 266-272。

完全不和北洋政府或廣州政府商量，提出統一的方案。這項具體方案
爲：(一)裁軍，(二)接管中國財政，在上述兩項完成後，擺脫軍閥政
治的中國將可建立國會政治㊹。美國政府並未採行如此強硬手段，而採
行溫和的勸告方式。芮恩施於 5 月 17 日致電代理國務卿，提議透過列
強的一致勸告，促使南北和會重開㊺。5 月 20 日上海美總領事沙曼斯
致芮恩施電，也表達列強的支持將是最後一步棋㊻。6 月 5 日由美、英、
法、日、意共同向北京政府和軍政府致達第二次勸告㊼。然而，南北各
持己見，再開和議已不可能。

　　值得注意的是，就在南北和議觸礁之際，由美國發起的對中國禁
運軍火一事，獲得初步協議。日本外務部於 4 月 26 日通知駐華各領事
宣布對華禁運軍火，英外務部在 5 月 3 日以電報授權朱爾典，頒布禁
止英國臣民對華運售軍火的禁令㊽。5 月 3 日北京外交使團達成關於
禁運軍火來華的初步諒解。美使說明據個人了解禁運限制包括各國在
華所有的租借地，像青島、大連及其他㊾。會中決定由朱爾典向代理外

㊹　*North China Daily News,* May 6, 1919, *SDA,* 893.00/3178.

㊺　Reinsch to the Acting Secretary of State, May 17, 1919, *FRUS,* 1919,
　　p. 353.

㊻　Thomas Sammons (Consul General at Shanghai) to Reinsch, May
　　20, 1919, *SDA,* 893.00/3143.

㊼　〈五國第二次勸告〉，中文見《伍廷芳集》(下冊)(北京：中華書局，1993)，
　　頁 362。英文見：Memorandum Adopted by the Representatives of
　　Great Britain, France, Japan, Italy, and the United States for Pre-
　　sentation to the President of China and the Authorities at Canton,
　　May 28, 1919, *FRUS,* 1919, pp. 354-355.

㊽　陳存恭，〈列強對中國的軍火禁運〉，收入：《中國近代現代史論文集》，第 23
　　編(下)，頁 971。

㊾　Reinsch to the Acting Secretary of State, May 10, 1919, *FRUS,* 1919,
　　pp. 670-671.

交部長陳籙致送照會一件，聲明中國南北未能統一，故列國基於不願滋長中國內亂，禁止運輸軍火來華，包括「已經訂定合同未曾履行之軍火」也在禁止之列⑤。這項由美國發起的列強對中國的軍火禁運，持續有十年之久，直到民國18年南北統一後，如禁運協定所言，「於中國各處所承認之統一政府成立以前」施行禁運，由英國提議，美國支持而取消⑤。

　　美國之提倡禁運軍火，表面上爲了抑止中國內戰，實際上是爲了牽制日本在華勢力的過度擴充。日本之贊成禁運是因爲原敬內閣採行不干涉中國內戰的中立政策(實則暗中仍支持皖系及親日派)，同意防止滋長中國內戰的軍火輸入，以及促成中國和平統一。唯軍火禁運政策並未能消弭中國內戰，南北對峙之局最後仍以北伐戰爭完成統一，其中自有中國本身的複雜因素，與軍械之有無，無必然之關係。

　　1919年南北和議之際，芮恩施爲促使中國和平的早日到來，呼籲日本政府取消參戰借款，日本政府以日本私人銀行與中國政府訂有契

---

⑤　協議內容如下：
　　各國大臣顧及中國南北現尙未統一之情，深以爲倘將來仍由外洋運送軍火進入華境，則不能不致長亂之結果。茲派遣公使駐紮中華之各友邦均堅擬對於能重滋戰端之情事或舉動不予贊成，以故各國大臣囑向貴政府聲明如下：英、日(按：指日斯巴尼亞，即西班牙)、葡、美、俄、巴西、法、日本政府曾允於中國各處所承認之統一政府成立以前，確行取締其各本國人民，令其不能將軍火暨專爲製造軍火各種器料裝運及輸入中國境內，且在此期內並禁止將已經訂定合同未曾履行之軍火交付。……
　　外交部檔案，禁運軍械來華案，辰字第5387號，中央研究院近代史研究所藏。轉引見：陳存恭，〈列強對中國的軍火禁運〉，頁971。
⑤　在禁運軍火的協議下，美國政府提議禁助中國海軍裝備。參考：陳存恭，〈從「貝里咸和同」到「禁助中國海軍協議」〉，收入：《中國近代現代史論文集》，第23編(下)，頁893-944。

約為藉口，政府無從干涉，而不願撤銷參戰借款。鑑於日本以參戰借款大力擴充在華勢力，美國政府乃積極醞釀重返國際銀行團以牽制日本。由於中國內政的分裂與動盪，美國政府又擔心，貸款金額將被轉用於內戰用途，故又企圖以有條件的限制貸款用途。駐華公使芮恩施即主張每一筆借款必須經嚴格審查，以避免使中國政局更加複雜性的財政援助，更避免造成北方軍閥以此壓迫南方[52]。然而由於中國內部未統一、國際信用下降及銀行家之卻步，加上中國朝野對新銀行團存有壟斷中國利權之敵視等因素[53]，新國際銀行團始終未成立借約，最後遂告無疾而終[54]。

自 1917 年南北對峙以來，中國內部雖然召開數次促成南北統一及黨派合作的會議，如 1919 年的上海南北和議、1921 年的盧山會議、1922 年的上海會議、1925 年的善後會議，但以民國 8 年的上海南北和議最受矚目，列強之參與也最多。和議原由美國提議，日本政府最初即無誠意，因此在議和中其立場仍偏袒段派，對於參戰借款，以及武器之供應北方等問題，雖曾一度為緩和南方派的激烈反對及英美等國的責難，而稍作讓步，但對參戰軍則堅持不放，對中日軍事協定仍奉

---

[52] 芮恩施，《一個美國外交官使華記》，頁249-250。早於1917年9月南北分裂之初(大戰未結束前)，美國駐華公使鑑於中國財政困難，希望美國政府單獨以財力援助中國，但由於大戰尚未結束，美國政府擔心，此項借款有鼓勵中國參戰之嫌，並且用以對南方進行武力鎮壓的結果。芮恩施遂提議限制政治借款的用途，以幫助中國財政復興。他於1917年9月24日致國務卿時表示：「如果援助是用以召開國會，恢復中國統一為條件而進行的話，它將激勵中國國民之生氣，有效發揮能力。」見：Reinsch to Lansing, Sep. 24, *FRUS,* 1917, p. 142.

[53] 詳見：葉遐庵口述，俞誠之筆錄，《太平洋會議前後中國外交內幕及其與梁士詒之關係》，收入：《近代中國史料叢刊續》，第 19 輯(臺北：文海出版社，1974 年版)，頁 67-83。

[54] 詳見王綱領：《民初列強對華貸款之聯合控制》，頁 124-127。

行不變㊙。這項由美國所發起的南北和議及全國人民翹首以待的和平，遂成幻影。

第二節　美國與北京政府

　　美國政府雖承認北京政府爲唯一合法的中央政府，但對於日本寺內內閣的一意援段政策則思以抵制。美國政府不贊成日本單方面支持皖系軍閥，因爲一個對列國平等開放的和平統一之中國，要比一個依賴日本的親日政權，對美國更爲有利。此爲美國政府一貫推行門戶開放政策的主要意涵。在美國的倡議下，1921 年華盛頓會議的召開，重新確立了門戶開放政策的精神與中國主權及領土完整的原則。爲緩和列強在遠東的競爭關係，列強同意以「國際合作」（international cooperation）取代列強間的競爭，並期望透過新國際銀行團的組成達到「經濟外交」（economic diplomacy）的目的；對中國內部事務，列強則同意遵守不干涉政策，此即所謂「華盛頓體系」的建立，被喻爲遠東國際政治「新時代」的來臨㊞。

㊙　關於日本在南北議和的作用及阻撓，參見：林明德，〈日本與 1919 年的南北議和〉，收入：《中國近代現代史論集》，第23編，《民初外交》（上），頁559-579。芮恩施對於美國政府在巴黎和會中有關山東問題的退讓與軟弱，甚感灰心，而於 1919 年 9 月辭職。1920 年 6 月 4 日，駐華代辦丁家立（Charles D. Tenney）報告，日本政府繼續大力援助段祺瑞，準備對南方採激烈手段。見：Tenney to the Secretary of States, June 4, 1920, *FRUS,* 1920, p. 423.

㊞　Akira Iriye（入江昭）, *After Imperialism: The Search for a New Order in the Far East, 1921-1931,* pp. 2-4, 26. 依入江昭的看法，日本爲呼應遠東新秩序的建立，表現在山東、西伯利亞及滿蒙勢力的撤退及廢除「藍辛石井協定」。

1917年以後，列強雖承認北京政府，但鑑於北京政局動盪不安，加以法理基礎不足，是以新政府之成立，有時引發是否應予繼續承認的質疑或聲稱其爲事實（de facto）政府的討論。北京政局每經一次派系軍閥交戰，政府即告重組。政局動盪不安，加以涉外糾紛不斷，以致無法切實保護外人的生命財產安全，北京政府是否能代表中國政府履行國際法人之條約義務？北洋政府時期，美國政府予北京新政府外交承認時⑰，每有討論，其間過程顯示出美國政府對中國內部事務的政策性矛盾。

從「法理承認」到「事實承認」

1917 年 9 月，北京政府由於日本寺內內閣蓄意扶植主政之皖系軍閥，政局大勢底定。日本政府爲協助北京政府取得列強一致承認給予法理（de jure）政權的地位，於 9 月 3、4 日分致英美政府一份備忘錄。內容爲針對中國南北對立的情勢，希望英美列強共同援助北京政府，並盡最大努力保證不給予任何企圖顛覆北京政權的個人或組織任何的鼓勵或援助⑱。美英政府經協調後，同意在華各國基於共同利益，支持日本所提議的：承認北京政府爲目前「唯一合法的政權」（the sole legal authority）。此外，美國國務院在給英國及日本的備忘錄中，並說明美國願基於協約國目前應團結一致對抗德國的前提下，積極支持

---

⑰ 本節所指外交承認，係指新政府的承認，即指元首的更迭與政體的變動，是其他國家肯定新政府具有唯一代表其本國，以享受國際權利與負擔國際義務的能力，而願與之交往。新政府的承認有兩種，包括法理上（de jure）的政府，與事實上（de facto）的政府。見：丘宏達主編，《現代國際法》，第 6 章〈國際法上的承認〉（臺北：三民書局，1993 年 8 月，第 10 版），頁 213-222；朱建民，《外交與外交關係》（臺北：正中書局，1977），頁 283。

⑱ The Japanese Embassy to the Department of State, Sep. 4, 1917, *FRUS,* 1917, p. 103.

北京政府⑤⑨。

　　日本的援段政策，在 1920 年直皖戰爭中遭到挫敗。日本天津駐屯軍司令部以原敬內閣「標榜不干涉主義，使張作霖斷然實行出兵關內，終陷段派於窮境，實爲可惜」⑥⑩。對原敬內閣在直皖戰時，沒有給皖系經濟及軍事上的有效援助表示遺憾。皖系戰敗，日本政府爲維護其所謂滿蒙特殊利益，轉向新目標——即奉系的張作霖。張作霖爲鞏固東三省，要求日本提供武器，雙方遂在利益下結合⑥①。

　　在日本方面，贊成扶植張作霖的意見，把他視爲中國新的強人。原敬內閣的援張立場清楚表現在1921年的東方會議。會中針對中國東北、朝鮮、西伯利亞以及中國山東等地戰後形勢的變化，做出有關滿蒙問題以及扶植張作霖的具體結論。前者確認了日本在滿蒙的特殊利益，後者在於透過張作霖來維繫日本的利益。鑑於援段政策的失敗經驗，日本不欲將張作霖塑造成另一個統一中國的候選人，只希望張做東北的統治者，至於如何援助張作霖的方式，也做成五條細則，包括軍事、民政、財政貸款，以及爲規避列強禁運協議，援助張在東北建立兵工廠等項⑥②。

---

⑤⑨　The Secretary of State to British Ambassador, Sep. 6, 1917, and the Secretary of State to Japanese Ambassador, Sep. 6, 1917, *FRUS,* 1917, pp. 103-104. 當時大戰接近尾聲，美國雖非協約國國家，但基於和協約國同一陣營的理由，有必要團結一致。

⑥⑩　臼井勝美著，陳鵬仁譯，〈日本對中國不干涉政策的形成〉，收入：《近代日本外交與中國》(臺北：水牛出版社，1989)，頁 66。

⑥①　內田外務大臣致小幡公使，1922年1月6日。內文提到「張通過赤塚總領事向我方要求提供武器……」內田表示：「華盛頓會議之結果，日本在滿蒙之地位，不無更進一步鞏固之傾向」。見《日本外交文書》，大正11年，第2冊，第11號。

⑥②　關於日本與張作霖的關係，非本文所重。詳見：Gavan McCormark, *Chang Tso-lin in Northeast China, 1911-1928: China, Japan and the Manchurian Idea* (Stanford: Stanford University, 1977). 中譯本見：畢萬聞譯，《張作霖在東北》(吉林：文史出版社，1988)，頁 55。

　　1922 年春，第一次直奉戰爭爆發前夕，美國在華報刊便像當年反對日本支援段祺瑞一樣大力攻擊張作霖，一再抨擊張是「狡猾的軍閥」、「中國北方的反動派」。上海《遠東時報》(*Far East Review*)譴責他是「道道地地的獨裁者，在一切國家事務上固執己見，玩弄權柄，使政府不過是一臺傀儡戲」。《字林西報》(*North China Daily News*)則預言張作霖的命運，指出「假如吳佩孚的失敗，在張作霖之前，那麼，儘管張有軍隊和銀行，也將失敗在人民之前，並且比袁世凱的失敗要快得多」[63]。相對的，日本駐華使領或武官則對於美國與吳佩孚的關係，甚表不安。日本小幡公使致外務省電文中，不止一次提到英美欲推翻北京，共同擁吳的傳聞[64]。駐華公使館武官致尾野陸軍次長電文，則強調日本必須支持張作霖，以對抗英美支持吳佩孚[65]。

　　美國與直系的友善關係，從直皖戰爭到第一次直奉戰爭前後，達到高峰。在華英美報刊，把吳塑造成「中國軍界具有思想的人」、「中國最高明的戰略家」[66]。但美國與直系政權的關係，並非盡如民間輿論的單純考量，它牽涉到美國對華政策及列強之間的協調外交。

　　首要者為外交承認問題。從 1917 年南北分裂之初，美國承認北京政府為代表中華民國的法理政府。1918 年 10 月徐世昌就任大總統時，

---

[63]　吳應銑著，陳玉瑤譯，〈吳佩孚與英美〉，《近代史資料》(北京：1983：2)，頁 124-125。

[64]　小幡公使致內田外務大臣電，1922 年 1 月 14 日，第 23 號(極密)。《日本外交文書》，大正 11 年，第 2 冊。

[65]　駐華公使館武官致尾野陸軍次長電，1922 年 1 月 17 日。內文云：「英美欲利用吳肅清日本勢力之陰險政策，無疑必將使帝國將來之對華政策瀕於極悲慘之絕境。故此刻帝國必須支援張作霖，以壓倒吳之野心，同時打破英美欲利用吳佩孚作為傀儡之陰謀。」見《日本外交文書》，大正 11 年，第 2 冊。

[66]　美國報人裴斐(Nathaniel Peffer)，〈中國的連年內戰〉，《亞細亞》(*Asia*)，第 22 卷，第 7 期，頁 511-515。

美國總統威爾遜致電恭賀；美國政府視徐世昌的就任，為國內法產生的合乎法理的元首，並沒有引起是否予以承認的討論程序。但是第一次直奉戰後，直系先驅逐徐世昌總統於先，要求黎元洪復位於後。爾後再脅迫黎去位，而以賄選的曹錕繼任大總統。美國政府對新政府是否予以外交承認，即出現討論。

　　第一次直奉戰爭後，直系要求恢復 1916 年的國會，同時也要求黎元洪復位。因為 1916 年的國會是由袁世凱所解散的 1913 年的國會遞補而成的，是民選的立法機關。另一方面，黎元洪是 1913 年的國會選出之副總統，1916 年袁死後繼為總統，雖於張勳復辟時失位，但卻合乎法統。直系如此安排，一則在於對抗南方孫中山的護法政權，一則在為直系首領曹錕邁向總統之位鋪路。1922 年 6 月 11 日黎元洪由津入京就大總統職，由顏惠慶署國務總理。當日北京外交使團並未被正式告知此事。但美駐華公使舒爾曼(Jacob Gould Schurman)經由非官方消息提早獲知後，於 6 月 13 日請示國務院是否承認黎為合法總統時，表示他仔細查閱了美國務院出版的有關新政府承認指南的著作，幾乎沒有任何不利於承認黎元洪總統的法令。又說吳佩孚代理陸軍部，並且支持黎總統，這樣「政府的責任與實力得到統合，這是在我們承認的合法總統徐世昌任內所沒有的」、「此次政府的改變僅是領導人的更換而非政府形式的改變，不應產生承認的問題」[67]。6 月 15 日

---

[67]　舒爾曼所查閱的這本國務院新政府承認指南，為John Bassett Moore, *A Digest of International Laws* (Washington, D. C.: Government Printing Office, 1906)，舒爾曼說，本書關於承認新政府，在第1卷頁119-164中舉出一項例外，即墨西哥政變時，美國代理國務卿西華德(Frederic W. Seward)於1878年5月16日宣稱，美國政府需觀察載茲(Diaz)將軍就任總統一事，暫不立即承認。但除了此條例外，找不出美國政府現在不承認黎總統的理由。見Schurman to Hughes, June 13, 1922, *FRUS,* 1922, Vol. I, p. 716.

美國務卿休斯答覆：「你應儘可能避免提出這個問題(在北京外交使團)，如你所言，這次總統易人，可視為行政上的改變，而非政府的改變」⑱。對於直系有意扶植黎元洪政權，美國務院的立場很明顯表示贊同。但由舒爾曼的說辭，可知美國政府原已承認新國會所選出的徐世昌政府為法理政府，如今卻要承認舊國會的黎元洪，法理上有前後矛盾之處，所以國務卿只得力促舒爾曼勿將此一問題呈顯出來。

6月14日，北京政府正式通知外交使團黎元洪已就任總統職，各國使領於15日聚會中有不同意見。舒爾曼表達了儘管中國內部反對勢力不斷(如孫中山)，但無論如何黎元洪政府應當被承認或接受，「如考慮承認黎政權，應當不承認它與中國法統的連貫性有任何分裂，或使得前任政權無效」。他向國務院建議只有承認黎政權，列強的共同利益才能獲得保障，電文中提到孫中山發表宣言，反對「北方軍人」的理由，但沒有加上任何一句評語⑲。6月16日，美國務院對舒爾曼的建議，表示贊同⑳。

舒爾曼當時對中國的統一與和平甚有信心，原因是直奉停戰協議

---

⑱ Hughes to Schurman, June 15, 1922, *FRUS,* 1922, Vol. I, p. 717.

⑲ Schurman to Hughes, June 15, 1922, *FRUS,* 1922, Vol. I, pp. 717-718.
外交使團的意見有：
1.黎元洪總統的憲法基礎係建立在孫中山所指稱憲法上。
2.黎是被軍事獨夫(按：原文用 military dictator)吳佩孚架設出來的。
3.對此一新政府能持續多久，誰也不敢預知。
4.中國人民默認黎政府復行視事。
5.不承認黎政權，則有害於南北統一，並且對孫中山有利。
6.如考慮承認黎政權，應當不承認它與中國法統的連貫性有任何分裂，或使得前任政權無效。
其中第4、6點為舒爾曼的提議。

⑳ Hughes to Schurman, June 16, 1922, *FRUS,* 1922, Vol. I, p. 718.

於 6 月 17 日在秦皇島簽字，稍早海軍少校西蒙滋(Simonds)與吳佩孚在保定會面時，吳佩孚熱烈反應說南北統一已不遠，並且表明吳和南方的陳炯明已取得諒解。其次，舒爾曼於 15 日設宴款待甫自華盛頓會議回京之中國代表團，代表中的顧維鈞和王寵惠向他表示，華盛頓會議中國所獲較原預期得多[71]。眼見新的和平統一的中國就要誕生了，所以他對陳炯明事件，認為是清除「統一障礙」的孫中山的大好機會[72]。對於舒爾曼而言，中國的統一，可望在直系所支持的黎元洪政權手上完成。

直到 1922 年底，北京政府的派系政爭加劇，洛陽派與津保派間的鬥爭[73]，使得英美人士逐漸動搖對直系政權及吳佩孚的信心。《泰晤士報》報導說，吳佩孚「作為一個政治家已經完全失敗。……官場腐敗依舊，國庫如洗」[74]。《遠東時報》還載文表示贊同孫中山的呼籲，主張撤銷對「吳佩孚的傀儡們」的支持和承認，斷絕和北京政府的外交關係，作為促成中國統一的第一步[75]。

從 1922 年底至次年 5 月，相繼發生兩件令人震驚的事件，使得美

---

[71] Schurman to Hughes, June 17, 1922, *FRUS*, 1922, Vol. I, pp. 718-719. 華盛頓會議結束後，中國內部的反應不一。顧維鈞於回憶錄中，對山東問題採會外交涉，所獲的結果表示滿意，其云：「任何談判都不會百分之百如願以償。這次與日本談判中國所獲已超過百分之五十了。」所以他對舒使之言，應非恭維之語。見：《顧維鈞回憶錄》，第 1 冊，頁 231。

[72] 詳見：本章第三節「對陳炯明事件的反應」。

[73] 關於北京政府派系政爭，可參見：Andrew J. Nathan, *Peking Politics, 1918-1923: Factionalism and the Failure of Constitutionalism*, pp. 201-219.

[74] 〈中國的災難〉，見《泰晤士報》，1922 年 2 月 19 日。轉引自吳應銑著，陳玉璣譯，〈吳佩孚與英美〉，《近代史資料》(北京：1983：2)，頁 127。

[75] 〈臨城案後將為何事？〉，《遠東時報》，1923 年 6 月，19 卷，6 期，頁 365。轉引自吳應銑著，陳玉璣譯，〈吳佩孚與英美〉，頁 127。

國政府與北京政權的關係跌到谷底：一為 1922 年 12 月 11 日發生的美商滿察理案(又稱克門案)、一為 1923 年 5 月 6 日發生的臨城劫車案，後者之影響中外關係尤大。

　　滿察理案之發生，為美國商人滿察理(Charles Coltman)在張家口為爭論其是否有權以汽車載運銀元出境，遭中國士兵槍擊重傷，送醫不治[76]。美國駐張垣領事蘇可賓(Samuel Sokobin)正與滿察理同車，幸未受傷。舒爾曼公使認為，中國士兵武裝攻擊美國領事，係違反國際法與對美國政府之侮辱，要求懲凶[77]。中國方面則以為蘇可賓及滿察理勾結中國奸商從事不法之洋銀走私，並用手槍射擊阻攔之中國士兵，導致中國士兵還擊自衛[78]。遠東事務司司長馬慕瑞建議採取迅速有效手段，認為北京政府無力保護外人生命財產安全，主張撤換察哈爾都統職務。國務卿休斯受到馬慕瑞的影響，暗示北京政府如果不迅速解決此案，美國政府將拒絕給北京政府法理(de jure)承認[79]，他在紐約中美協會演說稱：「若對滿察理案無滿意解決，將改變對華政策」，舒使乃向北京當局施壓，並提出賠償、道歉、懲處三項要求。此案於 1923 年 4、5 月間獲得解決，中美同意由察哈爾都統向舒爾曼道

---

[76] Schurman to Hughes, Dec. 15, 1922, *FRUS,* 1923, Vol. I, pp. 709-710.

[77] Schurman to Hughes, Dec. 13, 1922, *FRUS,* 1923, Vol. I, p. 710. 外交代表不得侵犯權及外交代表的特別保護權，為國際法所認定。見：朱建民，《外交與外交關係》(臺北：正中書局，民國 66 年)，頁 171-172。

[78] 蔡和森，〈克門案與運送飛機案〉，見：《嚮導週報》，1923 年 2 月 27 日(20期)。

[79] Thomas Buckley, "John Van Antewerp MacMurray: The Diplomacy of an American Mandarin," in Richard D. Burns, et al., eds., *Diplomat in Crisis: U. S.—Chinese—Japanese Relations, 1919-1941* (Santa Barbara: Clio-ABC Press, 1974), p. 33.

歉，舒使代表美國政府接受道歉⑧。

　　才剛解決滿察理案，1923 年 5 月 6 日又發生震驚中外的臨城劫車案⑧。北京外交使團對臨城事件反應激烈，認為北京政府不能保障在華外人的生命財產安全，嚴重暴露出北京政府的無能。舒爾曼於 5 月 26 日致電國務卿，表示北京外交使團議決的今後保護外人的辦法有：在沿海及揚子江岸等戰略地點安置外國駐軍；設置路警，並由外人加強監督；在外人協助下，裁減軍隊；外人監督中國財政；甚至有人提議取消中國政府，而代之以建立一個國際攝政(international regency)組織接管中國。這些建議，舒爾曼以為有些是基於保護外人，但有些則是以臨城暴行做藉口要脅全面改革中國⑧。哈定總統和國務卿休斯的態度顯得冷靜而溫和，國務院於 6 月 1 日回電表示，對中國施加武力威脅，可能反而會激起對抗；這種對抗將把外國在華利益捲入危險之中，不贊成採取激烈手段。「只有當中國全面騷動和混亂，威脅外人

---

⑧　關於滿察理案之交涉，見於：*FRUS,* 1923, Vol. I, pp. 709-737. 另可參見：王聿均，〈舒爾曼在華外交活動初探(1921-1925)〉，收入：中華文化復興運動推行委員會主編，《中國近代現代史論集》，第 23 編(下)(臺北：商務印書館，1986)，頁 1175-1185，對此案之交涉有詳細說明。本書主要強調美國政府與直系政權的外交承認和態度。對此案之交涉經過，茲不贅述。

⑧　1923 年 5 月 6 日，一列由上海北上的特快列車途經山東臨城時，遭到土匪劫持。26 名外籍乘客中，有 19 名被擄，其中以美籍人士最多，包括上海《密勒氏評論》(*China Weekly Review*)的主筆鮑威爾(James B. Powell)在內，另有 1 名英國人被殺。英美等國強烈抗議，北京政府與匪方經長達一個多月的交涉，在以收編土匪為正式軍隊的條件下，於 6 月中旬，中外人質獲釋。關於美國政府與北京外交部關於臨城劫車案的交涉，詳見：Richard C. Deangelis, "Resisting Intervention: American Policy and the Lin Ch'eng Incident," 《中央研究院近代史研究所集刊》，第 10 期(1981：7)，頁 401-416。

⑧　Schurman to Hughes, May 20, 1923, *FRUS,* 1923, Vol. I, p. 648.

在華利益和安全時，才是嚴肅考慮全面干涉中國問題的唯一條件。⋯⋯在沿海及揚子江設駐軍，則是全面干涉的第一步」⑧。

　　6 月 14 日，在北京公使團組成特別委員會中，英國公使堅持提出改革中國鐵路保護辦法：即設立一支由外國軍官統率的警察部隊，鐵路收入由外人管理，以便支付警餉等。也有人提議上海港口的改善、公共租界的擴展和會審公廨問題，都應一併獲得解決。美國國務院對此事的答覆認爲上述這些事不應混爲一談，表示：「對中國政府提出的任何要求應以基本的正義原則爲基礎，公平將會感動人民的心」。「把一些不相干的或可爭辯的問題包括在內是不明智的，這會讓人聯想到美國欲利用此一事件獲取其他利益」⑭。英國政府後來也認爲不應將與外僑安全無關的事加進來，但希望列強以合作的形式來達成最後的協議⑮。

　　對於北京外交使團所提議的激烈行動，包括駐軍、派遣海軍示威、經濟財政壓迫，甚至以撤銷北京政府的承認爲要脅，迫使北京政府允諾列強的希望條款，美國政府都有所保留。對於撤銷北京政府的承認，美國國務院以爲「不承認北京政府，意味著關餘、鹽稅的停付，美國政府不希望採取如此激烈的國際行動方式」，但撤銷承認中國政府的可能性，仍可以再研究，以確定它是不是使中國就範的有效方案⑯。由

---

⑧　Hughes to Schurman, June 1, 1923, *FRUS,* 1923, Vol. I, p. 651.

⑭　Hughes to Schurman, June 21, 1923, *FRUS,* 1923, Vol. I, pp. 663-664.
　　6 月 28 日國務卿再次表示擴充租界問題、改進上海港口提案，不應與其他問題混同起來。見：*FRUS,* 1923, Vol. I, pp. 669-670.

⑮　The British Chargé (Chilton) to the Secretary of State, June 29, 1923, *FRUS,* 1923, Vol. I, pp. 671-672.

⑯　The Secretary of State to the British Chargé (Chilton), July 9, 1923, *FRUS,* 1923, Vol. I, pp. 675-676.

於英國所提議的《管理中國鐵路警察計畫》[87]，提早於報紙曝光，引起中國朝野的激烈反對，甚至引發親日派與親英美派的相互攻訐，全案因此擱淺[88]。

8月10日，十六國臨城案通牒送達外交部，包括賠償、保障、懲辦三項[89]。由於新政府選舉在即，美國駐華公使乃提議在選舉之前，促成一個新形勢，迫使新政府必須承認8月10日外交照會中所提的要求。否則，外交使團表示將不出席10月10日新總統就職後所舉辦的外交招待會。舒爾曼將臨城劫案視爲庚子事變以後最嚴重的排外事件。外交部長顧維鈞則以爲此爲土匪亡命行爲，不能與庚子事件之排外相提併論，與北京外交使團幾番答辯與堅持[90]。北京外交使團於10

---

[87]　英國所提的《管理中國鐵路計畫》，日本政府曾提出修正案，並徵詢美國政府的意見。美國政府曾建議「主要的外籍警察武官，應由與中國沒有很大利益的國家之中挑選」。同時美國也附和日本意見，認爲應只限於外人常利用的幾條鐵路，而不應擴大到全中國。見：Hughes to Schurman, Aug. 25, 1923, *FRUS,* 1923, Vol. I, pp. 690-691. 但日本政府與美國政府出發點不同，日本用意在於東北的特殊利益。

[88]　詳見：葉遐庵口述，兪誠之筆錄，《太平洋會議前後中國外交內幕及其與梁士詒之關係》，收入：《近代中國史料叢刊續》，第19輯(臺北：文海出版社，1974年版)，頁12-125。

[89]　臨案最後通牒，中文譯件見：《順天時報》，民國12年8月11日。英文見：The Diplomatic Corps at Peking to Chinese Minister for Foreign Affairs(Wellington Koo), Aug. 10, 1923, *FRUS,* 1923, Vol. I, pp. 705-706.Schurman to Hughes, Oct. 9, 1923, *FRUS,* 1923, Vol. I, pp. 682-688. 最後通牒有三項主要：1.外交團對於臨案，向中國所要求之損失賠償。2.外交團對於將來所擬之鐵路保障，此事須做更仔細的討論，外交使團保留鐵路監督的權利。3.懲辦關於此項劫車案中有虧職守之人員。全文冗長，從略。

[90]　The Chinese Minister of Foreign Affairs (Wellington Koo) to Schurman, Sep. 24, 1923, *FRUS,* 1923, Vol. I, pp. 696-701.

月1日，達成臨案第二次通牒⑨。10月10日美代理國務卿菲利浦 (William Phillip)表示，鑑於現在中國局勢的特殊形勢，國務院不按往年慣例，向中華民國國家元首祝賀國慶⑨。外交使團也決定直至中國政府保證接受臨城案的要求前，不參加任何官方或社會上的禮儀⑨。10月15日，外交部完全接受臨案第二次通牒。各公使即於同日入賀曹錕當選新總統⑨。

值得注意的是，曹錕賄選於10月5日舉行時，各國正以臨城案壓迫北京政府，拒絕參加官方活動。舒爾曼私下前往觀看選舉情形，是唯一在場的外國公使。他給國務院的電報中記載當日的情景：「沒有歡呼，沒有群衆，街上只有警察、士兵和黃包車，我是唯一出席的外國公使」⑨。

曹錕賄選引起在華西方人士的大加撻伐，例如《京津泰晤士報》(*Peking & Tientsin Time*)從1923年初即開始報導曹錕以每人三千元到六千元不等的代價爭取國會提名，對此一行徑大爲不齒⑨。曹錕當選後，該報評論：「中國竟能在一個靠無恥行賄的總統和寧

---

⑨ Schurman to the Secretary of State, Oct. 2, 1923, *FRUS,* 1923, Vol. I, p. 701. 王聿均，〈舒爾曼在華外交活動初探(1921-1925)〉，收入：中華文化復興運動推行委員會主編，《中國近代現代史論集》，第23編(下)(臺北：商務印書館，1986)，頁1206。

⑨ The Acting Secretary of State (Phillip) to Schurman, Oct. 10, 1923, *FRUS,* 1923, Vol. I, p. 517.

⑨ Schurman to the Secretary of State, Oct. 11, 1923, *FRUS,* 1923, Vol. I, p. 518.

⑨ Schurman to the Secretary of State, Oct. 15, 1923, *FRUS,* 1923, Vol. I, p. 522.

⑨ Schurman to the Secretary of State, Oct. 5, 1923, *FRUS,* 1923, Vol. I, p. 517.

⑨ *Peking & Tientsin Time,* Jan. 15, 1923, *SDA,* 893.00/4863.

爲受賄者的愚蠢國會之下去實現統一，實在是對中國民族的侮辱」
⑰。10月15日，舒爾曼出席新總統曹錕與各國公使招待會，雖然
禮貌性表示希望在美國新任總統柯立芝任內，美國一如以往和中
國保持友好關係⑱。事實上美國政府對直系政權的觀感已大不如
前。

　　1924年11月初第二次直奉戰爭中，國民軍馮玉祥發動「北京政
變」，逼使直系曹錕總統去職，由代理國務總理黃郛攝行大總統職務
⑲。北京政府當時對外信用甚惡，英、法、日、美四國所發行的債票，
以及某些擔保品已經失效的外債到期未能償還，致列強有意以更激烈
的態度，要求北京政府採取行動⑳。北京政府在沒有總統的情況下，
對列強而言，這個政府是否能有效履行條約義務的問題，比任何時候
更爲突出。11月6日，法國遠東事務局向美國政府表示，法國政府希
望新政府能提出確實履約的保證，同時認爲曹錕的去職根本就是一場
政變(coup d'état)，列強應保留對新政府的承認，以迫使北京政府有

---

⑰　〈吳佩孚〉，見《京津泰晤士報》，1924年5月21日。轉引自吳應銧著，陳
　　玉璣譯，《吳佩孚與英美》，頁128。
⑱　Schurman to the Secretary of State, Oct. 15, 1923, *FRUS,* 1923, Vol.
　　I, p. 522.
⑲　有關第二次直奉戰爭與北京政變，詳見：黃征、陳長河、馬烈，《段祺瑞與皖
　　系軍閥》(河南：河南人民出版社，1990)，頁223-228。
⑳　見〈花旗銀行與湖廣鐵路借款資料選譯〉，美國銀行團致駐華公使函，1923年
　　10月6日。內文主要爲：美國銀行團要求北洋政府以關餘或新增關稅優先
　　償還湖廣鐵路無擔保之外債。收入：《近代中國對外關係》(四川：人民出版
　　社，1985)，頁393。此篇譯文由上海花旗銀行殘留檔案中蒐集而來，披露了
　　美國花旗銀行在華活動的相當寶貴資料。筆者無意著力於財政問題，僅供參
　　考。北京政府的外債中最大部分爲中日戰爭賠款、庚子賠款和1913年的善後
　　大借款。這些款項1921年未償還額約爲10億。可參見：徐義生，《中國近代
　　外債史統計資料(1853-1927)》(北京：中華書局，1962)，頁142-144。

善意的回應。並且希望美國政府能與法國採同一行動⑩。日本政府在得知法國的提議後,甚爲緊張。緣於日本政府正支持奉張與段的合作,以控制北京政權。日本外交部隨即表示,曹錕的去職是在法律程序下完成的辭職,因而由內閣代行總統職務,所以根本沒有必要提出承認新政府的問題⑩。美駐華代辦邁爾向國務卿報告,認爲目前局勢尚不穩定,承認北京政府爲事實(de facto)政府,最能顧全美國利益。如果撤銷承認的話,則沒有任何一個中央政府能履行條約義務⑩。美國務院隨即同意邁爾的意見,並且聲明美國所稱的事實承認,是一種非正式及特殊的情勢下爲保護美國利益所做的措施⑩。

　　11月中旬,張作霖、馮玉祥、盧永祥等,呼籲擁護段祺瑞爲「中華民國臨時執政」。美國天津總領事高斯(Clarence E. Gauss)於11月15日與張作霖會面,張作霖向高斯表示欲以武力整頓長江流域包括孫傳芳等直系勢力。美駐華代辦邁爾衡量中國的情勢,洞悉張擁段重掌北京大勢已成定局⑩,在給國務院的報告中說明:「段祺瑞是目前中國唯一有希望團結各個派系和各個領袖的人,且能由目前的形勢中

⑩　Hughes to Mayer, Nov. 6, 1924, *FRUS,* 1924, Vol. I, pp. 416-417, and the French Embassy to the Department of State, Nov. 11, 1924, *FRUS,* 1924, Vol. I, pp. 419-421.

⑩　The Chargé in Japan (Caffery) to Hughes, Nov. 11, 1924, *FRUS,* 1924, Vol. I, p. 419.

⑩　The Chargé in China (Mayer) to the Secretary of State (Hughes), Nov. 11, 1924, *FRUS,* 1924, Vol. I, pp. 417-418.

⑩　Hughes to Mayer, Nov. 11, 1924, *FRUS,* 1924, Vol. I, p. 419.

⑩　Mayer to Hughes, Nov. 18, 1924, *FRUS,* 1924, Vol. I, p. 395. 此封電文中,也提到天津總領事高斯和張作霖會面時,張向他表示對王正廷和黃郛的不滿,認爲他們始而親日,繼而親蘇,立場反覆。張同時對孫中山和馮玉祥語露輕蔑。

恢復秩序和安定的人，由於這一理由，我認為對他所建立的臨時政府，列國應給予一定程度的支持」[106]。美國務院同意邁爾與北京外公使團採一致行動，由於「現政權的臨時性質」，同意段政權為事實政府，但聲明此非正式舉動不含有法理(de jure)政府的承認之意[107]。當時法國頗欲以「金佛郎案」脅迫段政權妥協，希望暫時保留對段政府的承認，並要求英美配合，英國公使雖曾奉命對段施予壓力，要段接受法國關於以金佛郎計算庚款的要求，但對中國政局的看法與美國一致[108]。美國答覆法國政府，提出法國遲遲未批准華盛頓會議中關稅條約之協議，認為列強與中國新政府應建立互信及合作的基礎，建議法儘速批准協議，對於華會中懸而未決的治外法權問題及領事裁判權，美國希

---

[106]　The Chargé in China (Mayer) to the Secretary of State (Hughes), Nov. 25, 1924, *FRUS*, 1924, Vol. I, p. 399.

[107]　Hughes to Mayer, Nov. 26, 1924, *FRUS*, 1924, Vol. I, p. 401.

[108]　The Ambassador in Great Britain (Kellogg) to Hughes, Dec. 1, *FRUS*, 1924, Vol. I, p. 428. 凱洛格在英國外務部得知，英國公使曾對段施予壓力，要段接受法國關於以金佛郎計算庚款的要求。金佛郎案由來如下：1921(民國 10)年法國以中法合辦名義開設中法實業銀行。次年，法國政府與北洋政府協議，法國以退還一部分庚子賠款籌設中法實業銀行。當時法幣貶值，「金佛郎」實不存在，但法國堅持以金佛郎償付，並鼓動同以佛郎賠款的比、意、西三國公使，向中國要求。1923(民國 12 年)2 月北京政府改組，外交總長黃郛曾正式承認金佛郎付款。消息傳出後，國內輿論大譁，國會議員通電反對。曹錕賄選前夕，眾院一致否認金佛郎。北京政府因財政窘迫，急於召開關稅會議，以提高稅率，增加政府收入。由於華會中曾規定「關稅條約自各國政府批准後三個月召開」，法國乃以此壓迫中國，遲遲不批准華會中所議決的條約。段出任臨時執政後，乃以暫緩承認新政府為要脅。段因急於提用四國(法比意西)扣留的關餘一千六百萬元，直到1925年3月底段政權讓步，依法方要求以「金佛郎」賠款。致使中國政府損失約美金三千多萬元。1925年4月12日，中法正式簽訂協議解決此案。協議內容見：*China Year Book*, 1925-1926, pp. 1297-1300. 可參見：王樹槐，《庚子賠款》(台北：中央研究院近代史研究所，1974)，頁377-416；第四章第三節專論金佛郎案。

望再開一次會議解決，屆時法國可依中國情勢提出修正案⑩。英美政府的用意顯然在於，不應把金佛郎案與新政府承認問題合併處理。

12月初，美國對於是否給予段政權之承認，轉趨積極，主要是憂懼孫中山宣稱「廢除不平等條約」，將全面破壞現存條約體系之秩序；立即承認北京政府，將可保障條約利益。緣於北京政變後，馮玉祥邀請孫中山北上共商國是。孫中山於11月10日發表北上宣言，重申反對帝國主義，召開國民會議等主張，19日於上海又提出廢除不平等條約⑩。張作霖與美國使領的會晤中，不斷強調中國當前最嚴重的問題是赤化，表明共產黨正透過孫中山等國民黨左翼人士，提出「廢除不平等」以獲得廣大群衆的支持⑩。張作霖同時也擔心馮玉祥易受國民黨左翼人士和蘇聯的影響，他要求美國和列強發表一個宣言，共同反對布爾什維克加諸中國的影響⑫。在此一議題上，國務卿休斯與駐華公使邁爾意見一致，認爲：

> 布爾什維克活動在中國引起的問題是中國內政問題，關於張作霖所提布爾什維克是世界性和國際性問題的觀點，我想指出美國政府不干預此事，除非直接牽涉到美國的利益⑬。

可見美國所關注的是攸關本身的條約利益，至於中國的赤化，在美國

---

⑩ Hughes to the French Embassy, Nov. 25, *FRUS,* 1924, Vol. I, p. 428.

⑩ 《中華民國史事日誌》，第1冊，頁841。11月19日，孫於上海表示，北上之目的，一爲召開國民會議，一爲廢除不平等條約；同書，頁844。

⑪ 邁爾於12月初的報告中，不時出現張作霖對孫中山與共產國際聯合的憂心。見 Mayer to Hughes, Dec. 1, 1924, *FRUS,* 1924, Vol. I, p. 403-405.

⑫ Mayer to Hughes, Dec. 3, 1924, *FRUS,* 1924, Vol. I, p. 407.

⑬ Hughes to Mayer, Dec. 3, 1924, *FRUS,* 1924, Vol. I, p. 407. 有關美國對國民黨左傾路線的反應，詳見：第四章第二節。

駐華公使及國務卿的眼中，都比不上條約利益來得急迫。12月初，美國與英、日、法、意、比、荷等駐華公使，針對段政權的承認問題，展開多次會商。英國公使向美國公使建議，由華盛頓會議參與國家發表一項聲明，向中國人民宣稱：「一旦中國恢復秩序，立即展開和中國修約之交涉」[114]。美駐華公使邁爾同意英使意見，並提出「以修約方式打擊布爾什維克在中國所煽動的廢除『不平等條約』」。日本公使芳澤則力陳「有足夠的理由相信，馮玉祥將和孫中山聯手發動另一政變」[115]。基於維持既有共同利益，12月9日上述七個國家發出「事實承認」段政權的聯合照會。條件是段祺瑞必須遵照前清與民國政府所締結的一切條約和協定，尊重外人在華享有的一切權利。外人則同意在上述諒解下儘可能促使華會的各項結果實現[116]。

　　由上述可知美國政府之所以承認北京政府完全基於本身國家利益，即明知北京政府法理不足，仍予以法理政府之承認。美國政府如

---

[114] Mayer to Hughes, Dec. 3, 1924, *FRUS,* 1924, Vol. I, p. 405. 英國公使原本也希望同時聲明，不承認那些曾煽惑中國人民反外，而可能入主北京的領袖們(按：指馮玉祥、孫中山)。但在次日與美國公使再次會商後，決定不做此聲明。理由為：萬一北京政府眞的被馮孫所推翻，列強為顧及在華利益，仍不得不承認新政府。為避免自失立場，最好不做此聲明。美國政府以為「事實承認」段政權，也兼顧了萬一馮孫入主北京，列強仍可視馮孫政府為「事實政府」。見：Mayer to Hughes, Dec. 4, 1924, *FRUS,* 1924, Vol. I, p. 432.

[115] Mayer to Hughes, Dec. 4, 1924, *FRUS,* 1924, Vol. I, p. 432. 日本此時乃積極運動張作霖，向英美國家強調馮玉祥與蘇聯的關係，以及孫中山等人受布爾什維克的煽惑，指馮孫共同力謀廢除「不平等條約」。詳見：沈予，〈1924-1927年日本對華政策──論「幣原外交」的特性〉，收入：夏良才主編，《近代中國對外關係》(四川：人民出版社，1985)。

[116] Mayer to Hughes, Dec. 4, 1924, *FRUS,* 1924, Vol. I, p. 431; Hughes to Mayer, Dec. 9, 1924, Ibid., p. 439; Schurman to the Secretary of States, Jan. 5, 1925, Ibid., p. 442.

果承認依新國會所誕生的徐世昌總統爲法理政府，則不能對舊國會所產生的黎政權予以法理承認，爲掩飾前後政策的矛盾，國務卿乃要駐華公使勿在北京外交使團中提出此事。及至段祺瑞臨時政府成立，其間雖有法國的反對而有爭議，但因憂懼南方孫中山高唱「打倒帝國主義」、「廢除不平等條約」的威脅，列強乃對段政府宣布「事實承認」，條件則是必須確實履行辛丑和議以來的條約義務關係。列強這項共同承認北京政府的協議，在次年(1925 年)因馬慕瑞(John Von A. Mac-Murray)的使華，重又被提起(詳見：第五章)。

不可否認，美國政府在臨城劫案中的表現，遠較其他國家友善，而此一事件以美國人士被擄最多，美國政府雖表憤慨，但並不以此向中國政府勒索，反而在北京外交使團中扮演調和的角色，不使列強以臨城劫案爲藉口。當然，美國政府也考慮到過激的手段，將使列強與北京的關係處於緊張，此不符合美國對華政策的長遠利益。其次，美國政府對於法、比以金佛郎案爲籌碼，迫使北京政府急欲獲得承認而接受金佛郎案，並不贊同。一方面，美國認爲外交承認問題，不當與金佛郎案相提並論；另一方面，當時美國國會正熱烈討論退還中國庚款，且於 1924 年 5 月 21 日，通過退還自 1917 年 10 月以來之庚款提議，希望這筆款項做爲重建中國教育文化之基金⑩。美國對華政策中理想主義與現實主義的一劍兩刃，在上述事件中仍可印證。

對直系與軍閥內戰的關係

⑩ 美國國務院於 6 月 14 日將此事電告中國駐美公使施肇基。見：The Secretary of State to the Chinese Minister (Sze), June 14, 1924, *FRUS, 1924*, Vol. I, p. 553. 此即爲第二次退還庚款。其後乃有「中華教育文化基金董事會」(中基會)的成立，對中美文化交流甚有貢獻。可參考：楊翠華，《中基會對科學的贊助》(臺北：中央研究院近代史研究所專刊，1991)。

　　有關於美國與直系的關係,從 1920 年代開始,中國共產黨人就一再強化美國與直系的關係,如陳獨秀、蔡和森在《嚮導週報》指稱,通過美國公使的斡旋,直系得到美國的軍事援助,中共當代史家亦多持相同看法;但是此一說法,在一手史料的掌握上,仍有待進一步的探求⑪⑧。吳應銑(Odoric Y. K. Wou)的研究,針對英美人士與直系的關係,有相當的成績,其文指出:吳佩孚和美國在華人員,包括外交官、傳教士、軍人和新聞界建立關係;外交界有兩位美國駐華公使芮恩施和柯蘭;新聞界則有具相當影響力的候信雅(Josef Washing Hall)⑪⑨;另外,有不少美國在華將領都曾親訪洛陽,從 1920 年 7 月以來,包括助理軍事參贊費隆(Wallace C. Philoon)、海軍參贊何錦思

⑪⑧　蔡和森,〈克門案與運送飛機案〉,見《嚮導週報》,1923 年 2 月 27 日(20 期,頁 158-159);陳獨秀,〈帝國主義援助軍閥之又一證據〉,見《嚮導週報》,1924 年 7 月 30 日(76 期,頁 605-606)。中共史學研究者,也持如此看法,如 1950 年胡繩的《帝國主義與中國政治》(北京:三聯書店,1950),頁 299-311;汪敏之,《美國侵華小史》(北京:三聯書店,1950),頁 94-95。其後劉大年,《美國侵華史》(北京:人民出版社,1951),頁 126-132。這三本書所引資料相近。吳應銑的研究,仔細考證了上述著作所引用的來源,及美國國務院的相關記載認為所引資料,並不可靠。見:Odoric Y. K. Wou, *Militarism in Modern China, the Career of Wu Pei-fu, 1916-1939* (Dawson: Australian National University Press, 1978)一書中的第 7 章〈與英美的關係〉。本文所引為譯本,見:吳應銑著,陳玉璣譯,〈吳佩孚與英美〉,頁 111-115。

⑪⑨　1920 年 8 月 28 日,芮恩施於《北京導報》上,稱頌吳是「民主的平民政府的擁護者」,他勸告所有「明智的政治家」同這股「巨大的力量聯合起來,只有盲人才會無視於此」。候信雅(Josef Washing Hall),別名厄普敦‧克洛斯(Upton Close),為天津《華北明星報》的美國代表,《北京導報》的編輯、中美通信社的協理。常在美國週刊《密勒氏評論》及英文報紙《大陸報》、《京津泰晤士報》撰文。吳應銑著,陳玉璣譯,〈吳佩孚與英美〉,《近代史資料》(北京:1983:2),頁 99。

(Charles T. Hutchins)、亞洲艦隊總司令史佐斯(Joseph Strauss)上將、海軍少校西蒙滋(Simonds)，都曾與吳佩孚有過接觸，對吳有相當高的評價 [120]。但是英美人士與直系的關係，是否影響及於美國政府於軍閥內戰中的態度，則爲上述吳文所略，以下將針對軍閥內戰中美國政府的角色做一探討。

直皖戰爭

1920 年 7 月，直皖戰爭一觸即發。由於 1901 年辛丑和約，載有華兵不得進入天津附近 20 里內、列強得駐兵保護使館區及北京至海口鐵路交通沿線 [121]。直皖戰爭可能在北京近郊開打，如此一來可能威脅外人生命財產，二來則觸犯辛丑和議中的協定。是故 7 月 8 日法公使柏卜(Auguste Boppe)代表駐華公使團，照會北京政府外交部，聲明倘有外國僑民，因戰爭「致受性命或財產損失，公使團應使中國政府擔負全責」，要求中國政府「籌設一切妥協辦法，以免攜械軍隊進入京城，或使用拋擲炸彈之飛艇於京城空際之上」[122]，美駐華公使柯蘭(Charles R. Crane)於 7 月 9 日將此事報告國務院，並批評段祺瑞掌控北京政

---

[120] 費隆(Wallace C. Philoon)於 1920 年 8 月與吳會面後，給國務院的報告，稱：「直系首腦中最好的人物就是吳佩孚……他的行動是眞正愛國者的行動，爲國家利益而不是爲個人私利而工作」。「他本人顯然是極爲民主的，士兵們都對他非常擁戴」。見：*SDA*, 893.00/3581。何錦思對吳佩孚的反日情結及對山東問題的看法，有深刻印象，強調吳是愛國主義者。何錦思致國務院函，1920 年 12 月 3 日。全文長達 10 頁。見：*SDA*, 893.00/3771.

[121] 黃月波、于能模、鮑釐人(合編)，《中外條約彙編》(上海：商務印書館，1935年)，頁 500。

[122] 《外交團對於時局之表示》，《時報》，1920 年 7 月 10 日。《申報》，1920 年 7 月 10 日。英文見：The Dean of the Diplomatic Corps in China (Boppe) to the Chinese Acting Minister of Foreign Affairs (Tcheng Loh 按：陳籙), July 8, 1920, *FRUS,* 1920, Vol. I p. 456.

府，將政府置於私人派系及軍事獨裁之下。他報告說：據聞張作霖有意調解直皖爭端，但日本政府不願張作霖做調人，警告張如不保持中立，將在滿洲製造事端。目前有 4 個師的皖系部隊約 3 萬人緩緩向保定移動。在禁運軍火協定下，購自英國的飛機掌控在皖系手中。軍火由意大利公使館公然供應，軍費來自皖系以北京至綏遠的路權 500 萬圓抵押給日本⑫。如就美駐華公使報告中所提出的皖系軍火裝備而論，北京公使團的這項照會，除保護外國僑民安全考慮外，顯然含有企圖限制皖系的軍事行動。

美國國務卿柯爾比(Bainbridge Colby)於 7 月 16 日致達駐華公使柯蘭，對柯蘭加入北京外交使團的一致行動，頗為不滿。因為國務院還沒有足夠的訊息來證明此一聯合舉動的正當性。根據辛丑和約的特殊規定，北京城所提供的保護僅在於保障列國駐華代表之生命財產安全。中國目前的情勢如同三年前段祺瑞討伐張勳的內戰一樣。1917年各國對段祺瑞反對張勳沒有干涉，現在各國同樣不應該否定反段勢力的類似行動，否則就是對中國政局進行袒護一方的干涉。他要柯蘭謹慎行事，以免介入中國內政⑭。7 月 17 日國務卿致電柯蘭轉告天津總領事福勒(Stuart J. Fuller)勿加入領事團的任何行動，因為如此將被視為支持某一派而捲入目前糾紛⑮。7月18日，美駐天津總領事報告國務院，他將儘可能避免公使團有任何可能有助於一方派系的舉動⑯。

⑫　Crane to the Secretary of State, July 9, July 10, 1920, *FRUS,* 1920, Vol. I, pp. 438-439.

⑭　Colby to Crane, July 16, 1920, *FRUS,* 1920, Vol. I, p. 443.

⑮　Colby to Crane, July 17, 1920, *FRUS,* 1920, Vol. I, pp. 445-446.

⑯　The Consul General at Tientsin (Fuller) to the Secretary of State, July 18, 1920, *FRUS,* 1920, Vol. I, p. 447.

　　此次戰爭，皖系用以對直戰爭的主力邊防軍及軍火裝備，主要來自日本，而且邊防軍的最高顧問係日本軍官坂西少將。日本原敬內閣雖宣稱不贊成皖系使用邊防軍於內戰，但卻不積極干涉日本軍官在華行動。內田外相於7月9日表示：「當中國各派擁兵相爭之際，只對某一方強制禁止其使用兵力，結果自然援助另一方。此不免有干涉內政之譏」⑫。然而，實際上日本政府正是以不干涉政策為掩護，放任日本軍官介入中國內政。

　　日本在北京至海口駐軍，曾對直皖戰事進行阻撓。由於奉軍的介入對皖系甚為不利，因此當張作霖尚未明確表示援直倒皖時，日本駐奉領事曾照會張作霖，不准27及28師開入關內助直。戰爭進行中，7月16日東路戰場直軍在楊村安置大炮抵禦皖軍時，遭到駐防該地日軍的阻撓，以致被迫撤退。但皖軍占領楊村後，在該地架炮等一切軍事設施和軍事活動，日軍卻概不過問⑬。對比之下，明顯地表現日本助皖反直的態度。對於日本駐軍阻撓直系在楊村的軍事行動，美國國務院於7月20日致電柯蘭，表示日本目前的行動顯然構成干涉中國內政⑭。但日本公使館則對日軍在楊村干涉戰爭一事斷然否認⑮。

　　美國政府謹守不干涉中國內政的態度，但是美國駐華使領及武官對於直系甚表好感，並有支持之意。柯蘭於7月10日的報告，明白指出皖系背後有日本大力扶植，基於此點可推測日本為何蓄意拖延國際

⑫　詳見：臼井勝美著，陳鵬仁譯，〈日本對中國不干涉政策的形成〉，收入：《近代日本外交與中國》，頁63-68。
⑬　長沙《大公報》，「中外新聞」，1920年7月16日。
⑭　國務卿提醒駐華公使留意，1912年革命黨人或清軍在北京——山海關附近開戰時，列強駐在鐵路沿線的軍隊並沒有干涉戰事。Colby to Crane, July 17, 1920, *FRUS,* 1920, Vol. I, p. 452.
⑮　Crane to Colby, July 24, 1920, *FRUS,* 1920, Vol. I, p. 455.

銀行團的成立，主要即在於防止列強聯合行動後對日本的牽制。柯蘭表示重建中國的基礎在於通過國際合作參與中國財政事務，設若國際銀行團的成立，是以中國和平與統一的條件為前提，如此則甚為荒謬，因為中國的統一遙遙無期。對於直系將領吳佩孚，柯蘭以為他在北方各派中相當富有人望及普受支持[131]。戰爭爆發後，7 月 17 日，美國駐華使館武官參贊馬格德和江蘇督軍李純及美國顧問安德森，曾一同到保定前線觀戰，表示對直系吳佩孚的支持[132]。7 月 19 日，吳佩孚連破皖軍，各界聲討安福系不斷。美駐奉天總領事普汀斯（Albert　W. Pontius），致函張作霖希望張注意京奉鐵路，積欠美國一公司 300 萬元債務，並表明直系將領曹錕已允諾重視美國的權利，他希望張作霖也能聲明美國的利益將得到保障[133]。這項電報透露出美國駐奉天領事，已察覺北京可能易主，搶先和直奉將領溝通。

　　直皖戰爭後，安福派系逃往各國公使館要求政治庇護，美英法三國，皆不予收留，日本公使館則收留徐樹錚等 9 人。美國務院訓令柯蘭向北京外交使團領袖柏卜表示，他認為目前對任何一派予以政治庇護皆不恰當，但是政治犯的家眷婦孺，不應當被強制驅離[134]。柯蘭向

[131]　Crane to Colby, July 11, *FRUS,* 1920, Vol. I, pp. 439-440. 美國欲重返國際銀行團，日本政府提出「滿蒙除外」條件，並以中國內亂堅決反對。美國政府於 1919 年促成中國南北和議時，雖也提出此說，但後來發覺不切實際而不再堅持，但日本政府始終反對。詳見：臼井勝美著，《日本と中國》，頁 162-169.

[132]　《白堅武日記》稿本，第 14 冊，存北京中國社會科學院近史所。轉引自李新、李宗一，《中華民國史》，第 2 編，第 2 卷，頁 583。

[133]　The Consul General at Mukden（Pontius）to the Military Governor of Fengtien, July 19, 1920, *FRUS,* 1920, Vol. I, p. 448.

[134]　Crane to the Dean of the Diplomatic Corps in China（Boppe）, July 25, 1920, *FRUS,* 1920, Vol. I, p. 458. 按 1901 年辛丑條約規定，使館區內，中國人民不准在界內居住。

北京使館區美國居民聲明，針對中國複雜的政局，公使館決定不提供政治庇護，下令：使館區內不允許中國男士出入商家或住宅，但對中國婦孺，美國使館區的居民可自行決定收留與否[135]。戰爭結束後，直隸各界公民大會對於英美法三國政府於此次戰役中，嚴守中立表示感激，並以專函申謝英美法領事[136]。

第一次直奉戰爭

美國於 1921 年倡議召開華盛頓會議，希望列強透過「國際合作」(international cooperation)的方式，建立遠東新秩序，調整列強在遠東的緊張關係。對於中國內部事務列強基本上仍以協調一致的態度，主張不干涉政策。美國政府在兩次直奉戰爭，除維護美國在華僑民安全外，美國政府與直系的關係，也較皖系親近。直皖戰爭後，皖系失敗，北京政府一度出現直奉聯合執政的局面，但情況維持不久，即告分裂。

由於有直皖戰爭的先例，對於第一次直奉戰爭的爆發，美國駐華領事館及國務院的應變，較為從容。但面對中國無休止的內戰，各國駐華使領顯得不耐煩，態度也較已往激烈。1922 年 3 月 25 日美駐華公使舒爾曼(Jacob Gould Schurman)報告國務院，張作霖的軍隊集結在津奉鐵路及北京郊外，隨時準備開戰[137]。4 月 22 日舒爾曼邀請各國駐京使節聚會，為因應中國內戰採取保衛措施。舒使提出兩個問題：一、是否使用海軍艦隊。二、是否以外交使團名義聲明：希望依照 1920

---

[135] Crane to American Residents of the Diplomatic Quarter in Peking, July 28, 1920, *FRUS,* 1920, Vol. I, p. 458.

[136] 〈專函申謝英美法領事中立〉，見於：*SDA,* 893.00/3207.

[137] Schurman to the Secretary of State, Mar. 25, 1922, *FRUS,* 1922, Vol. I, p. 689.

年直皖戰爭的先例，任何一方的軍隊都不准進入北京城。4 月 26 日美
國國務卿休斯(Charles E. Huges)表示：原則上贊成舒爾曼的提議，
增派人手保護公使館區的安全。但對於是否採行強制驅離中國軍隊於
北京城外，則予以保留[138]。

　　直奉戰爭於 4 月 28 日正式開打，為保護居住在北京使館區內外的
約 800 名美國僑民，舒爾曼立刻要求亞洲艦隊總司令史佐斯(Joseph
Strauss)增派艦隊到天津 [139]。但國務院並不贊同，緣於當時美國國會
正激烈辯論派遣美軍到國外是否恰當的問題，國務院不願採取強勢手
段下令增軍。除非舒爾曼能舉出實例，說明美國人民的財產和利益都
已受到危害，如此才有派遣軍隊的可能。亞洲艦隊總司令史佐斯則表
示他必須和駐防天津的美軍第 15 步兵團長馬丁上校(Colonel　Wil-
liam F. Martin)商議，才能決定。舒爾曼乃再次向國務院陳情，增兵
天津駐軍的主張，理由仍為保護該埠美國人民生命財產。其次為維持
辛丑和約中所明定的北京至海口鐵路線的暢通[140]。國務院隨即表示如
果亞洲艦隊(U. S. Asia Fleet)總司令和馬丁上校贊成的話，國務院
也不反對，但請舒使密切留意其他國家增兵的情形及各地所發生的仇
外情事[141]。

　　5 月 3 日，亞洲艦隊總司令史佐斯派遣 150 名攜有機關槍的美國
海軍陸戰隊增防天津[142]。5 月 4、5 日奉軍大潰，戰局急轉直下。於是

[138] The Secretary of State (Hughes) to Schurman, Apr. 26, 1922,
　　 FRUS, 1922, Vol. I, pp. 693-694.
[139] Schurman to Hughes, Apr. 28, 29, 1922, *FRUS*, 1922, Vol. I, pp. 694-
　　 695.
[140] Schurman to Hughes, May 1, 1922, *FRUS*, 1922, Vol. I, p. 697.
[141] Hughes to Schurman, May 2, 1922, *FRUS*, 1922, Vol. I, pp. 697-698.
[142] Schurman to Hughes, May 4, 1922, *FRUS*, 1922, Vol. I, p. 698.

馬丁上校電勸舒爾曼，認爲戰事危機已過，可以解除海軍陸戰隊執行
的任務。舒使收電後，即和海軍參贊何錦思(Charles T. Hutchins)、
軍事參贊陳尼(Sherwood A. Cheney)、助理軍事參戰費隆(Wallace
C. Philoon)、使館秘書芮德客(Albert B. Ruddock)、使館中文秘書
裴克(Willys R. Peck)等密商，決議不能接受馬丁解除陸戰隊任務的
勸告，希望陸戰隊繼續駐紮天津。至於在天津的美國顧問，則向舒使
表示希望美國公使能對張作霖施加壓力，希望張暫停軍事行動，但這
項要求被舒使以介入中國派系政爭而拒絕⑭。可見舒爾曼的堅持僅在
於積極保衛美國僑民。美國國務院對舒使避免任何的干涉舉動，亦表
嘉許⑭。由於馬丁建議史佐斯，陸戰隊無繼續駐防的必要，史佐斯本
人自秦皇島得到的消息亦證實如此，所以 5 月 15 日美國海軍陸戰隊自
天津撤退⑭。

　　直奉戰爭進行時，關於日本援助張作霖的傳聞不斷。日本駐美代
辦向美國國務卿休斯詢問，是否美國已接到任何消息，證實日本支持
中國那一個派系？據聞美國方面非證實消息傳出日本支持張作霖。國
務院乃訓令駐日大使華倫(Warren)進一步了解日本政府之態度⑭。日
本外務省表示，日本政府表示日本駐軍正從漢口迅速撤退，日本政府
的舉措將遵照華盛頓會議之協議，不侵犯中國主權的立場⑭。

⑭　Schurman to Hughes, May 11, 1922, *FRUS,* 1922, Vol. I, p. 700.
⑭　Hughes to Schurman, May 13, 1922, *FRUS,* 1922, Vol. I, p. 702.
⑭　天津撤退的消息，馬丁未事先和舒使商量，舒使頗不以爲然，仍主張撤退的
　　時機不當。Schurman to Hughes, May 15, 1922, *FRUS,* 1922, Vol. I, p.
　　705.
⑭　Hughes to the Ambassador in Japan (Warren), May 27, 1922,
　　FRUS, 1922, Vol. I, p. 710. 日本駐美代辦又表示，他希望日本是中立的，
　　如果不能，也不要支持任何交戰中的任何一派。
⑭　Warren to Hughes, May 31, 1922, *FRUS,* 1922, Vol. I, p. 710.

　　事實上，早在 4 月 20 日，第一次直奉戰爭爆發之初，日本內閣曾草擬一份文件題爲〈關於帝國政府對直奉戰爭所造成中國形勢的方針〉，主要仍在「尊重九國公約之精神，並證明帝國政府對張作霖內部事務已經採取了不偏不倚的中立而公正之路線」。這個草案，另外也強調應與吳佩孚進行接觸，使之理解日本的中立，日本代表應和英美等其他國家協商，以便採取聯合行動處理這個危機。這個草案在內閣決議案中引起爭論，最後被列爲內部參考文件，只由日本政府重申日本對中國不干涉政策的籠統聲明⑱。

　　當日本政府的不干涉的指令發出時，張作霖的日本顧問町野武馬和本莊繁正參與直奉戰爭的重要任務⑲。所以不論在中國輿論或美國在華人士的報告中，都一再抨擊日本援張的事實。美國駐哈爾濱領事韓森(G. C. Hanson) 也證實日本援張⑳。逼得日本政府不得不於 5 月 16 日發表聲明，承認日本政府與滿蒙的利害關係，但是只要日本的利益得以維繫，日本政府沒有必要捲入中國的內戰糾紛，日本將在各方面嚴守中立㉑。

　　5 月底奉軍戰敗，英美法日四國公使舉行非正式聚會，交換中國政局的意見。各國公使同意向本國政府建議：中國內戰接近尾聲，張作霖自關內退出；而另一方面，南方政局也有重大發展，即孫中山的北伐軍挫敗。因此，他們認爲中國出現前所未有的統一前景；直系吳佩孚的勝利，將使中國導向憲政體制，希望國際銀行團中的各國政府給

---

⑱　《日本外交年表及與主要文書》，下卷，頁 22-23。

⑲　畢萬聞譯，《張作霖在東北》(吉林：文史出版社，1988)，頁 74-75。

⑳　The Consul at Harbin (Hanson) to Hughes, May 30, 1922, *FRUS,* 1922, Vol. I, p. 711.

㉑　Statement by Japanese Minister for Foreign Affairs, May 16, 1922, *FRUS,* 1922, Vol. I, p. 709.

予中國財政援助，協助中國經濟復甦⑩。結果，日本政府仍以中國政局不穩定而反對⑬。最主要原因仍在防止美國政府的加入，對日本在華權益有所影響，尤其是直系的親英美態度，令日本感到不安。如上所述，第一次直奉戰爭以前，美國對直系治下的中國甚具信心，與直系的關係友善，但在直奉戰爭過程中，美國政府的立場尚稱中立。

江浙戰爭與第二次直奉戰爭

1924 年 9 月中旬，第二次直奉戰爭爆發。此次戰役因馮玉祥的倒戈，致使直系失敗。此次戰役暴露日本以不干涉政策爲幌子，實際介入中國內政，除了張作霖得到日本實質援助外，甚至馮玉祥政變也是受了日本的策動⑭。但日本政府在第二次直奉戰爭時，卻強力抨擊美國在華官員，援助直系介入此次戰役。顯現日本視美國爲爭逐北京控制權的假想敵。

導致直奉戰爭的直接原因，是由直系將領孫傳芳、蘇軍齊燮元合謀圖浙，而與皖系盧永祥爆發的江浙戰爭。1924 年 8 月，雙方沿滬寧鐵路沿線開戰。8 月 26 日，美駐華代辦貝爾（Edward Bell）致國務卿報告，此次戰役將不可避免的導致更大規模的直奉戰爭⑮。美駐上海領事也表達了上海局勢的危機，如果吳淞要塞和南京海軍之間交戰，將封鎖遠東最大的國際港口——上海，戰事的進行，也將直接威脅外人生命安危。所以，8 月 30 日英法美日使節會見北京外交部長顧維鈞，

---

⑩ Schurman to Hughes, May 24, 1922, *FRUS,* 1922, Vol. I, pp. 707-708.

⑬ Schurman to Hughes, June 7, 1922, *FRUS,* 1922, Vol. I, p. 714.

⑭ 詳見：麥柯馬克（Gavan McCormark）著,畢萬聞譯，《張作霖在東北》，頁148-159。

⑮ The Chargé in China（Bell）to the Secretary of State, Aug. 26, 1924, *FRUS,* 1924, Vol. I, p. 361.

要求劃黃浦江爲中立區，以保護外人生命財產⑯。北京外交部於9月
3日回覆四國公使保證維護外人生命財產，但故意不提黃浦江中立化
一事，是故英法美日意五國代表再次表達，希望北京政府勿使戰事於
黃浦江岸發生，否則列強可能派兵干涉⑰。美國亞洲艦隊總司令湯馬
斯上將（Admiral Washington Thomas）也建議在長江沿岸使用砲
艦外交，以保護在華美僑⑱。北京外交部長顧維鈞對於外交使團聲明
必要時將以武力阻止黃浦江戰事表示抗議，顧維鈞希望由外交使團向
浙系提出黃埔江中立化條件：包括拆除吳淞炮臺、解除黃浦江上浙江
砲艦的武裝，顯然這項條件是有利於直系和蘇系的。美國代辦貝爾與
其他國家代表，拒絕這項意見的轉達，理由在於這類計畫「應該由衝
突的雙方達成協議」，否則即是干涉中國內政⑲。

　9月中旬直奉戰爭在山海關熱河長城沿線交鋒，雙方死傷慘重，經
馮玉祥發動政變，情勢大轉。10月23日，王正廷拜訪美駐天津領事高
斯，坦陳他本人與教育總長黃郛都參與了馮玉祥主導的「北京政變」，
總統曹錕和其內閣總長目前受到監視，不久會把他們送出京；之後將
組成一個委員會邀集張作霖、孫中山、段祺瑞等人，就中國統一、調
整債務、裁軍、和建立新政府等舉行和平會議⑳。10月26日段祺瑞被

---

⑯　The Chargé in China (Bell) to the Secretary of State, Aug. 30, 1924, *FRUS,* 1924, Vol. I, pp. 363-364.

⑰　Bell to the Secretary of State, Sep. 8, 1924, *FRUS,* 1924, Vol. I, pp. 370-371.

⑱　Bell to the Secretary of State, Sep. 6, 1924, *FRUS,* 1924, Vol. I, p. 366. 湯馬斯（Washington Thomas）於1923-1925年任亞洲艦隊總司令。

⑲　Bell to the Secretary of State, Sep. 17, 1924, *FRUS,* 1924, Vol. I, p. 377.

⑳　The Consul General at Tientsin (Gauss) to the Secretary of State, Oct. 24, 1924, *FRUS,* 1924, Vol. I, p. 384. 11月1日王正廷就任外交總長。

推爲國民軍大元帥，張作霖、段祺瑞、馮玉祥電請孫中山北上，召開和平會議。段並尋求美國政府道義上的支持⑯。11月初，曹錕宣告辭職，吳佩孚軍大潰於楊村。傳聞吳有意經青島撤軍回湖北時，日本領事同時向英美領事要求共同勸告吳勿登陸青島。美國國務院代理國務卿格魯(Joseph C. Grew)以不干涉中國內政爲由，要青島領事拒絕此事⑯。1924年11月底，北方戰事告一段落，美國亞洲艦隊撤離華北水域⑯。

　　第二次直奉戰爭，以直系吳佩孚大敗而結束。日本媒體一再宣稱不少美國人資助直系，包括上萬枝的槍枝、彈藥、以及不少美國人擔任直系的間諜，秘密在東北活動，例如一位在馬尼拉服役的美國畢夏上校(Colonel A. G. Bishop)等等。這些指控引起美國政府的抗議，甚至認爲這是日本故意煽起中國人的反美情緒⑯。據吳應銧的研究，吳百般殷切與英美人士拉攏關係，以獲得財政與軍事援助，但英美政府恪守中立，除了在華外人對吳的人格稱揚外，給予吳的援助極爲有限，即如美國商人與吳佩孚之間的軍火私運，在實際行動中大多被美國政府有效地克制了⑯。

---

⑯　Bell to the Secretary of State, Oct. 24, 1924, *FRUS,* 1924, Vol. I, p. 384.

⑯　The Acting Secretary of State to the Chargé in China (Mayer), Nov. 5, 1924, *FRUS,* 1924, Vol. I, p. 389.

⑯　Schurman to the Secretary of State, Dec. 22, 1924, *FRUS,* 1924, Vol. I, p. 409.

⑯　美國國務院對日本的宣傳，甚爲重視。有關日本指控美國與直系的關係，美駐奉天領事有詳細的報告, Oct. 22, 1924, *SDA,* 893.00/5887.

⑯　吳應銧著，陳玉璣譯，〈吳佩孚與英美〉，頁137。黎安友(Andrew J. Nathan)也肯定吳應銧的這項研究結果，見費正淸主編，章建剛等譯，《劍橋中國史》(1912-1949)，第1部(上海人民出版社)，頁324。

小結

　　第一次大戰後歐美國家重新在中國尋求擴張機會，直皖之戰的爆發是改變日本支持皖系獨占北京政局的契機。日本原敬內閣標榜對華「不干涉」政策，直皖戰時並未全力支援皖系，但對於參戰軍的行動則採放任態度。美國政府亦宣稱不干涉政策，但美國政府對中國現狀亟思改變，駐華領事對於日本在華行動密切注意。第一次直奉戰後，直系操控北京政府，美國與直系的關係甚為友善。1922年7月，北京政府透過美國的轉達，向英法美日國際銀行團提出兩項借款要求。美國公使舒爾曼以為這筆借款將有助於中國的統一，成立一個符合憲法的政府的前景⑯，但日本政府則聲言，中國政局混亂，不應給予財政援助。其後10月間，外長顧維鈞重又提出借款要求，日本仍堅決反對⑯。國務卿休斯給日本的照會中針鋒相對地批駁說：「北京政府不是中國的一個派系，它是得到美國和其他國家承認的唯一政府，負責保護外國利益，承擔財政義務的唯一代表機構，北京政府現在尋求的是用於緊迫的行政需要和財政復興，其用途是正當的，給它貸款不是干涉中國內政，而是避免中國政局混亂和分裂」⑯。美日雙方立場可謂壁壘分明。

　　為抵制美國對直系政權的影響力，日本堅決拒絕貸款。然而，在

---

⑯　Schurman to Hughes, July 27, 1922, *FRUS,* 1922, Vol. I, pp. 781-783. 這兩項借款，.一為4億墨幣的整理公債借款。一為1500萬元的美元行政借款，分6個月償付。

⑯　The Japanese Embassy to the Department of State, Oct. 19, *FRUS,* 1922, Vol. I, pp. 789-790. 顧維鈞所提的這項借款，係以鹽稅作抵押，6個月的貸款1800萬元。

⑯　The Department of State to the Japanese Embassy, Nov. 23, 1922, *FRUS,* 1922, Vol. I, pp. 794-796.

此一問題上，美國銀行家與美國政府的主張也不一致。美國銀行家關心己身利益，鑑於中國政局動盪，未能提出適當的擔保，美國銀行家拒絕提供對華貸款。1923年以後，新銀行團便名存實亡⑯。

　　美國政府基於「不干涉」政策，對中國軍閥混戰的局勢，儘量做到中立。如直皖戰爭時不贊成北京外交使團向北京政府要求限制戰爭行動(不利於皖係)之勸告；再如直奉戰爭時拒絕北京外長顧維鈞要求的黃埔江中立化條件(有利於直系)，理由均在於避免對中國政局有進行袒護一方的干涉，而以保護美國僑民的性命安危為第一考量。對於駐華使節建議武力護僑一事，美國政府儘量避免採行激烈手段，乃至於是否使用亞洲艦隊支援北京城的防衛，都經再三斟酌。美國政府與直系關係，雖較皖系友善；但美國政府給予直系的支援，不論就軍事援助或是財力，均甚為有限。美國政府對日本在華的擴張思以抵制，同樣對日本所支持的軍閥，有較負面的看法(如對段祺瑞及張作霖的評價)，但並未積極介入軍閥內戰。

　　北京政府與美國的關係，在滿察理案、臨城劫案及曹錕賄選中滑落谷底。在這種情況下自然不會全力以赴支持一個搖搖欲墜的政權。美國政府在兩次直奉內戰中以保護僑民為優先考量，對中國內戰採取不干涉政策，也未提供直系實質幫助。但日本方面則甚為擔心美國對直系的資助，不斷藉由報紙渲染美國與直系的關係，將美國視為競逐中國的假想敵。美國政府不介入中國內戰，但也不樂見日本對中國的操控，所以不斷透過華盛頓會議列強同意的門戶開放政策，及不干涉中國內政的宣示，要求列強對中國事務採取一致態度。然而，日本政府始終未遵循不干涉政策，第二次直奉戰爭日本終於透過張作霖擊敗

---

⑯　參見：王綱領，《民初列強對華貸款之聯合控制──兩次善後大借款之研究》(臺北：東吳大學中國學術著作獎助委員會，1982)，頁125。

親英美的直系政權。

華盛頓會議標舉了建立遠東新秩序的理想，但在中國內部動盪及列強各有所圖的利害交錯下，致使這種新秩序從未確立。中國軍閥內戰不斷所導致的財政虧空，致使華會所期待的「經濟外交」——新國際銀行團的運作無法達成；此外，日本蓄意抵制美國插手，亦反應美日在華競爭的暗潮洶湧。儘管北京政府爲列強所承認的中央政府，但各地軍閥與列強之間的秘密外交不斷，尤其是日本與奉系間的關係，華會所倡導的協調合作精神，只是一紙具文。從 1922 年到 1925 年，華盛頓會議國家在中國所驗證的是一個「失去的機會」，華會國家無法在更高的理想下建立遠東新秩序，致使原被排斥於華盛頓體系外的蘇俄勢力進入了中國⑰，其影響中國現代史的發展至深且鉅。

第三節　美國與廣州政府

1920 年 11 月，陳炯明率領粵軍打敗桂系操控之軍政府，孫中山重回廣州，繼續護法事業，並於次年 1921（民國 10）年，成立正式政府。由於先前孫中山於上海隱退時，曾將實業計畫的構想與美國實業家及銀行家有過接觸⑰，同時孫也和駐華公使芮恩施，針對中國工業改革的問題，交換多次意見。芮恩施極爲讚賞孫中山「建立北方大港」的

---

⑰　「失去的機會」觀點，出自入江昭。見 Akira Iriye, *After Imperialism: The Search for a New Order in the Far East, 1921-1931,* pp. 25-56. 另見：本文第四章第二節，有關美國對共產主義的反應。

⑰　1920 年 4 月，孫中山在上海曾和美國摩根財團的代表拉蒙特(Thomas W. Lamont) 會晤，時拉蒙特爲新四國銀行團的美國代表，特來遠東探詢日本態度，並考慮在中國投資的可能。參考：C. Martin Wilbur, *Sun Yat-sen: Frustrated Patriot* (New York: Columbia University Press, 1976), p. 99.

計畫⑫。所以，廣州政府正式成立後，孫中山仍極力爭取美國政府的支持。但是美國政府仍如 1917、1918 年對待軍政府的態度，對廣州政府不予承認，甚至存有敵意。美國政府不友善的態度，表現在外交承認、對陳炯明政變的反應與關餘交涉問題上。廣州政府成立後，先後透過柯蘭(Charles R. Crane)及舒爾曼(Jacob Gould Schurman)公使與美國政府展開交涉，前者對孫中山的態度甚為惡劣；後者則曾因關餘問題，親至廣州與孫會面，曾讓孫中山寄予厚望，而美國政府對於孫中山所提議的裁軍及統一計畫，無善意回應。論者以為此一因素，對後來孫中山走向聯俄容共的外交路線，有相當影響⑬。

外交承認問題與援助

1920年10月底，由於陳炯明部粵軍由閩回粵，打敗桂系操縱之軍政府，孫中山得以重回廣州，將護法事業重頭做起。次年，1月11日，廣州副領事普萊斯(Ernest B. Price)，向美國國務院報告了廣州最新情勢的發展，他認為孫中山、唐紹儀、伍廷芳等三位「紳士」及滇軍唐繼堯的合作，給廣州政府「帶來前所未有的光明」，他請求國務院對於

---

⑫　芮恩施著，李抱宏、盛震溯譯，《一個美國外交官使華記》(北京：商務印書館，1982)，頁 291。

⑬　李雲漢，〈中山先生護法時期的對美交涉〉，收入：中華文化復興運動推行委員會編，《中國近代現代史論文集》，第 24 編(臺北：商務印書館，1986)，頁191。另外，專門研究舒爾曼傳記的 Richard C. Deangelis，則以為舒爾曼的廣州之行，是中國國民黨第一次全國代表會召開(1924 年 1 月 20 日)——確立「聯俄容共」方針以前，孫請求美國政府援助的最後一次機會；另一方面，舒使在此次與孫會面後，對西方國家漠視中國民族主義的實情，也有較多的批評。所以此次會面對孫中山及舒爾曼兩人都是一個轉捩點。參考：Deangelis, Richard C., "Jacob Gould Schurman, Sun Yat-sen, and the Canton Customs Crisis," 《中央研究院近代史研究所集刊》，第8 期(1979：10)，頁 253。

目前將建立的廣州事實(de facto)政府，給予相當的同情⑭。國務院對普萊斯這封電文，顯然沒有回應。然而，駐華公使柯蘭對於孫中山則甚有偏見。同年 2 月底，柯蘭致國務院的電文，指出陳炯明與孫中山之間的對立，更以強烈的語氣批評孫中山：「自1911 年以來追隨孫中山的同志們，都爲孫中山不切實際及誇大不實的計畫，感到極度爲難。他被評價爲心靈極端空虛的人」⑮。柯蘭公使具強烈的進步主義色彩，於1920年出使中國時，國際聯盟對於他擔負拯救亞洲的重責，寄予相當高的期望，在美國政壇，夙來有行事強硬敢言之稱。他帶有很深的反日情結，懷抱著以美國優勢進步的科技文明驅走「邪惡」日本的理想⑯。他初到中國時，即聽聞西原與南方派於上海商議借

---

⑭　普萊斯強調廣州的領導人「工作努力、忠誠」、「思想開明」，比起過去 6 年來北京的任何一個當權派，更能引起外人的尊敬。The Vice Consul in charge at Canton(Price) to the Acting Secretary of State, Jan. 11, 1921, *FRUS,* 1921, Vol. I, p. 323.

⑮　下文爲：雖然他的動機是誠懇的，並且被賦予規劃國家的宏遠藍圖，卻從來沒有獲致任何成果。在他的家鄉廣東省，當然對他有不錯的風評，但是在北方，他頂多只是被視爲一名不切實際的理想家……這份文件收入：*FRUS,* 1921, Vol. I, p. 325. 但不完整。全文見：*SDA,* 893.00/3817.

⑯　柯蘭本於 1909 年時塔虎脫(William H. Taft)總統就任時，被任命爲繼柔克義(William W. Rockhill)之後的美國駐華公使，但未正式就職前，引起國內政敵的反對，主要爲柯蘭具強烈的進步主義色彩及反日傾向，與新任國務卿諾克斯(Philander C. Knox)當時在亞洲推行的金元外交理念有所牴牾，柯蘭因而辭職。其後柯蘭與共和黨絕交，轉而爲威爾遜的當選而盡力；他自 1913 年以來即是威爾遜總統對遠東及俄國問題的顧問，於 1920 年被任命爲駐華公使，仍不改行事強硬作風。他有一套救援中國計畫，包括宗教、醫療、科技、整治黃河等；在他影響下，對美國紅十字會及基督教青年會(YMCA)在中國的教育文化事業有一定的影響。參考：Jerry Israel, *Progressive and the Open Door: America and China, 1905-1921* (Pittsburgh: University of Pittsburgh Press, 1971), pp. 72-75, 177-180.

款⑰。由此，不難理解他對孫中山之所以會有如此惡劣的評語。柯蘭指稱孫中山「爲一己的私利，不惜犧牲國家利益，打算與日本及安福系密相結納」⑱。

　　事實上，從1918年至1922年之間，孫中山與日本的關係並不密切。孫中山於「五四」運動爆發後，與上海英文報刊《大陸報》記者的談話，已相當清楚表明對日本及段祺瑞的失望，並言明將致函日本陸軍大臣田中義一，指出日本軍國主義對中國人民的荼毒，希望日本轉變對華政策⑲。美國國務院對於孫中山曾去信斥責田中義一之事亦甚知悉，只不過這件事，並沒有引起美國國務院的重視⑱。柯蘭對於普萊斯「善待」廣州政府的態度，顯然很不以爲然。他於1921年3月16日致電國務院，引用了大使館海軍武官最近訪問廣州後所作的報告，提及西方各國不承認廣州的態度，並說明美國駐

---

⑰　Crane to Secretary of State, Nov. 17, 1920, *FRUS,* 1920, Vol. I, p. 484.

⑱　Crane to Secretary of State, Feb. 28, 1921, *SDA,* 893.00/3817.

⑲　〈與大陸報記者的談話〉，《民國日報》，1920年7月16日，收入：王耿雄等編，《孫中山集外集》(上海：上海人民出版社，1990)，頁246-247。孫於談話中指出，致田中信已於6月29日發出。另據C. Martin Wilbur, *Sun Yat-sen: Frustrated Patriot,* pp. 100-101. 記載了這封孫中山致田中義一信件的內容。據韋慕庭的研究，指出孫此時的外援目標，已轉向美國。同書，頁100-102。此外，孫中山於此時，亦積極爭取德國政府的承認與援助，同書，頁108-111。有關孫中山與德國的交涉，另可參見：周惠民，〈孫中山先生尋求與德國進行軍事合作之努力〉，國父建黨革命一百週年學術研討會(臺北：1994年11月19日至23日)。

⑱　美國國務院中亦收藏這封孫中山致田中信件副本。*SDA,* 793.94/1090. 這封信件由一位美國人喬治‧索考斯基(George Sokolsky，爲一名美國籍的俄國猶太人，長年居住中國，與馬素和孫中山甚有交情)。他曾多次私下向國務院報告孫中山在廣州的活動。*SDA,* 893.00/3865.

廣州使領代表的不適任。強調廣州使領館的重要性次於上海，希望國務院儘快派遣一位富經驗的總領事前來，如此並可任命合適的幕僚[181]。

廣州政府成立之前，孫中山已積極爭取美國的承認。早於 1921 年 3 月間，哈定總統就職時，孫中山的私人代表馬素(Ma Soo)致電祝賀，並表示希望「今後共和美國與共和中國之間彼此可以更加緊密地攜手」。遠東事務司司長馬慕瑞(John Van A. MacMurray)指示，不必答謝[182]。當馬素要求和總統秘書克里斯琴(George B. Christian)晤面時，也遭到馬慕瑞的阻止[183]。美國國務院不僅不承認廣州政府，對於孫中山有意藉助美國實業界與廣州政府的合作，以改善廣州局勢，也因國務院的阻止，而告失敗[184]。

同年(1921)5 月 5 日，孫中山宣誓就任非常大總統。當天發表對外宣言，要求各國撤銷對北京政府的承認，改以承認廣州政府爲「中華

181　Crane to Secretary of State, Mar. 16, 1921, *SDA*, 893.00/3845.

182　Ma Soo to President Harding, Mar. 3, 1921, *SDA*, 711.93/62. quoted in C. Martin Wilbur, *Sun Yat-sen: Frustrated Patriot,* p. 105.

183　馬慕瑞的理由是：「他自稱是孫逸仙的代表，而孫逸仙又自稱爲總統反對北京政府，但北京政府卻是唯一受到國際承認的中國政府」, George B. Christian to Vice Secretary of State, July 27, 1921, *SDA,* 893.00/4080.

184　例如1921年1月17日，孫中山簽署了「中華民國」政府與芝加哥鉅商山克(Heorge H. Shank)間的一項初步協議；以發售公債的方式致力於廣東工業發展，債券的收入用來支付從美國購買的物資的價款。國務院以爲南方的政府未經承認，無權發行債券，這種債卷也毫無價值可言。再如，1921 年 9 月 15 日廣州市政府與紐約雷比特公司(James A. Rabbit Engineering Co.)簽約建橋修路一事，也由於廣州總領事的反對而擱淺。廣州總領事柏格霍爾茲(Leo Bergholz)，引用山克經銷債券的案例，拒絕此事。詳見：C. Martin Wilbur, *Sun Yat-sen: Frustrated Patriot,* pp.105-106.

民國唯一之政府」⑱。孫中山另給哈定總統寫了一封信，託馬素轉交美國政府。他在信中，又一次稱頌美國是「民主之母，是自由與正義的捍衛者」，希望美國政府立即承認廣州，支持中國反對北方軍閥及日本帝國主義以21條要求對中國的脅迫⑱。美國國務院又一次令孫中山失望。

密切注意南方情勢發展的普萊斯，於4月初到5月初，給國務院的報告中，不停宣揚廣州政府的有效率、負責，是中國統一的希望⑱。孫宣誓就任非常大總統後，他於5月7日致國務院，表示他感受到廣州政府為民主所做的真切努力，他以激動的口吻說：「每天都有美國人問我：『難道沒有其他方式讓這裡的人知道，美國人或美國政府支持他們嗎？』」普萊斯同時轉達了另一封孫中山致哈定總統的信⑱。結果，普萊斯由於「將總領事館變成為與某一叛亂組織交往的官式通訊工具，而此一叛亂組織，所反對的正是與美國政府具友好關係的(北京)政府」受到國務院斥責；同時國務院將孫中山的信，退還給廣州總領事柏格霍爾茲(Lao Bergholz)⑱。但是這封信，不知為什麼已被拆

⑱ Manifesto to the Foreign Powers Issued by Dr. Sun Yat-sen, May 5, 1921, *FRUS,* 1921, Vol. I, pp. 336-337. 中文見：〈就職大總統對外宣言〉，《孫中山全集》，第5卷，頁532。

⑱ Dr. Sun Yat-sen to President Harding, May 5, 1921, *FRUS,* 1921, Vol. I, pp. 338-339. 稍早廣州副領事普萊斯曾報告，孫中山曾直接告訴他，日本政府開出條件，只要孫接受21條要求，日本即給予廣州政府承認。見 Price to the Secretary of State, May 2, 1921, *FRUS,* 1921, p. 330。孫於致哈定總統信，再一次提到對抗日本的決心。但仍無法令美國國務院同情。

⑱ Price to the Secretary of State, April 6 & 20, 1921, *FRUS,* 1921, Vol. I, pp. 326-330.

⑱ Price to the Secretary of State, May 7, 1921, *FRUS,* 1921, Vol. I, p. 335.

⑱ The Secretary of State to the Consul General at Canton (Bergholz), June 25, 1921, *FRUS,* 1921, Vol. I, pp. 339-340.

封，廣州總領事覺得退還此信，很是爲難，由於此信自發出後，已歷時三個月，他建議國務院編造「忘記處理」的理由，避免使「這位誠實而愛國的行政領導者，受到退信的羞辱」[190]。但美國國務院竟然不同意[191]。

但是，孫中山並未放棄尋求外交承認的希望。1921 年 8 月中旬，北京政府接受美國政府正式邀請參加華盛頓會議。當時國內的輿論，受到「五四」以來民族主義風潮的激盪，唯恐北洋軍閥政權出賣國家利益，「國民外交」的呼聲甚囂塵上，欲推派國民代表監督北京政府之外交決策[192]。所以，華會的召開，也正是廣州政府將外交承認的問題，提昇到國際視聽的最佳機會。9 月 5 日，孫中山對外宣言，宣布北京政府不能代表中華民國，「將來華盛頓會議，苟非本政府所派之代表列席與會，則關於中國之決議案，概不承認，亦不發生效力」[193]。美國政府於 9 月中旬表示，只能接受一名廣州政府代表，且需由北京領銜，此

---

[190]　Bergholz to the Secretary of State, Aug. 17, 1921, *FRUS,* 1921, Vol. I, pp. 341-342.

[191]　這件事在國務院內引起不少的討論，究竟這封信件該如何處理。見 *SDA,* 893.00／4239. C. Martin Wilbur, *Sun Yat-sen: Frastrated Patriot,* p.103.

[192]　關於華會中的國民外交問題，可參見：羅羅(羅家倫)，〈國民外交〉，《東方雜誌》，第 18 卷，第 15 號(1921 年 8 月)，頁 3。

[193]　〈就出席華盛頓太平洋會議代表資格的資格宣言〉，《孫中山全集》，第 5 卷，頁 595-596。〈致美國國務院函〉，《孫中山全集》，第 5 卷，頁 596。當時美國僑界的國民黨組織隨即在紐約等地舉行遊行，否認北京政府的中國代表資格，要求由廣州政府代表中國出席華會。然而，當時留美學生委員會成員之一的蔣廷黻，則指出：在美國的留學生，多以爲孫的主張不切實際，因爲如果美國果眞撤銷對北京政府的承認，其結果將是華會中沒有中國代表出席，中國必定遭受巨大的損失。擁護孫中山的留學生因此感到困擾。見：《蔣廷黻回憶錄》(臺北：傳記文學出版社，1984)，頁 82-83。

議雖為北京政府所樂聞，但為廣州政府所拒絕⑲。

　　華會召開前，孫中山又再一次向哈定總統提出請求。1921 年 9 月
20 日，孫中山的私人秘書陳友仁致函美國國務卿休斯(Charles　E.
Hughes)，請求將一封密函親自轉交給哈定總統。在這份長達 10 頁的
公文書信中，孫中山指出，承認廣州政府是維護遠東和平的關鍵。他
警告美國政府，日本計畫占領滿洲，這是一條併吞中國的歷史老路，
此一行動將於 1925 年完成，這樣日本將控制中國，並導致日本在對美
國戰爭中免於受到損害。孫中山再一次指出北京政府的非法性，不配
作為一個國家的政府；它採取親日政策，施政表現全然無能。然而，
這封經過慎思熟慮的信件，僅僅於 11 月 3 日送到了國務院，並未到達
哈定總統手中，就被歸檔了⑳。

　　華盛頓會議於 11 月 11 日開幕，北京政府在代表名單中列入南方
代表伍朝樞，但伍始終未就。對於華會的各項決議，廣州政府更是大
加抨擊。孫中山還特地發布討伐北洋總統徐世昌令，痛斥其派代表參
加華會，「以英美兩國代表為詞，悍然與日本直接交涉而無忌憚」㉑。
1921 年 12 月 7 日，孫中山的駐美代表馬素曾將廣州政府的提案，分發
給各國首席代表；並再一次要求列強撤銷對北京政府的承認，及允諾

---

⑲　*The Weekly Review of the Far East,* Oct. 22, 1921, p. 350.　10 月間，
　　美國前國務卿藍辛出面調停中國代表資格之爭。廣東政府外交部長伍廷芳答
　　覆說，北京政府必須取消 21 條及其他秘密協定、解除北方政府徐世昌為非法
　　總統的職務，方可息爭，藍辛無法轉寰而退。有關華會中的南北代表之爭論，
　　參見：林明德，〈華盛頓會議與中日關係〉，收入：中華文化復興運動推行委
　　員會主編，《中國近代現代史論集》，第 23 編(上)(臺北：商務印書館，
　　1986)，頁 606-607。

⑳　*SDA,* 793.94/1238.

㉑　〈宣布徐世昌賣國奸謀令〉，1921 年 12 月 25 日，《孫中山全集》，第 6 卷，
　　頁 46。

不干涉中國內政⑰。但是華會進行期間，美國國務院始終沒有理會廣州政府，廣州政府在外交上的出路始終未能打開。

　華盛頓會議結束後，孫中山仍然對美國滿懷希望。1922 年 5 月中旬，孫中山在韶關接見《星期六晚報》(*Saturday Evening Post*)記者馬科森(Issac F. Marcosson)時，表示「廣州政府是合法的政府……，幫助我們取得美國的承認，因為這樣做就意味著勝利」⑱。但未及一個月，陳炯明叛變，孫中山亦離粵赴滬。

　1923 年 2 月，孫中山重返廣州，續行大元帥職權，稍早於 1 月 26日，孫中山在上海發表「和平統一宣言」，倡導和平之首要，首在裁兵，裁兵之法，則希望借助友邦之力，籌劃裁兵之法及經費⑲。孫中山先後曾兩度向美國政府提出這項裁兵及統一計畫，希望美國政府仲裁中國內政，但美國政府皆無回應。

　1923 年 2 月 16 日，孫中山與陳友仁等一行 6 人，自上海搭哲弗遜

---

⑰　*The China Review* (New York), Dec. 1, 1921, pp. 341-342. quoted in Robert T. Pollard, *China's Foreign Relations, 1917-1931* (New York, 1933), p. 212. 這份廣州政府的提案，明白提示各項具體原則，包括行政的保全、經濟的保全與行政的保全三大項，其中仍以 21 條要求與山東問題，最受重視。

⑱　C. Martin Wilbur, *Sun Yat-sen: Frustrated Patriot,* p. 108.

⑲　孫中山列舉裁兵之法有三：
　一、本化兵為工之旨，先裁全國現有兵數之半。
　二、各派首領贊成後全體簽名，敦請一友邦佐理，籌畫裁兵方法及經費。
　三、裁兵借款，其用途除法定機構外，另由債權人並全國農工商學報各團體　各舉一人監督之。
　〈和平統一宣言〉，1923 年 1 月 26 日，《孫中山全集》，第 7 卷，頁 50。
　同一天，孫中山與越飛發表「孫越聯合宣言」。孫中山表示，共產主義及蘇維埃制度均不能施行於中國，中國急迫之問題為完成國家統一及取得完全之國家獨立，俄願以贊助。俄國願以放棄沙皇時代對華一切條約及強索之權利為根據，與中國展開談判。見：《中華民國史事日誌》，第 1 冊，頁 699-700。

(S. S. President Jefferson)郵輪前往香港轉往廣州時，碰巧與美國國務院遠東司官員詹森(Nelson T. Johnson)同船。在船上孫中山的秘書陳友仁與詹森有相當長的對話。陳友仁提出，孫中山想藉外人仲裁以幫助中國恢復秩序的計畫。詹森報告國務院遠東司司長馬慕瑞(John V. A. MacMurray)說，孫中山認為現在列強對北京政府的支持，等於是對中國內政的一種干涉，孫中山要求美國政府出面，並派遣一位像國務卿休斯這樣有威望的人到中國來做調人，將中國彼此猜忌的各路領袖約集一起，籌商和平統一的門徑⑳。詹森把他對南方革命黨人的看法總結道：這些人是夢想家，他們無法將夢想變成事實㉑。

孫中山於 2 月 21 日返抵廣州後，並無再提出這項希望外人仲裁的和平計畫。但在與美籍友人布魯克曼(Fletcher S. Brockman)的談話中，則流露出對美國政府的失望，並表示寄望俄國的援助。據布魯克曼所記，孫認為只要幫助他推倒北京，並不介意援助對象是蘇維埃㉒；但他對美國政府仍有所期待。鑑於列強對廣州政府的冷漠態度，孫中山已不再要求列強對廣州政府予以承認，而是改採要求列強「否認北京政府」。同年 6、7 月間，列強因與北京政府交涉臨城案，態度強硬，甚至有撤銷對北京政府承認，以壓迫北京政府接受列強最後通牒之議㉓。6 月 29 日，孫中山發表對外宣言，指出臨城案的發生，足見軍閥政權之無能，要求列強否認北京政府的存在，此份對外宣言文件，已不再要求列強承認廣州政府，而是呼籲「待有能代表全國而又為各省

---

⑳　C. Martin Wilbur, *Sun Yat-sen: Frustrated Patriot*, pp. 142-143.　李雲漢，〈中山先生護法時期的對美交涉〉，頁 178。

㉑　C. Martin Wilbur, *Sun Yat-sen: Frustrated Patriot*, p. 336, notes 55.

㉒　C. Martin Wilbur, *Sun Yat-sen: Frustrated Patriot*, pp. 144-146. 對布魯克曼和孫中山的談話，有詳細的記錄。

㉓　見本章第二節「從法理承認到事實承認」。

擁戴之政府產生,然後再予以承認」。孫中山於文末指出,這項否認北京的新政策(démarche),是經深思熟慮的正義、不干涉原則、嚴正的國際輿論及符合列強在華利益而提出的[204]。美國務院對此份宣言,僅存而不論。

同年10月,發生曹錕賄選醜聞。孫中山於10月發表〈致列強宣言〉,要求列強勿承認「僭竊叛逆」之曹錕新政府。請求「列強與其駐京之代表,避免足使僭竊者,可作為國際承認或贊助之任何行動。若列強果真承認曹錕,則將延長中國內亂紛擾……」[205]。駐華公使舒爾曼於呈述這項宣言同時,報告了孫中山在廣東的情勢。他說:「孫中山在廣州幾乎已走投無路了。他被原支持他的滇軍所掌控,為此廣州人不歡迎他,並且由於他苛徵雜稅和半公開的私人財產,再者他未能打敗陳炯明,不能控制廣東省全局……」[206]。因此,對於孫中山的這項宣言,美國政府根本不予理會。10月15日舒使參加新任總統曹錕與各國公使的招待會。

1924年1月5日,舒爾曼因調停關餘事件親至廣州。次日,與孫中山會面,孫再次向美國政府提出統一及裁兵計畫;舒使認為此舉干涉中國內政而拒絕轉達。舒使的廣州之行,據《順天時報》民國13(1924)年1月16日轉載英文《京津泰晤士報》(*Peking & Tientsin*

---

[204] Manifesto Issued by Dr. Sun Yat-sen, June 29, 1923, *FRUS,* 1923, Vol. I, p. 555. 中文見:〈要求列強撤銷承認北京政府之對外宣言〉,《孫中山全集》,第7卷,頁574。中英文內容措辭稍有不同,英文版語氣強烈。

[205] 〈致列強宣言〉,1923年10月9日,《孫中山全集》,第8卷,頁264。英文見:*SDA,* 893.001 T 78/4, 另見:Schurman to the Secretary of State, Oct. 12, 1923, *FRUS,* 1923, Vol. I, p. 519. 載有全文之結論。

[206] Schurman to the Secretary of State, Oct. 12, 1923, *FRUS,* 1923, Vol. I, p. 519.

Times)的記載：舒使向伍朝樞表示「目前美國政府尚無承認軍政府之機會」。翌日，晉謁中山先生，舒使稱，美國對華政策，並未變更，又重申尚無承認軍政府之機會，孫先生意頗不悅，主張由美人出面贊助，以便中國各方領袖可以召集，以謀中國之和平。舒使答稱：「美國政府對於此舉，是否表示提倡與本使毫無關係；惟對海關問題，本使當盡力討論，因美國對此節極為注意」⑳。

　　值得注意的是舒使於 1 月 8 日給代辦貝爾的函電，提到他和孫針對關餘問題晤談兩個小時，但函電中一字不著孫中山曾提出統一及裁軍計畫⑳。一直到 1 月 29 日致美國國務卿函電才提到：

> 孫逸仙以極大的熱情，提出一個計畫，希望美國政府和其他強國商議之後，召集中國各派領袖就中國統一與裁軍問題召開會議。我回答：美國政府和美國人民堅決反對介入他國內政，本國政府或許不會贊同這個提議。孫和伍朝樞及陳友仁斬釘截鐵地表示，這是中國人民所熱切盼望的。⑳

---

⑳　《順天時報》，民國 13(1924)年 1 月 16 日，轉載英文《京津泰晤士報》，〈舒爾曼對粵海關問題之談話〉。轉引見：王聿均，〈舒爾曼在華外交活動初探(1921-1925)〉，收入：中華文化復興運動推行委員會主編，《中國近代現代史論集》，第 23 編(下)，頁 1213。

⑳　Bell to Hughes, Jan. 8, 1924, *SDA,* 893. 51/4505. 相關內容見本節「關餘交涉」。

⑳　Schurman to Hughes, Jan. 29, 1924, *SDA,* 893.51/4519. 舒使也與北京政府提及此事，譯文如下：1 月 24 日和北京內閣總理會談時，我告知他，孫中山向我提出這私下的建議，我也告知內閣總理，我尚未通知美國政府此事，出人意外地他非常贊同這計畫。當我告訴他是否希望我轉達本國政府說明北京內閣及總統要我詢問美國國務院的意願時，他對這一實際的問題，稍有退縮。我表示我所問者，只是因為我必須讓本國政府如實了解目的何在。他然後表示必須和總統及內閣相商，才能通知我……。

舒使於 1 月 24 日,將孫中山的這項計畫告知北京政府。29 日外交部答覆,此事已交付委員會。舒使猜測此係推託之辭,因為曹錕總統很清楚吳佩孚——欲以武力統一中國,是個不可跨越的障礙⑳。至於舒使為何向美國國務院拖延(或隱瞞?)了報告這項和平計畫,一說是舒使以為此項計畫無足輕重㉑。一說是舒使很清楚國務院時常警告駐華使領,不可和法理政府(北京)之敵對黨建立官方之接觸㉒。如就舒使堅持有廣州之行以緩和當時的反美風潮,以及調和關餘事件的誠意來看,後者的因素可能性較大。

舒使在 4 月 8 日給柯立芝總統的報告中,記述此次與孫中山的晤談:「他像個發了瘋的人,向我談到世界上壓迫者與被壓迫者之間的衝突,中、俄、德、印度屬於後者,資本主義國家,包括美國在內,屬於前者」。但他不否認「孫中山是個相當具影響力的人物,工人及年輕學生對他極其崇拜,美國人可能會把他比做是布萊恩(William Jennings Bryan)和紐約東區(貧民區)狂熱的東方社會主義者的混合體」㉓,據 Richard C. Deangelis 的研究,廣州之行以後,舒使不時驅使

---

⑳ Schurman to Hughes, Jan. 29, 1924, *SDA*, 893.51/4519.

㉑ C. Martin Wilbur, *Sun Yat-sen: Frustrated Patriot*, p. 189.

㉒ Richard C. Deangelis, "Jacob Gould Schurman, Sun Yat-sen, and the Canton Customs Crisis", p. 292. 例如前文提到的廣州副領事普萊斯之案例。

㉓ C. Martin Wilbur, *Sun Yat-sen: Frustrated Patriot*, p. 188. Richard C. Deangelis, "Jacob Gould Schurman, Sun Yat-sen, and the Canton Customs Crisis", 《中央研究院近代史研究所集刊》,第8期(1979:10), p. 285. 按:布萊恩(William Jennings Bryan, 1860-1925),美國民主黨重要領導人,於 1913-1915 年擔任國務卿一職。他在民主黨中有大量的追隨者,美國報界稱他為「偉大的老百姓」。儘管他的敵人將他視為野心勃勃的政客,但他的支持者都認為他是畢生為自由主義事業奮鬥的鬥士。詳見:Roy W. Curry, *Woodrow Wilson and Far Eastern Policy, 1913-1921*, pp. 3-5.

美國政府引導中國恢復利權及國家尊嚴，其後他對西方國家拒絕面對中國民族主義的事實及排拒調整對華外交的批評愈趨嚴厲。所以，對舒使個人在華活動而言，廣州之行是個轉捩點㉔。

　　1924 年 8 月 13 日，舒爾曼返美述職，他取道日本神戶途中，接受訪問時表示「希望列強能更主動關心中國事務，並期望列強的下一個步驟是履行華盛頓會議的約定」。8 月 29 日，上海《字林西報》（*The North China Daily News*），以頭條新聞標題「美國公使改變立場」披露他的談話內容㉕。舒使返抵美國後，向國務卿休斯建言，對於中國人民所宣稱的「不平等條約」應當修正㉖。

　　1924 年 12 月舒使重返北京時，中國情勢大變。第二次直奉戰爭結束，直系大敗。段臨時執政府建立後，孫應邀準備北上召開和平會議，並主張廢除不平等條約。舒使向國務院報告：「一旦段政權結束，下一個北京政府將由馮玉祥扶植孫中山領導」㉗。「不論孫或馮，都不是共產黨人，他們只不過是較強烈的民族主義者，欲借助共產黨力量，尋求政治勢力及國家統一的目標」㉘。可見得舒使對孫中山的觀感已部分修正。面對中國日漸高漲的民族主義浪潮，舒使甚表同情。他向美國政府所陳述的中國人民欲脫離不平等條約之束縛，與孫中山之主張

㉔　見：Richard C. Deangelis, "Jacob Gould Schurman, Sun Yat-sen, and the Canton Customs Crisis,"《中央研究院近代史研究所集刊》，第 8 期(1979：10)，頁 253。另見：Richard C. Deangelis, *Jacob Gould Schurman and American Policy toward China, 1921-1925* (Ann Arbor: University Microfilm International, 1983).

㉕　*The North China Daily News,* Aug. 29, 1924.

㉖　Hughes to Kellogg(Ambassador in Great Britain), Nov. 24, 1924, *FRUS,* 1924, Vol. I, p. 424.

㉗　Schurman to Hughes, Jan. 2, 1925, *SDA,* 893.00/5901.

㉘　Schurman to Hughes, Jan. 12, 1925, *SDA,* 893.00/5945.

接近，但舒使並未進一步替孫中山陳言，這可能是由於孫與蘇聯的關係[219]。次年4月，舒爾曼奉命調職，改派爲駐德大使。

　　另一方面，早在8月份，舒使返美述職時，北京使館館務先後由貝爾(Edward Bell)及邁爾(Ferdinand Mayer)暫代，在邁爾的報告中，已多次對共產主義在中國的活動及影響表示憂心，國務卿休斯的回覆是「布爾什維克活動，在中國引起的問題，是中國內政問題，美國不干預此事」[220]。有關美國針對國民黨內左傾路線的討論及對共產主義在中國的反應，爲顧及研究架構的完整，容於第四章闡述。

對陳炯明事件的反應

　　1921年9月，繼柯蘭出任新任美國駐華公使舒爾曼抵北京。他初到北京時所寫的第一份政治報告中，流露出對南方政局的看法。他相當推崇「粵人自治」的主張，但對孫中山和陳炯明有不同的評價，他說：「孫中山一心擴充他那朝不保夕的政府，是有野心的軍人，然而陳炯明和他同僚則反對爲擴充武力，而壓榨廣東人民的生命財產」[221]。

　　舒爾曼當時對孫、陳截然不同的評價，並非特別。當時華北的西方報刊，在第二次直奉戰爭以前，普遍把吳佩孚視爲「國家救星」的同時，另一方面則是將陳炯明視爲南方的英雄。例如素來有「外人在

[219]　據 Richard C. Deangelis 的看法，舒使對孫中山的態度，很難論點。但孫與蘇聯的關係，可能是舒使未進一步替孫陳言的因素。見Richard C. Deangelis, "Jacob Gould Schurman, Sun Yat-sen, and the Canton Customs Crisis,"《中央研究院近代史研究所集刊》，第8期(1979：10)，頁291。

[220]　Hughes to Mayer, Dec. 3, 1924, *FRUS,* 1924, Vol. I, p. 407.

[221]　Schurman to Hughes, Sep. 16, 1921, *SDA,* 893.00/4114. 舒爾曼於電文中說，廣州政府是自治政府中高效率的城市，並且致力於將「自治」推行到整個廣東省……廣東省無疑是中國最開化、最民主、或許也是最有效率的省分。

華北的聖經」的《京津泰晤士報》，對中外問題向採強硬態度，則熱烈
鼓吹吳陳聯盟，以便把孫中山排除在外：「陳將軍和吳將軍，是中外
人士中享有盛譽的人，……假如他們之間能就國家統一和恢復立憲政
府的問題達成協議，那麼，北京和廣州兩位不合法當選的總統間的爭
執就將成為次要問題」[22]。舒使初到北京，其言論思想受到華北外人的
影響，極是可能。

　　1922 年 2 月 23 日，舒使為了視察各使領館館務，南下巡察，包括
南京、上海、漢口各要地，並有廣州之行。臨行前舒使特向北京政府
外交部表明，此行與廣州政府「斷不致發生他種關係，蓋本使係對於
北京政府而派也」，北京政府外長顏惠慶則表示，「對於彼等要求，不
必表示任何贊勉之意」[23]。廣州政府甚為重視此事，舒使至粵時，廣
州當局有意以21響禮砲歡迎，但舒使以美國政府與廣州政府無外
交關係，而拒絕此事[24]。舒使約於3月中旬抵粵，孫中山當時正駐軍
桂林，督師北伐，兩人未相遇。3月16日舒爾曼接受伍廷芳午宴——
以伍曾是前駐美公使的身分。舒使認為陳炯明為實力派，可能與之

---

[22]　〈時間與人〉，見《京津泰晤士報》，1921 年 8 月 9 日。轉引自：吳應銧著，
陳玉璂譯，〈英美與吳佩孚〉，《近代史資料》，總 52 期 (北京：中國社會科學
院近代史研究所，1983：2)，頁 124。

[23]　〈顏總長會晤美舒使問答紀要〉，民國 11(1922)年 2 月 15 日，《外交部檔案·
美館會晤問答》，函號 2，宗號 2，冊號 1，中央研究院近史所藏。會談記錄，
可參見：王聿均，〈舒爾曼在華外交活動初探(1921-1925)〉，收入：中華文
化復興運動推行委員會主編，《中國近代現代史論集》，第 23 編(下)(臺北：
商務印書館，1986)，頁 1165。

[24]　Schurman to Hughes, March 26, 1922, *SDA*, 123 Sch 87/41. Quoted
in Richard C. Deangelis, "Jacob Gould Schurman, Sun Yat-sen, and
the Canton Customs Crisis," p. 270. 在舒使啟程前，廣州政府外長伍廷
芳則曾照會美國政府要求承認廣州政府，見：《上海時報》，民國 11(1922)
年 1 月 26 日，伍廷芳致美國照會。

會面㉕。

　　另一方面，孫中山於直皖戰爭後，即準備運用軍閥反軍閥策略，利用北洋軍閥派系之矛盾，分別與皖系和奉系聯絡，推動「三角反直同盟」㉖。1922 年 4 月初，直奉戰爭爆發前夕，孫派遣伍朝樞至奉天與張作霖談判，據美國廣州副領事休斯頓(Jay Calvin Huston)報告，伍回到廣州後向他表示：根據在奉天(瀋陽)的協議，孫中山將被推爲總統，段祺瑞出任副總統，新政府改以聯合政府形式，舊國會取代新國會，張作霖支持孫梁(士詒)組閣，吳佩孚或徐世昌必須接受此事，否則就被排除㉗。舒爾曼於報告國務院時，提到吳佩孚不打算用激烈手段擴大和孫、張的對立，但如果孫發動占領漢口攻勢而威脅其地位時，吳必將反擊，他強調吳佩孚的政治思想單純而誠實㉘。

　　4 月底 5 月初，廣州政府所展開的北伐軍事行動，因不獲陳炯明支持，湖南戰事遭挫。孫中山告訴當時正在廣州訪問的美國助理軍事參贊費隆(Wallace C. Philoon)，陳炯明不支持北伐因而遭解職處分。

㉕　根據 Richard C. Deangelis 的研究，在美國國務院的英文檔案中，包括舒使的卷宗及廣州使領館的報告，均無記載舒使與陳炯明會面之事。而在中央研究院近史所的外交檔案，使館問答，美字第 6 號，提到舒使認爲陳炯明爲實力派與之會面，甚爲可能，但結果如何，亦不詳。參見：Richard C. Deangelis, "Jacob Gould Schurman, Sun Yat-sen, and the Canton Customs Crisis," 《中央研究院近代史研究所集刊》，第 8 期(1979：10)，頁 270。王聿均，《舒爾曼在華外交活動初探(1921-1925)》，頁 1165。

㉖　有關此一議題，詳見：段雲章，《孫中山與中國近代軍閥》(四川：四川人民出版社，1990)，頁 376-416。

㉗　Schurman to the Secretary of State, Apr. 2, 1922, *FRUS,* 1922, Vol. I, p. 690. 這份休斯頓的報告，由舒爾曼致電國務院。另見：郭廷以，《中華民國史事日誌》，第 1 冊，頁 625。

㉘　Schurman to the Secretary of State, Apr. 6, 1922, *FRUS,* 1922, Vol. I, pp. 690-691.

舒爾曼於 5 月 20 日的報告，說明了孫、陳之間的衝突，而且分析南北之間的情勢。他報告：直奉戰事已至尾聲，奉系慘敗，而直系吳佩孚和陳炯明之間已達成某種妥協，北伐無望。據廣州政府外交委員會(按：無指名)表示，南方派等待吳佩孚開出和平條件，如果符合南方派要求，準備說服孫中山接受。如果勝利的吳佩孚致力憲法政府之完成及中國統一的工作，孫中山則準備和北方和談，舒爾曼估量中國政情愈來愈樂觀，但是問題在於中國能否把握住這一機會。他覺得「孫中山不可能成爲一個負責任的政治家」㉔。

　　1922(民國11)年6月16日，陳炯明部葉舉等叛變，圍攻總統府，孫中山脫險後避難於永豐艦，繼續指揮陸軍與叛軍對抗。廣州副領事休斯頓當日即向國務院報告此事㉕。不久，休斯頓登艦訪問孫中山，並勸孫中山下野㉖。他在給國務院的電報中，提到廣州外交總長伍廷芳於21日交出廣東省長印信，22日陳炯明被推爲廣東臨時省長，包括伍廷芳及廣東海軍都一再要求孫下野㉗。23日，休斯頓向美駐華公使舒爾曼發出急電：孫中山暗示如能有尊嚴的退路，願意離粵，希望領事團能從中斡旋，因爲據了解英國駐廣州總領事有意調停，美國是否有意加入，則頗令人矚目㉘。

㉔　Schurman to the Secretary of State, May. 20, 1922, *FRUS,* 1922, Vol. I, pp. 706-707. 電報中同時指出：「孫中山已失去知識界和外人的同情，但是他在勞工聯盟和激進派中仍有廣大的支持者……孫中山是天生的領導者、煽動家，其在罷工者中持續獲得擁戴。陳炯明是法治家、軍人和行政官，他們兩人最後的目的，均在建立統一民主及省區自治的中國」。

㉕　J. C. Huston to the Secretary of State, June 16, 1922, *FRUS,* 1922, Vol. I, p. 723.

㉖　Huston to the Secretary of State, June 22, 1922, *SDA,* 893.00/4576.

㉗　Huston to the Secretary of State, June 22, 1922, *FRUS,* 1922, Vol. I, pp. 723-724. 電文中也提到伍廷芳於 23 日晨病逝。此爲美國廣州總領事的報告，然而伍廷芳是否曾要求孫中山下臺，中文資料並無記載。

㉘　Huston to Schurman, June 23, 1922, *SDA,* 893.00/4493.

　　新任駐華公使舒爾曼的答覆是：「美國駐廣州的領事館，既不應從中斡旋，也不應該提供良好的幫助」。舒爾曼同時向國務院報告了這項決定的理由，他認為「孫中山是中國重新統一的顯著障礙」。「現在別無他法，只有清除孫中山，非勝即敗，如果陳炯明沒有收拾孫中山，似乎留待北京政府來完成」。他向國務院建議：「外國的調停，只會壯大孫中山的威望，並確保孫將來的聲譽」㉔。美國國務院於 6 月 26 日回覆：「國務院不贊成廣州總領事館參加任何調停計畫，你在這方面的意見，國務院無條件同意」㉕。

　　6 月 25 日，孫中山的美國顧問諾曼(Robert Norman)前去拜訪休斯頓，討論取得前往上海的安全保證，但美領事館未曾給予協助。至 8 月 9 日，孫中山以北伐軍回師失利，決定離粵赴港。他希望美國廣州使領館能提供赴港的交通工具，休斯頓也沒有同意，最後還是靠英國領事派摩漢號把孫中山送到香港，於香港換乘俄國的皇后號，然後駛航上海㉖。

　　美國政府對陳炯明事變的反應，可視為對廣州局勢的估量，認為孫中山不可能東山再起，孫是中國統一最大障礙，而陳炯明顛覆廣州政府，有利於中國的「統一」。究其實質意義，仍不過是奉行美國一貫不承認廣州政府的政策。

㉔ Schurman to the Secretary of State, June 25, 1922, *FRUS*, 1922, Vol. I, p. 724.

㉕ The Acting Secretary of State to Schurman, June 26, 1922, *FRUS*, 1922, Vol. I, p. 725.

㉖ 參見：李雲漢，〈中山先生護法時期的對美交涉〉，頁 174；C. Martin Wilbur, *Sun Yat-sen: Frustrated Patriot*, pp. 126-127. 另據莫世祥，《護法運動史》，頁 223。孫中山派邾文和女婿戴恩賽，分別向美國駐廣州領事和白鵝潭上的美國軍艦洽商乘艦離粵事宜。美國駐華使領館奉本國政府令，不得參與調停孫、陳戰事，因而拒絕孫的請求。

　　陳炯明叛變後，孫中山的外交路線頗思轉變。在離穗赴港途中，孫向隨行幕僚談論他的外交思想：「今日中國之外交，以國土鄰接、關係密切言之，則莫如蘇維埃俄羅斯。至於以國際地位言之，其與吾國利害相同，毫無侵略顧忌，而又能提攜互助策進兩國利益者，則德國是也……今後吾國之外交，對於海軍國，固當注重，而對於歐亞大陸之俄德二國，更不能不特別留意，不宜盲從他國，致為人利用也」⑳。這番話表明，孫中山雖仍對英美友好存有幻想，但已決心推展聯德、聯俄的外交方針㉘。

　　孫中山於 8 月 14 日抵上海之後，於次日發表宣言，宣布粵變始末，及對國是意見，主張合法國會行使職權，實施兵工計畫，發展實業，尊重自治、期完成中華民國之建設㉙。8 月 16 日上海美商《大陸報》（The China Press）刊出慷慨激昂的對外宣言，表明了孫中山為建立南方政權以堅持憲政民主的努力，及嚴正譴責北方軍閥的黷武主義和陳炯明之叛。美國駐上海總領事柯銀漢（Edwin Cunningham）說，可見得「孫中山是個可信賴的政治家」㉔。

　　孫抵上海後不久，皖、奉、黎元洪總統競相派人與孫中山聯絡，

㉗　〈在摩軒號艦對幕僚的談話〉，1922 年 8 月 9 日，《孫中山全集》，第 6 卷，頁 516。

㉘　有關孫中山的聯德外交，參見：周惠民，〈孫中山先生尋求與德國進行軍事合作之努力〉，國父建黨革命一百周年學術研討會（臺北：1994 年 11 月 19 日至 23 日）。聯俄外交，參見：李雲漢，《從容共到清黨》（臺北：中國學術著作獎助委員會，1966）；呂芳上，《革命之再起》（臺北：中央研究院近代史研究所專刊，民國 78 年），頁 490-509。

㉙　〈宣布粵變始末及統一主張〉，1922 年 8 月 15 日，《孫中山全集》，第 6 卷，頁 520。另見：《中華民國史事日誌》，第 1 冊，頁 664。

㉔　Edwin Cunningham to the Secretary of State, Aug. 22, 1922, *SDA*, 893.00/4651.

企圖利用國民黨的力量，加強自己的地位，此一方面也說明了孫中山「運用軍閥反軍閥」策略之成功。孫中山顯然已成爲中國政局的談判中心，這種情況令柯銀漢吃驚：「在南方挫敗以後，他已經變成比擔任南方政府領袖時更加偉大的全國性人物。這是一件令人發生興趣的異常事，即很多知名的軍政首領都來尋求他的支持」㉑。1922 年 8 月 19 日，《紐約時報》刊出合衆社發自上海的報導說：「孫中山已成爲上海召開的一系列的小團體會議的中心和拱心石。他的寓所也成爲各種不同政見的領袖人物朝拜的聖地，在這裡舉行了無數次聚會的政治饗宴」㉒。

　　上述上海總領事的報告及紐約時報的報導，畢竟不能絕對影響美國國務院對華政策之轉向。1923 年 2 月 21 日孫中山重返廣州，續行大元帥職。美國政府對孫中山仍不改冷漠態度，具體反應在 1923 年 9 月以後的重提關餘交涉一事上。

關餘交涉

　　自清末太平天國之亂後，中國管理海關徵稅的行政權力，即告消失。海關總稅務司一職，自 1861 年(咸豐 11 年)起，由英人擔任，1898年(光緒 24 年)2 月，經由中英之間外交照會的互換，該職位依約永遠由英人擔任㉔。海關收入，絕大部分用於抵押外債和對外賠款，如有剩餘，則交中國政府，此剩餘之款，謂之「關餘」。

　　1917 年中國南北對峙之局形成，護法政府在廣州建立以後，廣東

㉑　*SDA,* 893.00/4651, 893.00/4652.

㉒　*New York Times,* Aug. 19, 1922, p. 5. 據上海 8 月 18 日電。

㉔　參見：李雲漢，《中山先生護法時期的對美交涉》，頁 181；李恩涵，《北伐前後的「革命外交」(1925-1931)》(臺北：中央研究院近代史研究所，1993)，頁 87-88。

地區之粵海、九龍、瓊海三關關餘款項仍交撥北京政府。此一攸關政府之財政稅收，相對於廣州政府，則甚爲不公。1918 年底，列強爲促使中國南北早日統一，以英法美日爲主的北京公使團，分別與南北政府商議，允許南北政權分享總稅務司控制的海關關餘。自 1919 年起，廣州軍政府分得關餘的 13.7%，由廣州海關償付，前後計 6 次。南北和議失敗後，從 1920 年 4 月起，列強藉口軍政府內部發生糾紛，伍廷芳去粵，海關暫停支付關餘㉔。

　　廣州正式政府成立前後，共有兩波行動較烈的關餘交涉。一爲孫中山於 1920 年 11 月重返廣州後，積極催討關餘。一爲陳炯明叛變後，孫中山離粵赴滬，於 1923 年 2 月重返廣州，續行大元帥職權，再次展開關餘交涉。後者之催討行動尤爲強烈，結果引起外國軍艦集結白鵝潭的示威行動，其中美艦最多，達六艘。此兩波廣州政府的關餘交涉當中，北京政府係由直系政權主政，美國政府與北京政府關係向來密切，雖然無直接的證據，足以說明美國政府因而對關餘事件的態度較爲強硬，如海軍示威或撤艦等問題。但由交涉之過程，可看出基本核心問題——美國承認北京爲法理(de jure)政權，不容許任何破壞條約體系之舉措，而在直系主政時期，美國在北京外交使團中，對於中國事務有較強的主導權，關餘事件所反映的事實，或許可由此理路思考。

　　孫中山於 1920 年 11 月重返廣州重建護法政府後，一再催請海關照舊付款，海關置若罔聞。另一方面，北京政府財政部亦催促海關永久取消與南方分享關餘的規定。12 月 2 日，北京政府外交部長顏惠慶向北京外交使團提出，將所有關餘解交北京政府的要求，理由是分享關餘是和軍政府達成的協議，現今軍政府已不存在，這項協議當然已

㉔　有關南北和議期間，廣州政府展開的關餘交涉，詳見：本章第一節。

失效㉔。北京外交使團領袖巴斯特(Don Luis Pastor，西班牙公使)，以爲「除非南北的統一，接近諒解，否則同意這項提議，是言之過早」㉕。法國方面最初也傾向巴斯特的意見㉖；然而，英美兩國公使力主同意北京政府的這項要求，美國政府的態度更是堅決，遂使關餘全歸北京政府，廣州政府之交涉卒無結果。

美國公使柯蘭於1920年12月27日致電國務卿，認爲北京政府是列強共同承認的政府，全部的關餘應歸北京政府所有。「現在廣州政府的領導者，完全失信於民、沒有建設性計畫，比起它曾經分享關餘的百分之13時(按：爲13.7)，更沒有效率」；關餘全歸北京後，則可增強各國要求付款的機會，其中包含不少正在交涉中的美國人，建議國務院採取強硬干涉態度㉗。代理國務卿戴維斯(Norman Davis)於次年1月5日答覆：「希望藉此一事件的處理，回復到更正常的程序……亦即有約國家所承認的唯一政府是北京政府，並指望以海關收入履行條約義務」㉘。

廣州副領事普萊斯，則向北京公使及國務院爭辯，在此一事件上「廣州人感覺，列強在強迫南方與不具代表中國人民的政府合併，壓抑他們渴望自治的期望，我相信現在組成的南方政府，已獲得絕大多

㉔　The Chinese Minister of Foreign Affairs (W. W. Yen) to the Dean of the Diplomatic Corps(Pastor), Dec. 2, 1920, *FRUS,* 1921, Vol. I, p. 493.

㉕　The Dean of the Diplomatic Corps(Pastor) to the American Minister(Crane), Dec. 3, 1920, *FRUS,* 1921, Vol. I, pp. 492-493.

㉖　時法駐北京代辦爲Gaston Maugras，見：*FRUS,* 1921, Vol. I, pp. 492-493.

㉗　Crane to the Acting Secretary of State, Dec. 27, 1920, *FRUS,* 1921, Vol. I, p. 494.

㉘　The Acting Secretary of State to Crane, Jan. 5, 1921, *FRUS,* 1921, Vol. I, pp. 494-495.

數南方人的支持，讓他們決定自己的命運，當能符合美國利益」⑩。柯
蘭公使不僅不予理會，而且隨著廣州政府的抗議，態度愈趨強硬。

　　1月18日，廣州軍政府發布：「凡在軍政府所屬各海關，須從2
月1日起，服從軍政府之訓令，聽其管轄」⑪。1月23日北京外交使
團收到廣州政府外長伍廷芳的抗議，指責列強如此作法是「荒謬」
(absurdity)、「異常」(anomaly)⑫。各國使團對此反應強烈，1月24
日使團會議一致通過，命駐穗領事通知伍廷芳：「對目前海關做為外
債償還的安排及行政管理之事，無權干涉，也不能容忍」。會中同時也
針對1920年廣州海關所累積的250萬兩關餘的處置進行討論，外交使
團中有主張歸還南方之提議，但指定必須用於非政治用途⑬。英國公
使艾斯頓(Beilby Alston)堅決反對廣州接管海關，他向柯蘭表示「果
真廣州政府接管海關，英國政府將禁止香港與廣州間的貿易，並將派
軍隊保護海關所在地，要求美國採取一致行動」⑭。柯蘭於1月26日，
致電國務院：「默認軍政府接管海關，等於是撤銷對北京政府做為全
中國政府的承認」，並且可能使其他地方起而效尤，等於是重新製造利
益範圍的危險性，加速中國的分裂⑮。國務卿柯爾比(Bainbridge

⑩　Price to the Acting Secretary of State, Jan. 21, 1921, *FRUS*, 1921,
　　Vol. I, pp. 495-496.
⑪　《申報》，民國10(1921)年1月21日。
⑫　Crane to the Acting Secretary of State, Jan. 23, 1921, *FRUS*, 1921,
　　Vol. I, p. 496.
⑬　Crane to the Acting Secretary of State, Jan. 26, 1921, *FRUS*, 1921,
　　Vol. I, p. 497.
⑭　Crane to the Acting Secretary of State, Jan. 20, 1921, *FRUS*, 1921,
　　Vol. I, p. 495.
⑮　Crane to the Acting Secretary of State, Jan. 26, 1921, *FRUS*, 1921,
　　Vol. I, pp. 496-497.

Colby），同意柯蘭的建議，聲明如有需要將採用武力㉖。

　　廣州政府據理力爭的同時，北京政府也毫不退讓。2 月 1 日中國駐美使館向美國務院發出備忘錄，再一次強調西南軍政府已經瓦解，現在所謂的廣東省軍政府，要求控制西南各省的海關，這種行動導致中國的分裂；唯一代表中國政府行使海關權力的是海關總稅務司，它聽命於北京政府，任何使中國分裂的行動，都不應被允許㉗。

　　由於南北對關餘問題，相持不下。外交使團於 2 月初，打算提出通融之道，即尋求北京政府的諒解，希望所有關餘都能用於國家建設；如此，則可使東南地區受惠，且免於地方之爭的問題。柯蘭公使對此提議甚為動心，認為廣州釋出的關餘如無限制用途，為不智之舉㉘。各國駐穗領事的態度傾向將關餘用於西江。美國廣州總領事提出主張在廣漢鐵路終點，建造一個深水港㉙。柯蘭乃於 2 月 3 日提議，在上海使領的合作及外交使團的批准下，立即將 1920 年上海的 250 萬兩交給伍廷芳（但指定非政治用途）㉚；但這一舉動立刻遭到國務院的制止。國務院於 2 月 4 日要柯蘭暫緩提出這項建議㉛，並於 2 月 8 日

㉖　The Secretary of State to Crane, Jan. 27, 1921, *FRUS,* 1921, Vol. I, p. 498. 柯爾比任國務卿不到一年，即改由休斯（Charles E. Hughes）接替國務卿職務。

㉗　The Chinese Legation to the Department of State, Feb. 1, 1921, *FRUS,* 1921, Vol. I, pp. 498-499.

㉘　Crane to the Secretary of State, Feb. 2, 1921, *FRUS,* 1921, Vol. I, p. 499.

㉙　Crane to the Secretary of State, Feb. 8, 1921, *FRUS,* 1921, Vol. I, p. 502.

㉚　Crane to the Secretary of State, Feb. 3, 1921, *FRUS,* 1921, Vol. I, p. 500.

㉛　The Secretary of State to Crane, Feb. 4, 1921, *FRUS,* 1921, Vol. I, p. 500.

做了明確的指示：不經北京政府同意，各國無權將關餘交付廣州政府。並且訓令柯蘭儘速和外交使團解釋美國政府的立場，另要駐穗領事轉告伍廷芳，美國政府只承認北京政府，不能考慮南方與北方之間的問題[262]。

3月1日，柯蘭公使又向國務院請示：外交使團一致無異議通過，希望在取得北京政府的同意下，釋出42萬兩交給廣州政府，做爲整治河運之用，國務院不知是否支持[263]。美國國務院表示按照1月5日訓令舊章辦理[264]。由於美國國務院的堅持，北京外交使團於3月初再經協商，最初法國主張由各國與北京政府外交部磋商，但在美國公使的斡旋下，列強終於無異議將原歸廣州政府13.7%的關餘，全數交給北京政府使用，外交使團不再干涉。北京政府對此甚爲感激美國政府[265]。

1922年6月，陳炯明叛變後，伍廷芳不久逝世，孫中山亦離粵赴滬，關餘交涉暫告停頓。次年2月，孫中山重返廣州，續行大元帥職權，再次展開廣州政府成立後的第二波關餘交涉。

1923年9月5日，廣州外長伍朝樞通過英國駐廣州總領事傑米遜(James W. Jamieson)向公使團發出兩份備忘錄，一爲申述要求關餘的理由，一爲述明將來之用途。備忘錄說：北京政府權力，不能及於全國，「今以由西南各省所收之關稅，誘諸其敵，不用於本境各種建設

---

[262] The Secretary of State to Crane, Feb. 8, 1921, *FRUS,* 1921, Vol. I, pp. 500-503. 針對美國務院的這項決定，伍廷芳再次抗議，但美國務院毫不理睬。見 Price to the Secretary of State, Mar. 10, 1921, *FRUS,* 1921, Vol. I, p. 504.

[263] Crane to the Secretary of State, Mar. 1, 1921, *FRUS,* 1921, Vol. I, p. 503.

[264] The Secretary of State to Crane, Mar. 2, 1921, *FRUS,* 1921, Vol. I, p. 504. 見前述1月5日美國國務院電。

[265] Crane to the Secretary of State, Mar. 12 & 27, 1921 *FRUS,* 1921, Vol. I, p. 505.

之用，誠屬不可忍之事」，「關餘之處分，全屬中國內政問題，非列強之權限所能及」，要求公使團立刻同意把關餘交給廣州政府，並將 1920 年 3 月以來，扣押的關餘一併支付。至於該項款項之用途，計有市政之改進、修築粵省公路、改革幣制、保護河流及教育事業等建設之用⑳。舒爾曼於 22 日報告上述廣州政府索討關餘之事，並說明瑞典駐廣州代辦歐里佛克那上校(Major Olivecrona)於 9 月 5 日和伍朝樞面談一事。據歐里佛克那的了解，軍政府之要求如被拒絕，或許會發布廣州為自由港的通告，來威脅列強。此一爭端的結果，將引起其他省分貪瀆之督軍的覬覦，進而導致海關制度的分裂。當時列強正因臨城劫案與北京政府展開談判，舒爾曼以為北京政府或許會以廣州政府分享關餘之要求，做為拖延臨案交涉條件的藉口。他同時以為陳炯明或將再起，因為孫中山大力課稅已失去民心⑳。據舒使的報告，國務卿休斯於 10 月 20 日的訓令說：「美國國務院維持過去的意見，即外交使團僅是做為被承認的北京政府之受託人處理關餘問題」。如果廣州政府採取強烈抗爭，將「破壞外人在華貿易的條約基礎」⑳。

　　北京外交使團認為廣州政府的崩潰就在旦夕，所以對於廣州政府要求關餘之聲明，遲遲不作答覆。但是，11 月底，陳炯明部隊再次被孫中山所派的湘滇軍擊潰於石龍，孫陣營士氣大振。舒使於報告中說

⑳　〈對海關問題之宣言〉，1923 年 12 月 24 日，《孫中山全集》，第 8 卷，頁 549；王聿均，〈舒爾曼在華外交活動初探(1921-1925)〉，收入：中華文化復興運動推行委員會主編，《中國近代現代史論集》，第 23 編(下)(臺北：商務印書館，1986)，頁 1205。

⑳　Schurman to the Secretary of State, Sep. 22, 1923, *FRUS,* 1923, Vol. I, pp. 552-555.

⑳　The Secretary of State to Schurman, Oct. 20, 1923, *FRUS,* 1923, Vol. I, p. 556.

「廣州的情勢是愈來愈惡化了」[269]；同時，英國駐廣州總領事傑米遜向英國公使馬克利(Ronald Macleay)提出警告說：孫中山將不惜一切手段，收回關餘，關餘問題已刻不容緩[270]。12月1日，北京公使團電告廣州總領事團警告廣州當局：外交使團不能容忍任何有關干涉中國海關之事，針對情勢的需要，將採取有力的強制手段。北京公使團內包括法、英、日、意等國的公使，私下交換以武力恫嚇的計畫。舒爾曼向國務院建議，除了實際開戰外，可採取任何措施保護北京政府海關稅收。由於事關重大，舒使並未向美國的亞洲艦隊和南海艦隊透露此事，靜聽國務院進一步的指令[271]。

美駐華代辦貝爾(Edward Bell)，於12月4日及5日，積極向國務院主張，「使用非戰爭的一切手段，嚇阻廣州革命政府，以維持海關現狀。」當時英國與法國分別已有四艘和兩艘戰艦停泊廣州港，英法海軍將領宣稱，一旦廣州政府控制海關，將封鎖廣州港口。貝爾認為如果列強準備採取海軍示威行動，而美國不加入聯合行動的話，將使孫中山以為：美國同情孫要求關餘的主張，而且將產生一種印象，即美國在中國事務的地位附屬於法、英、意、日等國之下[272]。遠東事

---

[269] Schurman to the Secretary of State, Dec. 1, 1923, *FRUS,* 1923, Vol. I, p. 557.

[270] 英國駐廣州總領事報告說，孫中山表示，假如雙方因關餘問題而開戰，他對英國將他打敗一事，只能感到高興，因為美國將負擔扼殺中國民主的責任。見：British Governments, Foreign Office Files(MF), 1923, 405/224, 轉引見：*Sun Yat-sen: Frustrated Patriot,* p. 183.

[271] Schurman to the Secretary of State, Dec. 1, 1923, *FRUS,* 1923, Vol. I, pp. 558-559.

[272] The Minister in China to the Secretary of State, Dec. 4, 5, 1923, *FRUS,* 1923, Vol. I, pp. 559-561. signed by Bell. 舒爾曼約於11、12月之交，離開北京南下旅遊，於12月22日抵雲南。北京使館務由貝爾暫代。

務司司長馬慕瑞極力贊同貝爾的意見,他給國務卿休斯的備忘錄,進一步敦促美國派遣軍艦示威。他表示:「採取一種與英國果決行動(示威),迥然不同或較懦弱的態度是不明智的,它等於默認了美國對此一問題的關心較少」⑳。事態緊急,休斯於同日報告柯立芝總統,請批准海軍部的合作調集軍艦,加入此一聯合示威行動⑳,柯立芝總統於當日即批准了這項決定,隨後國務院立即通知北京使館採取行動⑳。

於是,英美日法葡等國軍艦紛紛往黃埔集結,其中美艦最多,達6艘。然而,列強此一示威舉動,也使得北京政府外長顧維鈞招致國人的指責,認為北京政府縱容外人干預中國內政。12月8日,顧維鈞向貝爾質詢此事。貝爾致國務院報告中提到不少北京政府要員,私下同情孫中山的處境,他要北京政府曹錕總統的顧問福開森(J. C. Fergusoon),向曹錕解釋情勢的演變不得不爾,北京應該感謝列強的這項舉動,不要「得了便宜又賣乖」(look a gift horse in the mouth)⑳。為避免使北京政府處境尷尬,12月10日北京公使團正式照會顧維

⑳ Memorandum from MacMurray to Hughes, Dec. 5, 1923, *SDA,* 893. 51/4432. Quoted in Brian T. George, "The State Department and Sun Yat-sen Policy and the Revolutionary Disintergration of China, 1920-1924", *Pacific Historical Review,* V. 41, No. 3(1977), pp. 400-401.

⑳ The Secretary of State to President Coolidge, Dec. 5, 1923, *FRUS,* 1923, Vol. I, pp. 561-562.

⑳ President Coolidge to the Secretary of State, Dec. 5, 1923, *FRUS,* 1923, Vol. I, p. 562. The Secretary of State to Schurman, Dec. 5, 1923, *FRUS,* 1923, Vol. I, pp. 562-563.

⑳ The Minister in China (Schurman) to the Secretary of State, Dec. 9, 1923, *FRUS,* 1923, Vol. I, pp. 565-566. 美國駐華使館於 9 日收到顧維鈞向各國公使發出書面質詢。內容見: Dec. 10, 1923, *FRUS,* 1923, Vol. I, p. 567.

鈞，謂派艦赴廣州，在於制止廣州政府奪取做爲庚款主要來源的海關
稅款[27]。

12 月 14 日，北京外交使團決定致函中國各派軍事將領，警告不可
截用關餘，並表示如果孫中山試圖截留關餘，列強將在海關部署海上
警戒。同時有 16 艘(美國 6 艘、英國 5 艘、法國、日本各 2 艘、葡萄
牙 1 艘)各國軍艦駛進廣州白鵝潭示威，向孫中山大元帥府進行直接武
力恐嚇[28]。列強的專橫態度，引起廣東各界的抗爭，約有一萬多人參
加大規模的遊行示威，並組成「外交後援會」爲政府奧援，廣東市街
也出現了「抵制英美」的標語[29]。在此事件中美國政府態度最爲強悍，
12 月 17 日孫中山於發表〈致美國國民書〉，表達對美國朝野的沈痛失
望：

> 吾人首倡革命，推倒專制及腐敗而設立民主之時，吾人實以美
> 國爲模範，且深望得一美國剌花逸(Lafayette)協助吾等，使得
> 成功。吾人力爭自由，於今已十二年。但今由美國而來者非剌
> 花逸，乃美國之羅連臣提督(Captain Lannon)，同來之戰艦較

---

[27] The Minister in China to the Secretary of State, Dec. 11, 1923, *FRUS,* 1923, Vol. I, p. 567. 郭廷以，《中華民國史事日誌》，第 1 冊，頁 769。

[28] The Minister in China to the Secretary of State, Dec. 15, 1923, *FRUS,* 1923, Vol. I, p. 571; *SDA,* 893.51/4450.

[29] 12 月 16 日，廣州召開請願收回關餘廣東公民大會。24 日，廣東工會聯合會、新學生社等七十餘團體，並對內對外宣言，抗議帝國主義的暴行，堅決要求關餘。兩次大規模遊行分別有一萬餘人參加。12 月 17 日，廣東各公團又集會，決組織「外交後援會」爲政府奧援。有關廣東省民要求關餘的主張，詳見：呂芳上，〈廣東革命政府的關餘交涉〉，《中國歷史與文化討論集》(1984年 5 月)，頁 264-267。

多於別國，而欲推倒吾等，以使中國之民主得以滅亡者相連。⑳

　　在列國強烈反對下，孫中山仍不改索取關餘的強硬態度。他於 12 月 20 日令外交部長伍朝樞通知總稅務司安格聯(Francis Anglen)轉令海關稅務司易紈士(A. H. Edward)，應即遵照大元帥命令，如數補還 1920(民國 9)年 3 月以後積存廣東政府應得之關餘款項㉑。

　　廣東各界的激烈抗爭及孫中山強烈對抗的態度，顯然使列強稍有軟化。廣州總領事詹金斯(Douglas Jenkins)報告，不少歐美人士主張，應於北京政府徵收的全部關餘當中，提用部分做爲建設經費。雖然廣州總領事深知此一方案，美國務院於 1921 年已表達明確立場——需經北京政府同意，列強不能干涉其用途；但他認爲此一方案，仍不失爲兩全其美之策，既兼顧孫中山的面子，也解決了爭執的問題㉒。22日，美國南海艦隊報告北京公使館，法艦和葡艦已離開廣州。雖然美領事館遭到攻擊，但他認爲目前不需有如此之多的軍艦留駐廣州㉓。

⑳　〈致美國國民書〉，中文見：《孫中山全集》，第 8 卷，頁 521-522。英文題爲 "To My Friend, The American People"，見：廣州總領事詹金斯致舒爾曼電。Jenkins to Schurman, Dec. 18, 1923, *SDA,* 893.51/4502. 紐約時報(*New York Times*)，於 1923 年 12 月 20 日刊載全文。

㉑　此項通知全文，中文見：《陸海軍大元帥大本營公報》，第 41 號，頁 75。英文見：The Minister in China to the Secretary of State, Dec. 22, 1923, *FRUS,* 1923, Vol. I, p. 576; *SDA,* 893.51/4476.

㉒　The Minister in China to the Secretary of State, Dec. 21, 1923, *FRUS,* 1923, Vol. I, p. 575.

㉓　The Minister in China to the Secretary of State, Dec. 24, 1923, *FRUS,* 1923, Vol. I, p. 577. 英國向美南海艦隊建議，撤回 2 艘軍艦回香港。12 月 31 日，廣州總領事詹金斯以爲無駐艦必要，終於做出此一命令。見: Richard C. Deangelis, "Jacob Gould Schurman, Sun Yat-sen, and the Canton Customs Crisis," p. 279.

英國方面，則受到來自香港方面的壓力，態度軟化。香港華人以罷工及停止爲外船起卸貨物爲威脅，不願英國干涉孫中山截留關餘⑱。

即使列強態度稍有軟化，但事態仍陷於膠著。海關總稅務司安格聯於 12 月底，拒絕了廣州政府之所請⑳。次年，1 月 3 日，美國國務卿電令駐華公使館，表示深爲半數的英國海軍艦隊撤離廣州及英國受香港抵制的退讓所惱，熱切希望英國政府對廣州事件的態度有所堅持，維持最初列強合作的基礎㉖。

關餘事件的解決，最後由美國駐華公使舒爾曼親自南下廣州，才暫告一段落。當時廣州方面反美風潮甚爲激烈，駐華代辦貝爾曾勸告舒使不必有廣州之行，但經駐粵總領事詹金斯的游說，決意前往，此爲舒使在公使任內的第二度廣州之行㉗。舒爾曼於 1924 年 1 月 5 日抵達廣州，當日即和伍朝樞會談兩小時，並於次日由伍朝樞陪同前往大

㉔ The Minister in China to the Secretary of State, Dec. 26, 1923, *FRUS,* 1923, Vol. I, p. 578.

㉕ The Minister in China to the Secretary of State, Dec. 27, 1923, *FRUS,* 1923, Vol. I, p. 578. 另見：郭廷以，《中華民國史事日誌》，第 1 冊，頁 772，12 月 30 日。中英文所記日期不同。美國務院的檔案，記安格聯轉告粵海關的時間，是 12 月 27 日。

㉖ The Secretary of State to the Minister in China, Jan. 3, 1924, *FRUS,* 1923, Vol. I, p. 579.

㉗ 詹金斯於 12 月 18 日，致北京使館轉告刻正巡遊中的舒爾曼：「當地宣傳機構有集中攻擊美國的傾向，由於發現我們與列強一致心生失望，或許也因我們的軍艦最多。廣州報紙指控美國公使舒爾曼贊同曹錕賄選。孫先生致電美國國民，對美艦威脅廣州提出控訴」。The Minister in China to the Secretary of State, Dec. 18, 1923, *FRUS,* 1923, Vol. I, p. 574. 又於 12 月 30 日，正式建議舒爾曼到廣州，和伍朝樞及其他保守派人士商議關餘問題，他認爲孫中山的激烈行動，已到不可理喻的地步，廣州有些人以爲孫「心理不平衡」。見：Jenkins to Schurman, Dec. 30, 1923, *SDA,* 893.51/4535.

本營和孫中山商談關餘問題，雙方達成折衷方案。據伍朝樞對記者的談話：

> 關餘案前經駐京美使舒爾曼來粵，提出調停意見。首先與余晤面，謂將向外交團提議，將廣東應得關餘，撥作治河經費，庶使各方均能保持面子。余當答以廣州政府，曾有公文發表聲明決不將關餘供軍用，而以該款應治河辦理學校之需；今貴使提議，正為原訂計畫之一部，自可贊同。[28]

舒爾曼確實有心調停關餘，他本人記敍此次與孫會面的經過，表示他只是居間協調廣州與北京政府，目的僅在避開衝突。因為孫中山像殉道士一般的堅決態度，很難扭轉。此一辦法係安撫孫中山，並兼顧孫中山及列國的顏面[29]。舒使返回北京後，於 1 月 16 日和 23 日和顧維鈞相商。在舒爾曼的斡旋下，1 月 31 日北京閣議中，北京政府原則同意，由北京政府撥給關餘一部分，為疏濬西江之用[30]。

　　關餘事件暫告平息，但外艦威脅的危機仍在。舒使於調停關餘事件後，1 月 8 日仍派海勒那號(Helena)加入廣州的海軍示威行動[31]。足以見得舒使的調停，僅在規避廣州衝突，但不排除以軍艦恫嚇廣州當局。由於舒使的廣州之行，外交使團內乃甚有傳言，美國不與列強

[28]　《順天時報》，民國 13(1924)年 2 月 25 日，廣州特訊〈伍朝樞之粵海關案論談話〉。

[29]　Chargé Bell to Hughes, Jan. 8, 1924, *SDA,* 893.51/5405.

[30]　6 月 19 日，北京政府命令安格聯撥粵海關餘充作疏濬西江的費用，孫中山派林森任廣東治河督辦事宜。王聿均，〈舒爾曼在華外交活動初探(1921-1925)〉，頁 1214。

[31]　Bell to Hughes, Jan. 8, 1924, *SDA,* 893. 51/4505.

採一致態度。舒使特別澄清與孫的會面純係非官方關係，並重申尚無承認廣州政府之機會，美國對華政策仍不改變；將來如再發生任何有違條約體系之事，美國仍主張加入列國的「聯合陣線」，以維繫列強在中國之權利。他舉浙江盧永祥非法收取關稅為例，他曾當面警告盧永祥外人將保護在浙江的權利，如同在廣州一樣⑳。

　　3月底，關餘事件風波已漸平息，英國駐美大使霍渥德(Esme Howard)致函美國國務院，英國政府認為聯合海軍示威行動已無必要，但希望將來發生類似情事時，美國仍與英國一致採用海軍示威行動㉓。國務卿休斯答覆，根據駐華公使的意見，確實已無需要採用海軍示威行動，但建議通過使領館向廣州當局私下表達：「若再發生控制海關之舉，外國軍艦將隨時調集而來」㉔。4月底美廣州總領事致電，廣州已無需驅逐艦駐留，亞洲艦隊總司令湯馬斯 (Washington Thomas)也表達不久將撤走的意願㉕。至此，列強聯合海軍示威行動，總算落幕㉖。

㉒　Schurman to Hughes, Jan. 21, 1924, *SDA,* 123 Sch 87/97, quoted in Richard C. Deangelis, "Jacob Gould Schurman, Sun Yat-sen, and the Canton Customs Crisis," pp. 282-283.《順天時報》，民國 13(1924)年 1 月 11 日。時舒爾曼訪問廣州後，1 月 9 日，由粵抵滬，並於 10 日赴杭州，與盧永祥會面。

㉓　The British Ambassador (Esme Howard)to the Secretarey of State (Charles E. Hughes), Mar. 26, 1924, *FRUS,* 1924, Vol. I, p. 409.

㉔　Hughes to Howard, Apr. 12, 1924, *FRUS,* 1924, Vol. I, p. 410.

㉕　Schurman to Hughes, Apr. 25, 1924, *FRUS,* 1924, Vol. I, p. 411.

㉖　1924 年 10 月，傳聞孫中山又有意收取粵海關，列強對是否採用聯合示威行動，態度顯然已趨緩和。日本主張中立，認為海軍示威是最後一著棋，英國認為，孫中山所收取的僅是「本地」(native)海關，不須以海軍示威。美國政府仍主維持 1923 年 12 月的交涉立場。但是對於英國提議，表示接受，認定孫僅收取「本地」的海關，列強暫時不採取海軍示威。上述討論收入：*FRUS,* 1924, Vol. I, pp. 411-416.

1924 年 11 月下旬，孫中山北上主張召開善後會議，於上海途中接受《日本年鑑》記者的訪問，即表示廣州革命政府的當務之急，在廢除治外法權與收回關稅自主權[297]。日後，國民政府展開收回關稅自主權的努力，關餘分配問題已非重要。

小結

1920 年孫中山重返廣州，將護法事業從頭做起，在對外交涉上寄望美國尤深。從「要求承認廣州」到「否認北京政府」外交策略，卻仍無法獲得美國的具體回應。對於孫所提出的裁軍和統一計畫，美國政府也全無動於衷。其次，美國駐華使節對陳炯明叛變的觀感，也影響了美國政府對廣州政局的判斷。

1923 年 9 月，孫中山重又展開關餘事件之交涉，當時北京政府因臨城案之發生，信譽掃地，而曹錕正積極布署賄選事宜。美駐華公使舒爾曼認為「北京政府和廣州政府都不如 1920 年時的聲勢及威權，但後者至少在行政權的限制更多」[298]。面對中國分裂的政權及兩個都無法發揮具體功能的政府，次年 1 月，舒爾曼的廣州之行，有調停及緩和廣州當時的反美風潮之意。孫中山重又提出裁軍和統一計畫。舒使在隱瞞美國國務院的情況下向北京政府披露，但北京政府推諉不答。爾後，舒使向美國務院反應，也無下文。舒使的廣州之行，是國民黨確立聯俄外交政策之前，對美國政府的最後一次求援。15 天後（1924 年1月20日），中國國民黨第一次全國代表大會召開，通過聯俄容共之方針

---

[297] 孫中山，〈與「日本年鑑」記者的談話〉，收入：王耿雄等編，《孫中山集外集》，頁 320。

[298] Schurman to the Secretary of State, Sep. 22, 1923, *FRUS,* 1923, Vol. I, p. 555.

㉙。舒使廣州之行，終至澆息孫中山對美國外交之熱望。在此前後，孫中山已逐漸轉移其他外交路向的試探，最後遂有取徑聯俄容共之外交政策。

　　從廣州政府建立以後，孫中山積極拓展聯美外交，一次又一次地呼籲美國政府施予援手，但始終不能叩啓美國外交的大門。在孫中山逝世的前三年，美國外交官在向國務院報告孫中山言行時，常使用到「部分精神失常」(partially insane)、「心理不平衡」(mentally unbalance)、「病理症狀」(pathological case)、「精神崩潰」(nervous breakdown)等攻擊性字眼㉚。如前述像廣州副領事普萊斯一樣同情孫中山的人，畢竟是少數。美國主管中國事務的遠東事務司官員，從馬慕瑞(J. V. A. MacMurray)、羅赫德(Frank Lockhart)、詹森(Nelson T. Johnson)對廣州政府都不具好感。羅赫德從美國外交人員的報告中，立下斷語：「孫中山是中國統一道路上的嚴重障礙……我懷疑，是否能提出某種使孫中山滿意的解決問題的有效辦法」㉛。與孫中山有一面之緣的詹森則以爲孫是「不切實際的夢想家」，馬慕瑞於1925年7月接替舒爾曼爲駐華公使，對待國民革命軍的北伐，則延續了對待廣州政府不具同情的態度。孫中山的聯美外交失利，也可由此理解。

㉙　詳見：李雲漢，《從聯俄到容共》，頁 174-182。

㉚　J. C. Huston to the Secretary of State, May 2, 1922, *SDA,* 893.00/4402; Jenkins to Schurman, Dec. 30, 1923, *SDA,* 893.51/4535; Bell to the Secretary of State, Dec. 29, 1923, *SDA,* 893.51/4493; Jenkins to Schurman, May 15, 1924, *SDA,* 893.00/5456.

㉛　Memorandum from Frand Lockhart to Undersecretary of State (William Phillips), June 9, 1922, *SDA,* 893.00/4402. 馬慕瑞於 1919 年出任遠東事務司司長，羅赫德繼其後。羅赫德於遠東司長下任後，1925 年 4 月出任駐漢口總領事，一直到 1928 年離職。詹森則於 1925 年 6 月，接替羅赫德的司長職位，對中國民族主義運動有較深的同情，與當時駐華公使馬慕瑞的強硬態度，明顯不同。

第四章　美國與中國南北兩政府
（下）（1925-1927）

　　1925 年以後日愈激化的民族主義情緒，由五卅慘案的爆發，擴散到全國各個城市，一波波的排外運動，直接向列強自近代以來在中國所建立的條約體系挑戰。對於中國人民所宣稱的「廢除不平等條約」，美國政府雖未能寬宏到立即宣稱放棄在中國的條約利益，但比起英日等在華國家而言，美國政府則主張修約，並敦促召開國際會議來討論中國問題。

　　然而，就在列強對中國民族運動做出修約的「善意回應」時，做為中央政府——北京政府實已呈現無政府狀態。1925 年下半年起，一場大規模的反奉戰爭，由孫傳芳攻擊奉天軍首開其端。段政權於次年4 月 9 日北京政變中垮臺。段政權「事實政府」消失後，北京政府為之中斷，其後是否重開關稅會議，則牽涉南北政府之爭。控有北京政府的張作霖、吳佩孚急欲開闢財源，並有意以重開關稅會議，作為列強承認之手段，是故一再催促會議重開。國民政府則始終反對召開關稅會議，以免使北洋軍閥獲得巨款，轉用於內戰之進行；及至國民革命軍展開北伐，攻勢凌厲，南北形勢漸成逆轉。

　　1926 年 7 月以後美北京使館參贊（counselor）邁爾（Ferdinand L. Mayer）及繼任公使馬慕瑞（John Van A. MacMurray）先後提出「不承認政策」（non-recognition policy），認為中國為「無政府」狀態，新政府的承認須在有效保護外人生命財產及能代表中國人民的政

權下，才予以承認。邁爾所提的不承認政策，見於其南巡報告中與英國駐香港總督克里蒙弟爵士(Sir Cecil Clementi)交換過意見，並互允向本國政府反映，希望英美政策一致。鑑於中國情勢的重大轉變，美國政府終於在1927年1月發表對華重要政策宣言：表明美國政府願與任何能代表中國人民或當局的代表商談治外法權及關稅問題。問題仍在於中國分裂狀態，何者才具代表性？此一問題仍必須等候中國情勢的進一步進展。

相對於北京軍閥政權的更迭不已，南方政權也有本身的困境。孫中山於1925年3月逝世後，國民政府內部的領導權問題浮上檯面，而此一問題與國民黨內部聯俄容共所導致的路線之爭，有密切關聯。從廖案發生後，國民黨右派與左派的衝突日益激化，終導致寧、漢分裂的主因。美國政府對國民政府內部的路線之爭相當重視，不再如前述（第三章第二節），認為共產主義在中國的活動是中國的內政問題。然而，中國政局的混沌不明，美國政府並未及早對溫和派表示支持。

針對華南地區未曾稍減的排外風潮，列強與之交涉的北京政府，顯然無法保護華南美國僑民的安危，美國政府不得不與廣州政府逐漸建立事實關係。其後，國民政府強行徵收華會附加稅，美國政府之回應，迥異於孫中山時期關餘交涉時的強硬態度，美國對南方的態度逐漸轉變，也由此可見一斑。

第一節　美國與北京政府

對中國民族主義的回應與交涉

1925年4月，美國駐華公使舒爾曼任期屆滿，他在北京的最後期

間，中國的排外運動正如火如荼展開。同時，一場大規模的北方軍閥內戰正蓄勢待發。對於前者——中國的民族主義浪潮所激發的排外事件，舒爾曼公使深具同情①。對於軍閥內戰，美國政府仍持中立立場。由於擔心刺激中國人民激起更大的排外事件，美國政府對使用武力護僑一事，相當謹慎。

　　1925 年 1 月，淞滬情勢緊張。英國公使建議由各國派遣一支國際武力，阻止上海發生戰事。舒爾曼認為列國如採行干涉，則有利於現執政的北京政權及皖系，對直系則較不利。他同時表示，派遣國際武力將構成對中國領土的侵犯②。舒爾曼於離華前夕，對國務院的報告，提到列強與軍閥政權的關係，尤其是日本與張作霖的勾結，滋長中國的排外情緒，希望在中國內戰中，勿有「支持一派反對另一派」的嫌疑③。美國國務卿凱洛格(Frank B. Kellogg)對於中國持續內戰以及排外運動，此兩者分別關係僑民安危之事，其因應策略顯然更為謹慎，他訓令駐英大使轉達給英方的建議如下：

　　　擬定中的行動(按：指使用外交壓力及增派武力干涉上海戰事)，將構成對中國內部事務的干涉。……除此之外，本政府堅信透過外部壓力影響中國國內政治發展的行動，肯定會加劇中

① 有關舒爾曼對中國民族運動之轉向，見：本書第三章第二節「對徵收關稅附加稅的反應」。
② 先是段祺瑞在張作霖、盧永祥壓迫下，免江蘇督軍齊燮元職，另以盧永祥為蘇皖宣撫使，齊擬以武力拒其南下，不久蘇州兵變奔赴上海，上海戰事有一觸即發之勢。詳見：王聿均，〈舒爾曼在華外交活動初探(1921-1925)〉，收入中華文化復興運動推行委員會主編，《中國近代現代史論集》，第 23 編(下)(臺北：商務印書館，1986)，頁 1227。
③ Schurman to Kellogg, March 29, 1925, *FRUS,* 1925, Vol. I, p. 603.

　　國人民的排外情緒，甚至使得這種情緒一觸即發……本政府十
　　分遺憾，無法採行所建議的行動④。

凱洛格的電文，吐露美國對中國內部事務的因應策略，即是避免使用
任何外部壓力，激化中國的排外情緒。

　　五卅事件發生後，美國政府為因應中國的民族主義風潮，在修約
問題、關稅協定之召開、法權調查會，促成列國與北京政府交涉有示
範性意義。然而，這些措施基本上與南方政府主張廢除不平等條約，
正是背道而馳。

五卅事件

　　1925 年 5 月 30 日，上海學生抗議日本紗廠慘殺中國工人，進行大
規模遊行演講。在南京路上遭英國警察巡官愛弗生(Inspector Ever-
son)下令開槍射擊，結果造成 11 人死亡，傷 20 餘人，並逮捕 40 餘人
的慘劇。次日，在上海總商會舉行各團體的聯合會議，決定實行罷工、
罷市、罷課及對租界當局提出要求。北京政府於 6 月 1 日向列強抗議，
要求立即釋放學生及民眾⑤。

　　五卅慘案發生前後，中國民眾之抗爭，主要對象為日、英兩國暴
行，但各國使領團對於慘案的態度，甚為強硬。美國上海總領事柯銀
漢於 5 月 31 日報告事件的經過，他認為工部局的措施是正確的，警察
的開槍行動，可能是適應情況的唯一可行之法⑥；並且於 6 月 3 日，

---

④　Kellogg to the British Ambassador, Apr. 2, 1925, *FRUS,* 1925, Vol. I,
　　pp. 607-608.
⑤　Form the Chinese Minister for Foreign Affairs to the Italian Minis-
　　ter in China, Senior Minister, June 1, *FRUS,* 1925, Vol. I, p. 647.
⑥　Cunninghan to Kellogg, May 31, 1925, *FRUS,* 1925, Vol. I, p. 647.

以上海情勢之危急,要求派遣亞洲艦隊的保護⑦。國務卿凱洛格於4日批准了這項提議,但希望「一切必要的保衛措施,僅在阻止事態的進一步惡化及保護美國僑民的生命財產」⑧。6月6日美國副國務卿格魯(Joseph C. Grew)接見中國駐美公使施肇基,再次申明美國之派遣軍艦,僅在保護僑民而已⑨。

6月4日公使團會議中,美國駐華代辦邁爾提議由各國代表組成一個調查團到上海調查,各國公使團接受此一提議,由美、英、日、法、意、比等國組成的代表團於6月8日由北京出發⑩。凱洛格訓令駐滬領事柯銀漢,提議外交使團應在國際調查團任命前,先有相當的共識,以免造成重複或自相矛盾之處⑪。此一指令說明美國政府在五卅事件的交涉中,採取與列國的協調方針,並有居中協調之意。

當時美國在華報刊及本土輿論,有不少反對美國政府與中國交涉五卅事件的聲浪。美國在華報刊抨擊五卅事件為外人的報復手段,如《密勒氏評論》(*Chinese Weekly Review*)的主筆鮑威爾(J. B. Powell),認為此事件「代表半世紀以來東西方的衝突與仇恨,一些心靈偏狹、帶有帝國主義心態的外國人,認定中國人該被詛咒而導致此事」,《北京導報》(*Peking Leader*),也責難英國警方向手無寸鐵的民

---

⑦ Cunninghan to Kellogg, June 3, 1925, *FRUS,* 1925, Vol. I, p. 649.

⑧ Kellogg to Cunninghan, June 4, 1925; The Secretary of Navy to Kellogg, June 6, *FRUS,* 1925, Vol. I, pp. 651, 656.

⑨ Memorandum by the Under Secretary of State, June 6, 1925, *FRUS,* 1925, Vol. I, p. 657.

⑩ Mayer to Kellogg, June 6, June 8, 1925, *FRUS,* 1925, Vol. I, pp. 658 -660.

⑪ Kellogg to Cunning, June 10, 1925, *FRUS,* 1925, Vol. I, p. 662.

衆開槍⑫。美國參院的外交會主席包拉(William E. Borah)，則發表聲明，忠告所有外國人離開中國。他指控包括美國在內的外國剝削者手段殘酷：「他們把兒童的血肉，鑄成錢幣」⑬。美國本土的輿論，也有不少同情中國人民的主張，認爲五卅事件不是一般的反帝，而是反對英、日兩國，美國政府不應捲入；甚至認爲歐洲國家有意藉此事件，將美國拉入列強的聯合行動中，以壓迫中國謀取更多的利益。國務卿凱洛格於 12 日致電邁爾，否認任何不利於美國政府的謠傳，並且指示「美國政府無意利用形勢以增進本身的利益」⑭。

6 月 18 日，列國代表在上海交涉失敗，因中國所提要求不僅只限於五卅事件之解決，另包括歸還公共法庭、參與工部局(Municipal Council)的代表權等，但列國代表並無被賦予這些權限。談判破裂後，此案乃移交北京公使團與段執政政府直接交涉。次日，召開的北京公使團會議，對於中方所提重組共同租界和租界的司法行政權問題，各國公使決定建議本國政府讓步，以緩和上海交涉失敗後的排外風潮。美國代辦邁爾亦主張讓步⑮。

⑫ Dorothy Borg, *America and the Chinese Revolution, 1925-1928* (New York: American Institute of Pacific Relations, The MacMillan Company, 1947), p. 25.

⑬ 魏良才，〈一九二〇年代後期的美國對華政策：國會、輿論及壓力團體的影響〉，《美國研究》，卷 10，第 1、2 期合刊(臺北：中央研究院美國文化研究所，1978)，頁 165。包拉(William E. Borah)對中國民族主義運動深具同情，1925 年他曾在參院提議列強應歸還向中國強行租借港口，並取消治外法權。

⑭ Kellogg to Mayer, June 12, 1925, *FRUS,* 1925, Vol. I, p. 664.

⑮ Mayer to Kellogg, June 19, 1925, *FRUS,* 1925, Vol. I, p. 667. 工部局爲公共租界之市政機關。1928 年以前，工部局董事，無華人參加，足見爲殖民式管理。參見：徐公肅、丘瑾璋，《上海公共租界制度》，收入《上海公共租界史稿》(江蘇：上海人民出版社，1984 第 2 版)，頁 144。

　　6 月 24 日，北京外交總長沈瑞麟向首席公使提出 13 項要求，針對上海事件之解決，要求懲凶、道歉、歸還公共法庭⑯。同日，也對華盛頓會議國家寄交一份有關修改不平等條約的公文，包括廢除領事裁判權、關稅限制條文⑰。7 月 1 日，北京外交團為緩和排外風潮，做出下列決定：包括修正有關騷擾、暴動的警察規則、更換警務處處長（commissioner）馬基昂（Colonel McEven）、下令開槍的南京路巡官愛弗生當受申斥⑱。但在 7 月 6 日，上海工部局全面反對公使團的這項決定。因為根據 1869 年上海公共租界《土地章程》的規定或其他官方文件，北京公使團都沒有罷免工部局所任命官吏的權限⑲。英國外相張伯倫（Austen Chamberlain）乃提議由英、美、日、法四國法官組成國際司法調查委員會（International Commission of Judge），在調查結束前，先暫停警務處處長職務⑳。美國政府原則上贊成英國的提議，但認為調查委員會中應包括中國法官，新任駐華公使馬慕瑞以為如無中國法官的加入，將造成更大的傷害㉑。法、日、意贊成英國的建議組成

---

⑯　13 點要求，內容見：Italian Minister in China to the American Chargé
　　(Mayer), June 26, *FRUS,* 1925, Vol. I, p. 670. 另見：晨報編輯處、清華
　　學生會(合編)，《五卅痛史》(晨報社，1925 年 8 月)，頁 87-88。

⑰　Mayer to Kellogg, June 24, 1925, *FRUS,* 1925, Vol. I, p. 763.

⑱　Mayer to Kellogg, July 2, 1925, *FRUS,* 1925, Vol. I, p. 674.

⑲　Mayer to Kellogg, July 10, 1925, *FRUS,* 1925, Vol. I, p. 681. 新任駐華
　　公使馬慕瑞依據邁爾的報告，也懷疑北京公使團是否有權力解雇工部局的官
　　員。Dorothy Borg, *America and the Chinese Revolution, 1925-1928,*
　　p. 33. 另參見：徐公肅、丘瑾璋，〈上海公共租界制度〉，收入《上海公共租
　　界史稿》(江蘇：上海人民出版社，1984 第 2 版)，頁 31。

⑳　Ambassador in Great Britain to Kellogg, July 17, 1925, *FRUS,* 1925,
　　Vol. I, p. 684.

㉑　MacMurray to Kellogg, July 22, 1925, Kellogg to Ambassador in
　　Great Britain, July 22, 1925, *FRUS,* 1925, Vol. I, pp. 687-689.

調查委員會。但是，中國政府聲明拒絕調查委員會的組成，認為這是英國政府藉口拖延的方式㉒。中國政府堅持警務處處長下臺，美國政府乃從中斡旋，英國政府最後讓步，答應在調查委員會閉幕後，讓警務處處長辭職㉓。

北京政府於10月2日再次聲明反對召開「國際司法調查委員會」㉔。10月7日，調查委員會第一次會議在中國各方反對聲浪中開議，華人拒絕作證㉕。值得注意的是，當時調查委員會中的美國代表費里尼‧強森(E. Finley Johnson)，於調查案進行中，擅自發表的言論。他認為五卅事件所呈現的問題，代表中國人民長期遭受不平等待遇，要求美國國務院儘速就領事裁判權問題和中國談判；並且慷慨陳詞，認為公共租界的司法對中國人民「已到了不可忍受的地步」㉖。11月27日，調查會代表的初步結果不一致，所以未公布㉗。當時傳聞英、日有意壓制調查結果，美國政府得知後，隨即向英、日政府表示：在必要時將單獨發表調查結果㉘。日本提議不公布調查報告，為駐華公使

㉒ Kellogg to MacMurray, Aug. 6, 1925, *FRUS,* 1925, Vol. I, p. 692.

㉓ 美國外交文件中，有相當多關於美國政府與英國之間，對於警務處長下臺一事的討論，美國政府希望英國讓步，詳見 *FRUS,* 1925, Vol. I, pp. 699, 704, 706.

㉔ Note Form Chinese Foreign Minister, Oct. 2, see *FRUS,* 1925, Vol. I, p. 708.

㉕ MacMurray to Kellogg, Oct. 9, 1925, *FRUS,* 1925, Vol. I, p. 710.

㉖ MacMurray to Kellogg, Nov. 21, 1925, *FRUS,* 1925, Vol. I, p. 713. 駐華公使馬慕瑞在陳述強森的報告時，表達個人的看法，認為強森此舉違背原來與英國外部的協定──即調查團僅涉及五卅事件本身，如此使得美、英的情況頗為尷尬。

㉗ MacMurray to Kellogg, Nov. 27, 1925, *FRUS,* 1925, Vol. I, p. 716.

㉘ Kellogg to Ambassador in Great Britain, Dec. 3, 1925, *FRUS,* 1925, Vol. I, p. 719. The same to the Japanese Foreign Office.

馬慕瑞拒絕㉙。12 月 23 日，公使團發表調查報告結果：上海工部局警務處長馬基昂及巡官愛弗生必須辭職，以 7 萬 5 千元撫恤死傷者㉚。五卅慘案的交涉乃告結束。

五卅慘案爆發之初，美國政府為保護僑民曾派遣軍艦抵上海，最多時多達 13 艘，登岸的美國官兵約有 450 人，在船上的約有 1000 人㉛。美國海軍巡邏隊司令馬克維（Charles B. McMay）報告，所有通商口岸都有軍艦防守，但並未採取過當防衛行動㉜。6 月 14 日，上海排外運動稍緩和後，駐滬領事柯銀漢報告，一部分艦隊已撤離㉝。到了 8 月下旬，美國登陸部隊解除上海危急情況，搭船離去㉞。

8 月初，沙面情勢危急。由於沙面租界隸屬英、法管理，但租界內有不少美國僑民，駐華公使馬慕瑞向國務院建議，一旦英法租界受到可能的攻擊，美國海軍部隊應參加聯合保衛行動㉟。國務院則拒絕採取與英法一致行動，指示馬慕瑞「不應為保護財產而讓美國僑民的生命，受到不必要的威脅，美國部隊不應參加廣州沙面的保衛工作，除非受到明確要求，美國海軍可以同其他國家的海軍合作」。凱洛格並且指示：將美國僑民撤到安全地方，海軍部隊將用武力援救美國僑民，但

㉙ MacMurray to Kellogg, Dec. 21, 1925, *FRUS,* 1925, Vol. I, p. 721.

㉚ MacMurray to Kellogg, Dec. 22, 1925, *FRUS,* 1925, Vol. I, p. 721. 公使團於 22 日決定次日下午發表聲明。

㉛ 詳見 Bernard D. Cole, *Gunboats and Marines: The United States Navy in China, 1925-1928* (Newark: University of Delaware Press, 1983), p. 57.

㉜ Cunningham to Kellogg, June 11, 1925, *FRUS,* 1925, Vol. I, p. 663. 馬克維於 1923 年至 1925 年擔任海軍巡邏隊司令，於 1929 年至 1931 年任亞洲艦隊總司令。

㉝ Cunningham to Kellogg, June 14, 1925, *FRUS,* 1925, Vol. I, p. 666.

㉞ MacMurray to Kellogg, Aug. 29, 1925, *FRUS,* 1925, Vol. I, p. 700.

㉟ MacMurray to Kellogg, Aug. 14, 1925, *FRUS,* 1925, Vol. 1, p. 758.

是反對用武力保護租界(財產)㊱。

　　國務卿凱洛格之所以採行謹愼保僑行動，與美國民眾及議會的反應有關。美國公眾由於對於世界大戰後的國際政治大爲失望，這種情緒滋長反對以武力解決國際問題的各種聲浪，從 1920 年代起，美國民眾日益反對帝國主義，而且對於使用武力對抗未開發國家甚爲反感。1925 年國內的壓力迫使凱洛格簽署一項公約宣布戰爭爲非法。在此一背景下，美國政府不得不對在中國以武力確保美國在華利益及僑民安危，表示猶豫㊲。

　　美國政府在於五卅事件及沙面事件中處理保僑的模式，基本上即是 1925 年以後，因應中國排外運動的措施。對於使用武力保僑的指令，與 1925 年前稍有不同，即強調：海軍部隊將用以救援美國僑民，但不應用來保護他們的財產。顯示美國政府爲因應中國激化的民族主義浪潮，以護僑或撤僑行動爲主，盡量避免使用砲艦外交㊳。

修約主張

　　美國政府對於中國修改條約之主張，早見於 1924 年 12 月，英美駐華公使討論承認段臨時執政時雙方曾交換過意見。當時孫中山正北上召開善後會議，並主張廢除不平等條約，美駐華代辦邁爾與英國公

㊱　Kellogg to MacMurray, Aug. 15, 1925, *FRUS*, 1925, Vol. I, p. 760.

㊲　Warren I. Cohen, *American's Response to China*, p. 96. 參照本書第三章第二節「對直系與軍閥內戰的關係」，美國對於軍閥混戰下的保僑措施，部分原因也是如此。

㊳　有關國務院這項謹愼使用砲艦外交的指示，由於保護僑民而不保護財產或租界，在執行有相當的困難，國務院及駐華使領意見時有分歧。眞正執行任務的海軍艦隊則遵守國務院的這項指令，但駐華公使馬慕瑞對這項指令頗爲質疑。見：Bernard D. Cole, *Gunboats and Marines: The United States Navy in China, 1925-1928*, pp. 169-173.

使,認爲此係受到布爾什維克主義的煽惑,乃提出「修改不平等條約,以打擊布爾什維克在中國所煽動的廢除不平等條約」㊴。但美國國務院並未立即回應修約問題,於 12 月 5 日同意代辦邁爾所擬承認段政權的照會時,僅說明「將促使華盛頓會議的各項結果實現」㊵。

　　1925 年,五卅事件發生後,北京政府於 6 月 24 日向華盛頓會議相關國家提出修約照會㊶。美、英、日各國反應略有不同。美國表示如果中國政府善盡保護外人之職,美國願意就關稅問題儘速召開特殊會議,並組成一個治外法權調查團,依循調查結果將有明確的計畫案㊷。國務卿凱洛格於 6 月 30 日及 7 月 1 日,兩次會見中國駐美公使施肇基時表示,美國政府願意敦促其他國家儘快召開關稅會議,並催促派遣治外法權調查團代表到中國㊸。英國政府認爲:在中國政府未能有效鎮壓排外風潮及尊重外人生命財產時,列強不應與中國展開修約談判;並表示不歡迎美國所提議的組織調查團一事,因爲這樣等於向中國示弱㊹。美國駐日本大使班克羅夫特(Edgar A. Bancroft)附和駐華代辦邁爾的意見,表示「既不駁覆也不接受」中國政府的修約提議,

---

㊴　Mayer to Hughes, Dec. 4, 1924, *FRUS,* 1924, Vol. I, p.432.

㊵　Mayer to Hughes, Dec. 4, 1924, *FRUS,* 1924, Vol. I, p. 431. Hughes to Mayer, Dec. 5, 1924, *FRUS,* 1924, Vol. I, p. 432. 12 月 9 日華會相關國家發出共同承認政權之照會。Schurman to the Secretary of States, Jan. 5, 1925, *FRUS,* 1924, Vol. I, p. 442. 詳見:本書第三章第二節「從法理承認到事實承認」。

㊶　Mayer to Kellogg, June 24, 1925, *FRUS,* 1925, Vol. I, p. 763.

㊷　Kellogg to Mayer, July 1, 1925, *FRUS,* 1925, Vol. I, p. 767.

㊸　Memorandum by the Chief of the Division of the Far Easter Affairs, undated, 1925, *FRUS,* 1925, Vol. I, pp. 768-769.

㊹　British Chargé to Kellogg, July 3, 1925, *FRUS,* 1925, Vol. 1, p. 770. 7 月 6 日英國同意就修約問題與中國談判,但對組成調查委員會仍存疑。見: *FRUS,* 1925, Vol. I, p. 775.

以免造成列強屈服於形勢的印象㊺。

甫於 7 月 7 日就任美國駐華公使的馬慕瑞，認爲只要中國政權仍不改軍閥傾軋，就不可能改善現狀，他提醒美國國務院，北京政府是個「空殼子」(simulacrum)政府，主張採取一種保守的限制性政策，在中國未能履行條約義務之前，反對另外修改條約，僅同意以華盛頓會議的內容爲限，召開會議：

> 逾越了華盛頓條約的規定和精神去承認此一虛僞政權的主權，不僅逾越了我所憶及的華盛頓會議宗旨，而且也是在鼓勵一種不負責任的精神，最近那些頭腦最爲清醒的中國人，也因爲布爾什維克和幼稚的民族主義影響而染上了這種不負責任的精神。㊻

馬慕瑞之所以採取以華會內容爲修約極限的態度，與他在 1921 年擔任遠東事務司司長時，以首席顧問的身分，實際參與華盛頓會議談判有絕大的關係。他相信「華盛頓會議模式」將使中國逐步邁向紀律、有行政效率的國家，屆時條約國家(Treaty Powers)將自動放棄在中國的利益㊼。

馬慕瑞的意見，顯然和國務卿凱洛格的意見並不一致。凱洛格於

㊺ Ambassador in Japan to Kellogg, June 30, 1925, *FRUS,* 1925, Vol. I, p. 766. 當時美國駐日本大使班克羅夫特正好與途經日本赴華履新的駐華公使馬慕瑞交換意見，兩人均贊成邁爾的意見。

㊻ MacMurray to Kellogg, July 28, Aug. 1, 1925, *FRUS,* 1925, Vol. I, pp. 799, 809.

㊼ Dorothy Borg, *America and the Chinese Revolution, 1925-1928,* p. 151.

7月23日將美國國務院準備答覆北京政府6月24日的照會的草案，送交各國，正式籲請各國速派代表到中國參加關稅特別會議，並組織法權調查團。希望各國在此基礎下採一致態度。此一文件說明美國對中國修約問題的友好的態度，係美國對華政策的重要文件，摘譯重要部分如下：

> ……美國政府長久以來感受到，中國愈來愈希望修改和列國的條約關係，對於這股滋長的情緒，美國政府寄予「堅定和同情」的關心。當修約問題已成爲兩國政府共同重視的議題，我們認爲中國政府不必要在種種場合提醒這項要求的具體說明。美國政府現在正準備以「同情及有效」的方式，考慮中國政府所提修改既有條約的進行步驟，當中國當局表明有能力及願意履行責任時。……48(按：引號爲筆者所加)

由於美國草案中，對關稅會議的召開，表示「願意接受任何合理提案擴大會議的範圍，使此會的召開能使所有相關議題充分完整的討論」。英國政府認爲這項提議有暗示中國「關稅自主」的意思，相當不妥；對草案的行文語氣，也認爲有「鼓勵性」的字意49。美國政府於是刪去「堅定和同情」、「同情及有效」等字彙50。由於凱洛格對組成調查團甚爲堅持，英國政府乃不再堅持，8月11日，接受美國修改後的提案51。日本政府也同意美國所提有關治外法權的意見，但對關稅協定則表

---

48 Kellogg to British Chargé, July 23, 1925, *FRUS,* 1925, Vol. I, pp. 795 -797.

49 British Chargé to Kellogg, July 30, 1925, *FRUS,* 1925, Vol. I, p. 805.

50 Kellogg to British Chargé, Aug. 6, 1925, *FRUS,* 1925, Vol. I, p. 805.

51 British Chargé to Kellogg, Aug. 11, 1925, *FRUS,* 1925, Vol. I, p. 819.

示，不應超出華盛頓會議的內容(52)。美、英、日政府再經磋商後，終於取得共識。於是，9 月 4 日，各國公使分別答覆 6 月 24 日北京政府外交部的照會，除重申中國政府應切實履行條約義務，保障外人生命財產外，並申明組成法權調查團到中國，以及依照華盛頓會議所決定的事項及精神，處理治外法權和關稅問題(53)。這份文件與原本美國政府所擬的 7 月 23 日的草案文件，所表現的寬大精神及行文語氣對比，已大有異趣。

所以，就上述修約問題交涉中列強的意見，對於 1925 年 10 月北京關稅會議的召開，應可視爲列強對中國澎湃的排外／反帝運動妥協之結果。

北京關稅會議

1925年10月26日，關稅會議(The Special Tariff Conference)於北京召開。會議召開的直接原因是法國終於在同年的 8 月 5 日批准華盛頓各項條約。按華會之規定關稅會議「得自條約生效後，三個月內在中國集會」(54)。事實上，北京特別關稅會議之召開，與上述列國同意修約關聯尤大。當時中國內部反對關稅會議之召開，直接要求關稅自主，尤其是南方的國民政府，大力抨擊北京特別關稅會議「不過使

(52) Chargé in Japan to Kellogg, Aug. 11, 1925, *FRUS,* 1925, Vol. I, p. 818. 由於日本在中國的貿易，遠比英美在中國重要。詳見：臼井勝美，《日本と中國——大正時代》，頁 236。

(53) MacMurray to the Chinese Minister for Foreign Affairs, Sep. 4, 1925, *FRUS,* 1925, Vol. I, p. 831.

(54) 黃月波、于能模、鮑釐人(合編)，《中外條約彙編》(上海：商務印書館，1935)，頁 610。法國因金佛郎案爭議，遲遲不批准華會決議。1925 年 4 月北京政府讓步使得金案解決。法國國會始通過華會各項條約，該條約需至 1925 年 8 月 5 日才正式生效。

北洋軍閥得到巨款,徒增中國之內亂」⑤。關稅會議在中國各方反對聲浪中開幕。在輿論壓力下,段執政在向列國代表致歡迎辭時,說明:中國的目的,在恢復關稅自主。中國代表王正廷也於會議召開的第一天,具體提出中國關稅自主的提案。主要內容是:解除現行條約對關稅的一切束縛:中國政府最遲在 1929 年 1 月 1 日裁撤釐金,實行國定關稅率;在此之前對普通商品稅徵收 5%、對奢侈品徵收 20%至 30%臨時附加稅⑤。

各國政府對此案紛紛表示異議。包括英、美、意等國均一再要求中國以裁撤釐金作爲中國關稅自主的條件。11 月 3 日在第二次關稅自主委員會議程中,美國駐華公使馬慕瑞提出美國方案:對於釐金問題,主張如有多數國家要求,中國政府應於 1928 年 5 月 1 日,召開有關廢止釐金的會議。至於稅率問題,則主張依照華盛頓會議之關稅條約所訂,對普通貨實施值百抽 2.5,對奢侈品值百抽 5 的附加稅,最遲必須在 1926 年 7 月 1 日以前實施。至於在實施關稅自主前,所擬收的「臨時附加稅」,美國政府建議,中國得徵收 5%至 12.5%的輸入稅,和 5%至 7.5%的輸出稅⑤。

中國代表王正廷於 11 月 16 日向各國新聞記者表示中國爭取關稅自主的決心,陳述如果列國不接受中國關稅自主的要求,只有停止會議,中國可能仿效土耳其之先例,廢除與列國間一切關稅條約⑤。

---

⑤ 詳見:李守孔,〈北伐前後國民政府外交政策之研究〉,收入:中華文化復興運動委員會主編,《中國近代現代史論文集》,第 24 編,頁 631。

⑤ MacMurray to Kellogg, Oct. 28, 1925; American Delagation (Silas H. Strawn) to Kellogg, Oct. 30, 1925, *FRUS,* 1925, Vol. I, pp. 867-870, 870-871.

⑤ MacMurray to Kellogg, Nov. 4, 1925, *FRUS,* 1925, Vol. I, p. 875.

⑤ American Delegation (Silas H. Strawn) to Kellogg, Nov. 17, 1925, *FRUS,* 192⁻ Vol. I, p. 880.

　　由於中國代表態度強硬，王正廷並說明中國將於 1929 年「主動」廢除釐金的決心及施行步驟。11 月 19 日，「關稅會議臨時辦法委員會」通過了下列決議：「承認中國享有關稅自主之權利，約定中國與各國現存條約中之關稅上之限制，一切廢除，並允許中國國定稅率，將於 1929 年 1 月 1 日發生效力。中華民國政府聲明，裁廢釐金，與施行稅率的同時，又聲明中華民國 18 年(1929) 1 月 1 日，釐金實行廢除。」⑲王正廷於會中稱「此為中國與友好國家間公平及正義談判的里程碑」⑳。

　　至於附加稅的問題，北京政府自不滿意僅和數年前華盛頓會議的結果一樣。但日本政府對於過渡時期「臨時附加稅」堅持比美國案超低的 2.5%(2 分 5 厘)，且日本有意和北京政府訂定雙邊談判，不欲與列國一致㉑。1926 年 3 月底，列國達成協議，依美國代表之提議，將「臨時附加稅」分成 7 級，稅率自 2.5% 至 22.5% 不等，日本政府在占其貿易項目中六成貨品(如棉織品、衣料等)，仍維用 2.5% 稅率而接受此項決議。北京政府的增收額則為九千萬元㉒。不過，這項決議因北京

⑲　決議案內容見：American Delegation (Silas H. Strawn) to Kellogg, Nov. 19, 1925, *FRUS,* 1925, Vol. I, p. 881. 中文見：錢泰，《中國不平等條約之緣起及其廢除之經過》(臺北：國防研究院，1961)，頁 112。

⑳　Dorothy Borg, *America and the Chinese Revolution, 1925-1928,* p. 102. 另一參與關稅會議談判的中國代表顏惠慶於其回憶錄對關稅會議之經過，亦有相當完整的記載。見：顏惠慶著，姚松齡譯，《顏惠慶自傳》(臺北：傳記文學出版社，1989)，頁 144-157。

㉑　詳見：Akira Iriye, *After Imperialism: The Search for a New Order in the Far East, 1921-1931,* pp. 76-78.

㉒　臼井勝美，《日本と中國——大正時代》，頁 249。Akira Iriye, *After Imperialism: The Search for a New Order in the Far East, 1921 -1931,* p. 77. 這個方案分成 A 級(22.5%)、B 級(17.5%)、C 級(12.5%)、D 級(10%)、E 級(7.5%)、F 級(5%)、G 級(2.5%)。

政變,「事實政府」段政權消失,致使會議中斷,並無簽訂正式協議。

　　對於北京政局的狀況,日本政府認為目前是除中國以外由列國協調的最好時機,待新政府成立後,即立刻召開正式會議。緣於日本急欲獲取中國因增加九千萬元附加稅之收入,能做為北京政府整理無擔保債務(unsecured debts)之用(如償還西原借款)。4月22日以後,日、英、美三國,在英國公使館內協調,關鍵問題在於2分5厘附加稅用途,英國與美、日態度不同。英國政府深怕此筆款項如強制用於整理外債,將使中國覺得列國欲以國際管理加諸中國,進而干涉中國內政,可能會激起更大的排外風潮,傾向於無條件實施2分5厘附加稅63,美國公使馬慕瑞則附和日本提議,認為此筆款項如不用於整理債務,將使此筆款項淪為內戰之用64。

　　1926年7月,國民革命軍展開北伐,北京政情與繼續開會之氣氛完全不符。北京政府雖催促於9月1日重開關稅會議,但列國對南北之局已有觀望之意,所以,於7月23日非正式會議中,同意無限制延期65。其後,國民政府強行徵收華會附加稅,列強之間立場對立,重又將此一議題擺上檯面66。

　　無論如何,1925年的關稅會議,仍達成兩項重要成就。其一:原

---

63 Ambassador in Great Britain to Kellogg, May 6, 1926, *FRUS,* 1926, Vol. I, p. 749. Edmund S. K. Fung, *The Diplomacy of Imperial Retreat: Britain's South China Policy, 1924-1931* (Hong Kong: New York: Oxford University, 1991), p. 79.

64 American Delegation to Kellogg, June 13, 1926, *FRUS,* 1926, Vol. I, p. 758.

65 Fromthe American Delegation to Kellogg, July 23, 1926, *FRUS,* 1926, Vol. I, p. 846. 臼井勝美,《日本と中國——大正時代》,頁254。

66 有關國民政府引起的徵稅風波,關係列強與國民政府事實關係之建立,於本文第四章第二節「美國與國民政府」中討論。

則上確定中國於 1929 年 1 月實施關稅自主權,其二,對於七種差等稅率意見趨於一致。北伐後,國民政府國定稅則的擬定,大致根據北京關稅特別會議的提案而稍做變通。就此次會議而言,仍有其相當之意義⑥⑦。

法權調查會議

　　五卅事件交涉中,由美國政府提議召開的法權調查會議(Commission on Extraterritoriality),原訂於 1925 年 12 月 18 日在北京召開,但由於北京政變,交通受阻,延至次年 1 月 12 日在北京開幕。法權調查會議由參加關稅會議的 13 國代表出席,並由美國代表史壯(Silas H. Strawn)擔任主席,中國代表王寵惠擔任名譽會長⑥⑧。北京政府將譯成英、法兩種文字的中國法律及有關司法條文共 23 種分送各國研究。調查委員會則分成小組,分赴漢口、上海、杭州、青島、哈爾濱、天津各處進行調查。北京政府代表王寵惠要求美國公使馬慕瑞,將會議的範圍擴大,具體討論中國廢除治外法權的程序。馬慕瑞和美國代表史壯均表示,調查會的職權不宜擴大,認為北京政府受到革命情勢的高張,才反對修約,然而北京政府陷於無政府狀態,這項要求根本「極其荒謬」⑥⑨。

---

⑥⑦　李恩涵,《北伐前後的「革命外交」(1925-1931)》(臺北:中央研究院近代史研究所,1993)。第 3 章〈溫和型革命外交之收回關稅自主權〉,頁 85-134。Akira Iriye, *After Imperialism: The Search for a New Order in the Far East, 1921-1931,* pp. 77, 86.

⑥⑧　Dorothy Borg, *America and the Chinese Revolution, 1925-1928,* p. 154. 參加國家有中國、美國、比利時、英國、丹麥、法國、意大利、日本、荷蘭、挪威、葡萄牙、西班牙、瑞典。

⑥⑨　MacMurray to Kellogg, Feb. 27, 1926, *FRUS,* 1926, Vol. I, p. 968.

　　4 月，美代表史壯與其他代表做非正式的晤談，所擬定的重點有五項：

　　1.中央政府虛有其名，僅數個省分承認。
　　2.軍閥掌控中央政府各個部門，而軍閥間惡鬥不止。
　　3.法令蕩然無存，法令之施行，全憑執政當局之好惡存廢。
　　4.缺乏勝任或訓練有素的法官，受制於政軍界的影響。
　　5.中國財政混亂，沒有條款承擔司法事務的合理補償。
　　在此一基本事實下，如果列國此時對治外法權讓步，不僅使列
　　國在華僑民的人身財產陷於危險，對中國人本身亦極爲不利，
　　如此反將延遲中國人民所呼籲的司法事務上完全自主的時間。⑦

這份報告反應出調查委員會反對在當時的狀況廢除治外法權。
　　美國國務卿凱洛格早在會議召開前，與中國駐美大使施肇基會談時即表示不授權調查團討論廢除治外法權的問題⑦。但是國務卿凱洛格對於是否廢除治外法權問題，有意保留較大的彈性。凱洛格於 6 月 11 日致電史壯，表達了國務院對待中國廢除治外法權的態度，允許史壯儘可能如實完成報告，在細節陳述上不拘於國務院的指令，但必須表達此係個人之調查結果與判斷。因爲國務院希望對此事保持超然的判斷。凱洛格表示「長期以來，我就希望廢除中國及其他國家的治外法權，只要是能在保護美國人民的生命及利益的情況下，我願意做出此一行動」。「我希望我們能在合理的時機，放棄在中國的治外法權，

⑦　Form the American Commissioner on Extraterritorial Jurisdiction in
　　China, Apr. 16, 1926, *FRUS*, 1926, Vol. I, p. 973.
⑦　Kellogg to MacMurray, Nov. 18, 1925, *FRUS*, 1925, Vol. I, p. 888.

或許可能我們被逼到不得不爾的境地，但我希望首先能如實了解中國的情況」。⑫

　　國務院確實讓史壯放手調查中國現狀。調查團也沒有再請示國務院，一直到 9 月中旬報告完成⑬。11 月 22 日，美國國務院授意將調查結果交付北京政府，並打算於 29 日公布。報告書中建議上海公共租界會審公廨應加以改革，但主要內容多是訴說中國法制不完善、法律設施不健全，中國應儘速完成民法、商法及改纂刑法、銀行法、商標法、土地充公法及公證法，並宣稱只有在中國的法律、司法警察、監獄制度等各方面現狀獲得改善，外國才可能放棄在華領事裁判權⑭。北京政府認為，調查委員未尊重北京政府提案之基礎，於 26 日向美國抗議⑮。所以，這一調查結果，對中國廢除領事裁判的努力，等於設置了另一道障礙。

　　美國國務卿凱洛格自 1925 年夏以後，始終考量在「合理時機」廢除中國治外法權的問題，但他並未提出明確的實施步驟，可做為指導性原則⑯；而法權調查委員會的報告結果，不僅僅要求中國司法、行政之改革，甚至要求的是整個中國人政治生活的大翻轉；被忽略的問題卻是，此一會議原是回應五卅慘案後中國激烈的排外運動，其調查結果卻完全忽略了中國正處於民族主義洶湧澎湃的大革命時期。

---

⑫　Kellogg to MacMurray, Jun. 11, 1926, *FRUS,* 1926, Vol. I, pp. 978 -979.

⑬　Form the Chargé in China, Sep. 17, 1926, *FRUS,* 1926, Vol. I, pp. 979.

⑭　李恩涵，〈九一八事變前中美撤廢領事權的交涉〉，《近代史研究期刊》，第 15 期(1986：6-12)，頁 338-339。

⑮　MacMurray to Kellogg, Nov. 27, 1926, *FRUS,* 1926, Vol. I, p. 983.

⑯　Dorothy Borg, *America and the Chinese Revolution, 1925-1928,* p. 180.

　　史壯回到美國國內後,以其身兼關稅特別會議代表及法權調查會主席,向美國人民宣稱中國法治的種種弊端,並且散播在軍閥政權下海關總稅務司是中國唯一財政靠山的言論。對於中國的民族主義運動,他說:「他不相信愛國及民族主義是建立在仇外情緒上……中國人應了解『不是所有非華人都反華』(all non-Chinese are not anti-Chinese),極端的偏見不能證明就是一個偉大的民族」。美國國務院隨即聲明史壯的言論,僅代表他個人觀點,不代表國務院的意見⑦。史壯的意見,引起美國參院的外交委員會主席包拉(William E. Borah)的強烈反感。如前所述包拉在五卅慘案發生後,對中國人民表示同情。6月17日,包拉發表一篇有關中國問題的聲明,他說「美國公眾願意看到中國的國家主權和利益得到充分尊重」,贊成美國政府儘快放棄在華的治外法權,還給中國人民尊重,他是當時唯一做此建言的美國參議員⑱。針對史壯回國後所發表的對中國問題的看法,包拉則陳述中國自近代以來所遭受的不平等條約,要求美國人民對中國的民族運動應予同情。在華英文報刊針對史壯與包拉的言論,亦分成兩路人馬,各據立場攻擊對方。無形中使得中國問題引起美國人民的關注及討論⑲。1926年北伐展開後,美國輿論對國務院形成一股壓力,促成美國政府對華政策之轉向。

---

⑦　Dorothy Borg, *America and the Chinese Revolution, 1925-1928,* pp. 188-189.

⑱　*The China Weekly Review,* July 18, 1925, p. 129.

⑲　Dorothy Borg, *America and the Chinese Revolution, 1925-1928,* p. 186. 關於在華英文報刊的意見,參見:Dorothy Borg, op. cit., pp. 189-193. 例如《遠東評論》(*Far Eastern Review*)、《北華捷報》(*North China Herald*)支持史壯,認為他如實反應中國社會的情況;支持包拉的言論有《華北明星報》(*The North China Star*)、《密勒氏評論報》(*China Weekly Review*)。

從「事實承認」到「不承認」政策

從 1925 年以後，北方軍閥陷入另一場大規模的混戰，愈來愈惡質化的北京政權，顯然令列強大感失望。當關稅會議因北京政變，導致段政權消失，對於做為事實(de facto)政府的北京政府，是否應予承認的問題，重又浮上檯面。最初美國政府仍主張事實承認，但是，1926年以後國民政府展開北伐，中國政局的混沌及瞬息萬變，固守北京為事實政府的政策，正受到北伐軍革命情勢的挑戰。美國政府處理此一棘手的外交承認問題，顯然在政策不自縛腳步，採取更大的彈性。此即美國政府由對北京政府的「事實承認」逐漸轉向「不承認」政策。

美國政府於 4 月 6 日，通知駐華公使舒爾曼公布新任公使的命令⑧。新任公使馬慕瑞(John Van A. MacMurray)未抵華前，一場因呈遞國書引發的外交承認風波，卻在北京公使團內及其政府間熱烈討論。

儘管金佛郎案已於 1925 年 4 月 12 日由中法簽訂協議解決⑧。但是法、比公使對於段政權的承認問題仍有意拖延，遲遲未呈遞國書。法國公使一再推諉國書尚未寄達，比利時公使則云他的國書署名給總統曹錕，法、比公使又表示，段政權僅是「事實(de facto)政府」，國書的呈遞含有「法理(de jure)政府」之意⑧。美國國務院對此事的反應是，呈遞國書所做的條件設定是「膚淺及不實際的」，因為列國去年12 月 9 日一致承認段政權的照會，已清楚說明係對「事實政府」的承

---

⑧ Kellogg to Schurman, Apr. 6, 1925, *FRUS,* 1925, Vol. I, p. 627.

⑧ 詳見：第三章第二節。

⑧ Schurman to Kellogg, Apr. 10, 1925, *FRUS,* 1925, Vol. I, p. 628. 法國之後又表示，金佛郎案僅是一紙協定，而非條約，希望美國政府對段政權暫緩承認。見：*FRUS,* 1925, Vol. I, pp. 631, 635.

認⑧。5月6日，華會相關國家駐北京公使開會討論，日、美公使以爲
呈遞到任國書不應被視爲含有法理(de jure)承認之意；但其他國家
公使則表示國書的呈遞，如果不承認對方爲「法理政府」，則交往層級
只應限於兩國的外交部，或者應有明確的保留說明⑧。由於當時總統曹
錕並未正式通電辭職⑧，致達國書顯然構成對北京政府的法理承認。美
國國務院不欲對北京政權行使法理承認，但是北京政府已經對馬慕瑞
的到任，行使同意權⑧。英國政府也表示很難理解，呈遞國書，不被視
爲是對北京政府的法理承認⑧。爲避免尷尬，美國駐華代辦邁爾提出一
個辦法，將國書稱謂改爲「臨時中華政府首席執政」(Chief Executive
of Provisional Chinese Government)，以避免對不穩定的臨時政府
有法理承認之意⑧，才解決了此一風波。

　　此一事件，雖是外交程序文書照會上的疏失，但事實上，也顯示
出軍閥內戰與北京政權之爭奪互爲唱和的荒謬劇；亦即軍閥派系之
爭，導致總統被驅趕下臺，而以臨時執政攝行大總統職所產生的畸型
政府之架構。美國政府當時承認北京政權，係認定中國政局短時期內
不可能改變，沒有必要中止實際存在的關係⑧。

---

⑧　Kellogg to Mayer, May 2, 1925, *FRUS,* 1925, Vol. I, p. 630.

⑧　Mayer to Kellogg, May 6, 1925, *FRUS,* 1925, Vol. I, p. 631.

⑧　曹錕於 1924 年 10 月因馮玉祥發動北京政變而下臺，於 1926 年 5 月 1 日正
　　式通電辭職。見：郭廷以，《中華民國史日誌》，第 1 冊，頁 838；同書第 2
　　冊，頁 44。

⑧　北京政府於 4 月 9 日告知舒爾曼，對新任公使馬慕瑞的歡迎之意。Schur-
　　man to Kellogg, Apr. 9, 1925, *FRUS,* 1925, Vol. I, p. 628.

⑧　Kellogg to Mayer, May 27, 1925, *FRUS,* 1925, Vol. I, p. 634.

⑧　Mayer to Kellogg, May 6, 1925, *FRUS,* 1925, Vol. I, p. 631. Kellogg
　　to Mayer, May 27, 1925, *FRUS,* 1925, Vol. I, p. 634.

⑧　Kellogg to Mayer, May 9, 1925, *FRUS,* 1925, Vol. I, p. 632; Mayer to
　　Kellogg, May 6, 1925, *FRUS,* 1925, Vol. I, p. 631.

　　馬慕瑞於 1925 年 7 月 7 日抵達北京，並於 7 月 15 日呈遞國書
⑨。馬慕瑞公使生於 1881 年，出身律師，於 1906 年步入外交界，先後
任職於曼谷、聖彼得堡，曾於 1913 年奉派至北京，1917 年出任東京大
使館參贊，爾後於 1919 年出任遠東事務司司長，1921 年至 1922 年期
間以首席顧問身分，隨美國代表團參加華盛頓會議的軍備限制會議，
1925年擔任助理國務卿，不久即調爲駐北京公使(其岳父爲替袁世
凱擬備忘錄，主張中國實行帝制的美國政治學者古德諾Frank J.
Goodnow)⑨。他的出使，《紐約時報》喩爲「專家出使」⑨。

　　馬慕瑞抵華時，正值五卅慘案發生不久，華北局勢亦極度混亂。
1925 年下半年開始北方軍閥正進行一場大混戰，美國政府仍遵守一貫
不干涉政策。對於美國僑民在中國可能遭致的威脅，馬慕瑞的防衛態
度遠比前任駐華公使舒爾曼嚴厲。12 月底，因馮玉祥與直隷省督辦李
景林沿京津鐵道開戰，致交通受阻，且天津及山海關的國際列車遭馮
軍開火被迫退回天津，經交涉後馮玉祥及李景林都保證鐵路沿線的暢
通⑨。但是，馬慕瑞認爲應使用武力保護鐵路沿線的安全⑨，代理國務
卿格魯答覆，除非美國僑民的生命陷於危險，否則國務院不贊成此一
行動⑨。次年年初，直奉聯軍對國民軍展開聯合攻勢。3 月初，列強抗

⑨　Mayer to Kellogg, July 7, 1925, *FRUS,* 1925, Vol. I, p. 636.

⑨　Buckley, Thomas, "John Van Antewerp MacMurray: The Diplo-
macy of an American Mandarin", in Richard D. Burns, et al. eds.,
Diplomat in Crisis: U. S.—Chinese—Japanese Relations, 1919-1941
(Santa Barbara: Clio-ABC Press, 1974), pp. 28-29.

⑨　Quoted in Bernard D. Cole, *Gunboats and Marines: The United
States Navy in China, 1925-1928,* p. 63.

⑨　MacMurray to Kellogg, Dec. 23, 1925, *FRUS,* 1925, Vol. I, p. 623.

⑨　MacMurray to Kellogg, Dec. 24, 1925, *FRUS,* 1925, Vol. I, p. 625.

⑨　Grew to MacMurray, Dec. 24, 1925, *FRUS,* 1925, Vol. I, p. 625.

議國民軍封鎖大沽海口及阻斷沿海交通，美國國務院同意由上海派布雷斯登號(Preston)驅逐艦前往大沽海口示威[96]，但是國務院的指令清楚說明了美國政府不願使用武力強化 1901 年(辛丑)和約條款的行動，除非爲了保障美國人民的生命[97]。

此一時期美國駐華使領的報告，湧現大量關於內戰及政局動盪的消息。其中有少數軍閥尋求美國使領館或官方協助，但都被拒絕。例如 1925 年 1 月，吳佩孚請求美國亞洲艦隊協助載運軍隊，海軍巡邏隊司令馬克維將軍以介入中國內戰爲由，拒絕請求[98]。

1926 年 4 月，關稅協定會議召開中，直奉聯軍與國民軍仍處於交戰狀態。北京使館區內也遭到炸彈威脅，外交使團因而向北京政府抗議[99]。4 月 9 日，段祺瑞呼應張作霖打擊國民軍，屬於國民軍的鹿鍾麟於是發動政變，段逃入東交民巷，國民軍不久又爲直奉聯軍所敗。直系吳佩孚主張恢復曹錕時代的內閣，由顏惠慶復任國務總理，暫行攝政。美國公使馬慕瑞建議國務院，在顏內閣允諾履行現行條約及國際義務的條件下，準備給予顏內閣事實承認[100]。美國國務院隨即批准[101]。

[96] MacMurray to Kellogg, Mar. 10, 1926, *FRUS,* 1926, Vol. I, p. 596.

[97] Kellogg to MacMurray, Mar. 19, 1926, *FRUS,* 1926, Vol. I, pp. 604 -605. 此一方面由於北京民衆前往國務院請願，抗議列強於大沽海口示威，要求驅逐八國公使出境，宣布辛丑條約無效。結果遭衛兵開槍，造成 318 慘案。駐華公使的報告中亦提到此事。見 Kellogg to MacMurray, Mar. 18, 1926, *FRUS,* 1926, Vol. 1, p. 603.

[98] *SDA,* 893.00/6108. 此份報告亦說明日本在華報紙一再宣稱美國協助吳佩孚，以散播反美風潮。

[99] MacMurray to Kellogg, Apr. 7, 1926, *FRUS,* 1926, Vol. I, pp. 608-609.

[100] MacMurray to Kellogg, May 14, 1926, *FRUS,* 1926, Vol. I, p. 616.

[101] Kellogg to MacMurray, May 17, 1926, *FRUS,* 1926, Vol. I, p. 617. 電文內容僅短短數字：「同意您在 5 月 14 日下午 7 時 208 號函電第 3 段的請示」。即同意在顏內閣允諾履行條約義務，給予事實之承認。

5月15日，顏惠慶照會外交使團，告知曹錕總統於5月1日發表通電，依法將總統府職權轉交內閣代理，北京外交使團決定待顏內閣確實行使職權後，再與之展開例行公務，並向顏內閣示意，希望新政府確定履行條約及國際義務⑩。

但是，顏內閣卻始終沒有正式成立，由於1924年奉直交戰時，顏曾以閣揆地位，副署對張作霖褫職查辦的命令，雙方仍存有芥蒂。顏內閣閣員也多因張作霖反對而避走⑩。1926年6月16日，馬慕瑞報告北京政府之亂象，提到吳佩孚、張作霖將聯手消滅國民軍，但他估算此兩人的合作關係不會持久⑩。6月22日顏辭職，由海軍總長杜錫珪兼代國務總理⑩。

於此同時，6月初駐華使館參贊邁爾奉美國國務院之命，調查華南的排外運動及省港大罷工等事件，而有廣州及香港之行⑩。他在7月6日提出一份長達65頁的報告，在結論中希望美國改變對華政策。報告中的重點有二：一、對於排外運動，主張強硬的報復手段（quid pro quo）以換取廣州政權在法治範圍內保護美國人利益；二、爲保護美國在華利益，主張不承認政策（non-recognition policy）。他認爲北京中央政府，早已是徒具虛名，不符代表全體中國人民所託的行政實體；爲了保護華南美僑利益，必須從美國與全體中國人民的實質利益，做通盤考量。目前中國早已分裂成幾個半自治（semi autonomous）地區

---

⑩　MacMurray to Kellogg, May 18, 1926, *FRUS,* 1926, Vol. I, p. 617.

⑩　顏惠慶著，姚松齡譯，《顏惠慶自傳》（臺北：傳記文學出版社，1989），頁150-151。郭廷以，《中華民國史日誌》，第2冊，頁48。

⑩　MacMurray to Kellogg, June 16, 1926, *FRUS,* 1926, Vol. I, pp. 666-667.

⑩　郭廷以，《中華民國史日誌》，第2冊，頁57。

⑩　Kellogg to MacMurray, May 21, 1926, *FRUS,* 1926, Vol. I, p. 707.

——包括蒙古、東北、河北、長江流域、廣州、南京、上海、雲南。美國政府不應再承認北京幽靈政權,且應與上述這些半自治區建立事實關係。如此則有助於中國人了解,積極創造一個真正的中央政府之必要[107]。

　　駐華公使馬慕瑞對邁爾的報告深有同感。他於7月7日致電國務院表示:「邁爾的意見加深了我的懷疑,是否北京政權已在全中國退化成無足輕重、威信掃地的機構,如果同它繼續交往,徒損美國利益,並意味著擴大中國人民對我們的敵意」。他同時建議:

　　　美國政府必須考慮與所謂中國政府和各地方的關係作某些調整,後者事實上是自主的,獨具政治活力[108]。

國務院對於駐華使館參贊邁爾及公使馬慕瑞的意見並未立即回應。

　　另一方面,北京政府在吳佩孚、張作霖暫時聯手合作下,為獲取關稅會議之附加稅,頻頻催促代表團重開關稅會議非正式會議。馬慕瑞認為這是吳派誘使列強承認新政府的手段,美國政府這時如表示重開會議,等於是表態支持吳張聯盟。再者,廣州政府外交部長陳友仁且於7月14日致電馬慕瑞提出強烈抗議關稅會議重開。馬慕瑞致電國務院云:

　　　目前的形勢下,具代表性的中國人物,都不指望不久的將來會

[107]　Mayer to Kellogg, July 6, 1926, *SDA,* 893.00/7713. pp. 59-62. 報告題為 Memorandum of Mission to South China to Consult with American Consular Officers There. 邁爾南下後曾與陳友仁、宋子文、孫科、何應欽等人會面,詳見本章第二節。

[108]　MacMurray to Kellogg, July 7, 1926, *FRUS,* 1926, Vol. I, p. 712.

　形成一個得到全國支持的(北京)政府……這樣人所共知的草率

　建立、不穩定的政府,甚至連那些供職者都冷眼看待,如果我

　們竟然承認,並與之交涉,將無法擺脫輿論指責我們支持吳張

　聯盟。⑩

馬慕瑞不贊成在此一情勢下重開關稅會議,因為通過該會的利益將使
吳張受惠,有失美國中立立場;再者北京政府欲利用重開會議,做為
列國承認其政權之依據,此時承認北京政府確有不妥。8 月 12 日馬慕
瑞報告,北京政府仍陷於癱瘓,而且從 6 月 5 日以來不停向北京公使
團要求釋出海關稅收,公使團以為此一權力操諸總稅司而拒絕。據云
北京政府以關稅擔保內債的金額高達二千五百萬⑩。由於總稅務司安
格聯(Francis Aglen)不再同意以關稅擔保發行新的內債,其後,北京
政府欲仿效國民政府實施關稅附加稅,又為安格聯所拒,導致次年 2 月
1 日,為北京政府外長兼內閣總理顧維鈞免職,此即所謂「安格聯事件」
⑪。

　　1926 年 8 月 14 日,馬慕瑞在同一天內致電國務院兩次,正式提出
與邁爾觀點相近的「不承認」政策。在第一份報告中,馬慕瑞指出實

---

⑩　MacMurray to Kellogg, July 24, 1926, *FRUS*, 1926, Vol. I, pp. 848
　　-849.

⑩　MacMurray to Kellogg, Aug. 12, 1926, *FRUS*, 1926, Vol. I, p. 670.

⑪　有關安格聯事件,詳見:唐啟華,〈北伐時期的北洋外交〉,中華民國史專題
　　第一屆討論會(臺北:1992 年 8 月 6 日至 8 日)。安格聯事件發生後,外交使
　　團曾聯合抗議。美國國務卿凱洛格認為海關問題為中國內政問題,不希望駐
　　華公使加入抗議行動,但由於國務院的指令來得太遲,以致馬慕瑞參與此次
　　抗議。馬慕瑞向來對中國政治不具同情,與美國國務院的主張,大有扞格。
　　詳見:Dorothy Borg, *America and the Chinese Revolution, 1925
　　-1928*, pp. 147-150.

施這項政策的理由及方法,他認為:從 1918 年以來,做為一個被要求為法治政體的北京政權,從無展現其能力。列國迄今為止承認它為事實(de facto)政府,係基於履行條約義務的權宜之計。然而,北京政府已淪為軍閥角逐權力的戰場,目前為止無法期待這個中央政府能履行國際條約義務,他以散文似的語氣描繪:「就好像我們曾把這個中央政府當做中國政治險灘中的救生筏,它現在已失去浮力,不再使我們漂浮,為使它保持漂浮,我們得跳水游泳,否則它必定很快就把我們拖下水。」最後,他建議:

> 暫停對北京政府的承認,直到實質的政府出現,而且我們應當公開且明確表明立場[112]。

另外,馬慕瑞擔心受俄國資助的馮玉祥可能入主北京而效法莫斯科革命方式,要求廢除過去與列強所訂立的條約。如果採行不承認政策——不承認北京政府,自不能與之廢除條約,此為防堵之計[113]。

在 8 月 14 日的第二份報告中,他再次申明此項主張。強調關稅會議之流產為北京政權完全解體所導致的結果,美國政府有必要表達明確的立場:公開宣稱直到中國政府推派出真正的統一政府之代表,及承諾履行國際義務時,再繼續召開關稅會議。此項政策有助於整個中國,而非某一個軍事或政治派系[114]。

但是,國務卿凱洛格並不贊同這項提議,由於美國政府對於領導

---

[112] MacMurray to Kellogg, Aug. 14, 1926, *FRUS,* 1926, Vol. I, pp. 671-677.

[113] MacMurray to Kellogg, Aug. 14, 1926, *FRUS,* 1926, Vol. I, p. 679.

[114] MacMurray to Kellogg, Aug. 14, 1926, *FRUS,* 1926, Vol. I, p. 680.

實現華盛頓會議的各項條約負有實現之責,並已在不同場合力促其實現。因此,凱洛格認為,宣稱中國係「無政府」之主張,為不智之舉。即使這個中央政府完全沒有指望,但也不應該由美國政府率先為之,如此將激起中國人民將關稅會議之失敗歸諸美國政府的敵意⑮。

就北京政權而言,從 1926 年下半年起實際操控北京政府的張作霖,也期望獲得列強的支持。12 月中旬,張作霖的代表吳晉數度與馬慕瑞接觸,表示安國軍領袖準備建立新政府,特來探詢美國的意向;並表達張作霖不贊成國民革命軍要求全面廢除不平等條約,贊成在目前情勢所許可的範圍內,進行對中外人士有利的修約交涉。馬慕瑞表示美國政府隨時準備與任何有實際能力的中國當局討論修約事宜。對於張作霖即將組成的新政府,馬慕瑞認為「這個機構,只能統治該國的一部分,我懷疑他是否能得到軍隊以外的支持及能否持久。如果提出承認問題,希望國務院不與之敵對,但堅持要求此一新政府能將自己的代表性及統治能力如實表現出來」。馬慕瑞仍主張不承認政策,以使美國政府的立場超然⑯。由此看來,張作霖似有以「修約」換取「廢約」以爭取列強的支持。

次年,1 月 12 日顧維鈞內閣正式成立。馬慕瑞認為此內閣雖仍為張作霖控制,但內閣中沒有一人與張有直接僚屬關係,所以此一內閣為暫時過渡,在適當時機將全部為奉系人馬取代。對於新內閣積極要求承認,並堅稱將履行條約與義務,馬慕瑞向美國國務院請示是否予以承認⑰。1 月 15 日,國務院的回電,終於接受馬慕瑞的主張:

⑮　Kellogg to MacMurray, Aug. 24, 1926, *FRUS,* 1926, Vol. I, p. 682.
⑯　MacMurray to Kellogg, Dec. 18, 1926, *FRUS,* 1926, Vol. I, p. 686.
⑰　MacMurray to Kellogg, Jan. 14, 1927, *FRUS,* 1926, Vol. 1, p. 688.

> 國務院的意見是，事態必須的發展須等候，直到任何一集團或
> 派系，確實為全中國人民所賦予的權利，才予以承認。[118]

這項指令即為北伐統一以前，美國政府對中國內政的基本立場。

美國國務院初因不願關稅會議中止，而拒絕邁爾及馬慕瑞所提的
「不承認政策」，其後態度轉變，顯然與北伐軍的進展及中國南北情勢
之轉變，有絕對關係[119]。

小結

中國排外運動的升高，迫使美國政府對於中國激化的民族主義做
出具體回應。美國政府基本上同意就關稅自主及領事裁判權問題與中
國商談。但問題的癥結仍在中國內部的動盪，無足以代表中國人民、
且負責任之政府，可進行磋商。美國政府所承認的北京政府早已淪為
軍閥政爭的替代品，而北伐軍興後，中國的局勢，有待進一步觀察。

值得注意的是，「不承認政策」並非表示有意承認廣州政府，而是
全面否定中國任何一個政權的代表性(尤其是北京政府)，但是願與各
個地方自治政府交往。此一政策為因應於中國動盪之政局，基於中國
人民與美國在華利益的考量所採取的有利觀望態度。

1927 年 2 月，駐華公使向美國國務院報告 1927 年 1 月份中國形
勢的發展，對中國局勢充滿悲觀：

> 近期內中國政局毫無改善之希望。北洋軍閥彼此爭攘無已，互

---

[118]　Kellogg to MacMurray, Jan. 15, 1927, *FRUS,* 1926, Vol. I, p. 688.

[119]　有關美國政府與國民政府事實關係之建立，詳見：本章第二節「事實關係的
　　　建立與承認問題」。

　　相猜忌，安國軍領導人之間，可悲地缺乏任何軍事行動中必不
　　可少的協調一致……
　　國民黨內部同樣存在著分裂，缺乏共同政策。軍政派系間的分
　　裂不斷擴大，據説正在索餉的部隊有嚴重不滿情緒。⑫

這正是美國在華人員對 1927 年中國混沌局勢的寫照。

第二節　美國與國民政府

　　1925 年 7 月 1 日，國民政府成立。由聯俄容共政策造成左右派系
路線之爭的問題已逐漸隱現，而自孫中山逝世後繼任領導權問題，亦
環繞左右派系之爭。美國政府原本對於中國內部的赤化，不以爲意，
視爲中國內政問題⑫；然而，從五卅慘案後爆發的全國性排外風潮
中，華南地區之風暴遠高於華北，尤其是廣州政府所在的兩廣地區，
幾乎成了華南排外運動的中心。駐華使領的報告中極力強調，排外運
動受蘇聯的煽惑，且國民政府淪爲共產國際利用的工具，美國政府才

---

⑫　MacMurray to Kellogg, Feb. 21, 1927, *FRUS*, 1927, Vol. II, pp. 1-2.
　　對於北洋軍閥的仔細描述如下：
　　張宗昌覬覦上海，似在等待有利的時機逐走盤踞上海的孫傳芳，攫走約占全
　　國海關總收入 40%的上海稅收。吳佩孚因部下倒戈，軍費軍火匱乏，處境岌
　　岌可危，原有的威望和勢力不斷急速縮小。儘管他再三宣稱能夠確保河南陣
　　地，毋需奉軍支援，但張作霖、張宗昌仍向河南大量派兵，表面上是援吳反
　　粵，然而普遍認爲他們希望同時也把吳作爲一股軍事勢力，一舉消滅。
　　軍閥派系鬥爭的撲朔迷離及瞬息萬變，使駐華公使馬慕瑞對中國政局不表樂
　　觀。
⑫　Hughes to Mayer, Dec. 3, 1924, *FRUS*, 1924, Vol. I, p. 407. 另參見本
　　書第三章第二節之「從法理承認到事實承認」。

逐漸對中國的赤化可能帶來的危機有所警戒。

　　陷於癱瘓的北京政府，並不能承擔保護外人生命財產之責，以五卅事件為例，列國與北京政府交涉，但毫無舒緩華南地區之排外風潮。1926 年 6 月以後，美國駐華使館參贊邁爾及駐華公使馬慕瑞先後到達廣州，與廣州當局接觸，並與國民政府建立事實關係。但是，此一舉動並不代表承認國民政府，而是為維護美國利益，與地方派系建立關係的權宜之計。本節針對國民政府左傾路線與派系分裂，以及事實關係之建立為探討核心，所謂「溫和派」或「激進派」為原檔案所稱，非筆者加冠之詞。有關北伐軍事行動所造成的衝突，為顧及章節架構之完整，則留待第五章探討。

對國民政府左、右派系之爭的反應

　　1924 年底，孫中山抱病北上與段祺瑞商談召開善後會議。不久，病危住進協和醫院。次年 2 月底，美國駐上海、廣州總領事的報告中，即提到孫死後國民黨內領導大權問題。其內容之紛歧，顯見領導權問題的不尋常。

　　上海總領事柯銀漢（Edwin S. Cunningham）報告唐紹儀已獲多數國民黨人同意，除了共產黨人對他有意見外，唐紹儀是最可能的繼承人 ⑫。廣州總領事詹金斯（Douglas Jenkins）與孫中山的美籍顧問諾曼（Robert Norman）密談，認為胡漢民或汪精衛是最有聲勢的兩個人。代理大元帥胡漢民向諾曼表示，黃埔軍校為蘇聯共產黨控制，訓練了一批布爾什維克的煽動家鼓吹排外運動。胡漢民曾面邀諾曼擔任廣州政府顧問，諾曼因對廣州政府的左傾路線甚有戒心而婉拒。胡則

⑫ Edwin S. Cunningham to the Secretary of State, Feb. 24, 1925, *SDA*, 893.00/6106.

向他保證新政府必然不與布爾什維克同路⑫，可見得胡頗以新領導人自許。及至 3 月 12 日孫中山病逝，繼任領導人選更是議論紛紛。外交總長伍朝樞向美國駐廣州總領事表示，將組成一個委員會行使黨務。諾曼向廣州美領事預言國民黨內部可能分裂⑫。

孫中山逝世後，美國在華人士的報告中，大量出現「溫和派」及「激進派」字眼形容國民黨內部的路線鬥爭。姑不論是否與廣州政府內部發展吻合，但它提供美國政府關於中國政情的主要消息來源。曾任孫中山在華盛頓的私人代表馬素(Ma Soo)接受《香港快訊》(*Hongkong Telegraph*)訪問時表示，國民黨中央執行委員會直接受莫斯科捐助政治宣傳費；且表示國民黨只是共產國際用來散播共產主義之工具。駐廣州總領事詹金斯認為滇軍的唐繼堯、楊希閔反對國民黨激進派的作為，他期待國民黨激進派當局和雲南、廣西軍人分裂⑫。

7 月 1 日，國民政府成立。不久，於 8 月份發生震驚黨內的廖仲愷被刺案⑫。廣州總領事詹金斯報告：胡漢民因不滿廖的親蘇政策，導致「廖案」發生。俄國顧問鮑羅廷力勸汪精衛及蔣中正乘機排除胡漢民，於 8 月 25 日發動政變(coup d'étate)逮捕胡漢民。詹金斯認為汪精衛為極端左派人物，名義上是廣州政府主席，但實權操在國民革命

⑫　Jenkins to Kellogg, Feb. 24, 1925, *SDA,* 893.00/6111.

⑫　Douglas Jenkins to Kellogg, Mar. 13, 1925, *SDA,* 893.00/6146. 報告中指出，廣東兵工廠廠長黃驛，認為領導權問題將使黨內分裂。他提到三個繼任人選：林森(參議員)、尤列(早年孫中山革命事業的追隨者)、蔡元培(前教育部長)。

⑫　Jenkins to Mayer, May. 29, 1925, *SDA,* 893.00/6393. 附有馬素 1925 年 5 月 27 日在《香港快訊》的訪問稿。

⑫　「廖案」事涉胡毅生，為胡漢民堂弟。有關廖案的發生經過、原因以及影響，詳見：李雲漢，《從容共到清黨》，頁 377-394; C. Martin Wilbur & Julie Lien-ying How, *Missionaries of Revolution* (Cambridge, Mass.: Harvard University, 1989), pp. 167-177.

軍第一軍軍長蔣中正以及受俄國軍事訓練的黃埔軍隊手中。詹金斯報告,儘管廣州當局一再否認與共產國際有關,但是此一政權「不論在組織、政策及行動,完全受俄國代表的操控」[127]。

廖案發生後,胡漢民被派遣赴俄,溫和派分子林森、鄒魯被派遣赴京,孫科、居正則避居上海,黨內溫和派分子被排除一空。駐華使領認為中國共產黨及汪精衛為主的國民黨左派,聯合控制了廣州政府,可謂「國民黨激進派大獲全勝」[128]。不久,林森、鄒魯等人決將中央黨部移設上海,形成所謂的西山會議派[129]。在此一理解下,駐華使領稱呼廣州政府為「赤色政權」。例如1925年8月,廣州發生沙面排外事件,美國政府採取撤僑措施。局勢稍定後,廣州總領事仍不同意美國僑民撤回當地,表示除非「赤色」新政權有令人滿意的措施[130]。

廣州總領事詹金斯最初視黃埔軍校校長兼廣州衛戍司令蔣中正為左派,且握有實權。在有關廣州示威遊行活動的報告中,多強調由黃埔軍校學生帶領[131]。11月6日,詹金斯報告,蔣中正有意緩和罷工風潮及排外運動,並且阻止蘇俄代表一再煽動排外風潮[132]。1926年3月

---

[127] Jenkins to MacMurray, undated, *SDA*, 893.00/6702. 俄國顧問與黃埔學校軍事訓練之關係密切,國民革命軍兩次東征勝利,與不少俄國顧問參與戰略之策劃有絕對關係。如 General V. A. Stepanov 即為蔣中正的軍事顧問。參見:C. Martin Wilbur & Julie Lien-ying How, *Missionaries of Revolution,* pp. 144-145.

[128] 美國國務院外交檔案卷宗名稱,即是「廣州國民黨激進派大獲全勝」(Victory of the Radical Wing of the Kuomintang in Canton)。見 *FRUS,* 1925, Vol. I, pp. 740-748.

[129] 詳見:李雲漢,《從容共到清黨》,頁 468-482。

[130] MacMurray to Kellogg, Aug. 31, 1925, *FRUS,* 1925, Vol. I, p. 745.

[131] Jenkins to Kellogg, May 15, 1925, *SDA,* 893.00/6271.

[132] Jenkins to MacMurray, Nov. 6, 1925, *SDA,* 893.00/6834. 報告中同時提到蔣中正東征勝利,聲望如日中天。

20 日「中山艦事件」發生。詹金斯對蔣中正的觀感逐漸改變：

> 蔣不要俄國顧問了。廣州將軍李濟琛因此對蔣態度冷淡，國民
> 政府主席汪精衛不贊成蔣的行動。政府中的溫和派好像支持
> 蔣，並且似乎期待採取更保守的政策。除非俄國能成功團結廣
> 州激進派驅逐蔣和黃埔軍校生。[133]

中山艦事件的爆發，蔣中正認為此係共黨分子的「倒蔣陰謀」，於事變後立即採取必要措施。4 月 3 日，向中央執行委員會提「整軍肅黨準期北伐」的建議，要求中央於短期內召開第二次中央執行委員會全體會議，以決定重大的黨政決策[134]。

當時國民政府正因省港大罷工與香港英國政府交涉，詹金斯向駐華公使馬慕瑞表示「只要國民黨內的溫和派一旦掌控全局，整個形勢將會改善」[135]，其後由鮑羅廷所發起的共黨組織「青年軍人聯合會」遭蔣介石下令解散。詹金斯以為「這是一個極端激進的組織，黃埔軍校

---

[133] MacMurray to Kellogg, Mar. 24, 1926, *FRUS,* 1926, Vol. I, p. 701. 全文報告事件的經過如下：廣州形勢趨於緊張，星期六上午黃埔軍校有行動，罷工委員會和蘇俄人住區突然被士兵包圍。關於此事，我剛得到可靠情報，軍校的蔣將軍對中山艦全體官兵、某些罷工領袖和蘇俄的態度發生懷疑。他的部隊以慣有的敏捷控制了該艦。同時包圍工人總部(罷工委員會)和所有蘇俄人的住宅並搜繳武器。有許多人被捕，其中包括蘇俄人和蔣在黃埔軍校的部屬。

[134] 有關「中山艦事件」的發生，國民黨認為是廣州共黨製造的倒蔣陰謀，中共方面則以為此為蔣中正一手導演的權力鬥爭。詳見蔣永敬，〈三月二十日事件之研究〉，《中華民國初歷史研討會論文集》(臺北：中央研究院近代史研究所，1984)，頁 159-181；蔣永敬，〈中山艦事件原因的考察〉，《歷史月刊》，第 21 期(1989：10)，頁 24-37。

[135] Jenkins to MacMurray, Apr. 14, 1926, *FRUS,* 1926, Vol. I, p. 703.

校長採取此一行動的重要性，在於摧毀軍中的激進派」⑬。

　　5月初詹金斯報告，廣州公安局長吳鐵城被解職，由於吳鐵城與孫中山哲嗣孫科關係密切，向被視爲溫和派人物，蔣擔心此一舉動會激起黨內溫和派的反彈，而影響即將召開的中央執行委員會，特聲明此舉非對溫和派的存有惡意。詹金斯報告新任局長李章達係蔣中正人馬，蔣的勢力不僅已完全控制警察，且凌駕政府之上⑬。

　　5月15日，國民黨中央執行委員會第二次全體會議召開，會中通過著名的「整理黨務案」——將共產黨員逐出於中國國民黨最高黨部之外，並予以嚴厲限制⑬。詹金斯仔細報告「整理黨務案」之經過，並表示「蔣中正已完全控制局勢」，「共產黨人表面似有妥協，所以未遭驅逐」，他坦承此項結果令人滿意⑬。

　　中山艦事件發生後，中共勢力大受打擊，蔣中正則崛起爲國民黨中央常務委員會主席(由張靜江代理)兼組織部部長⑭。但是，不少在華外人仍質疑蔣中正的激進派傾向。例如孫中山的美籍友人索考斯基(George Sokolsky)向南下考察的北京使館參贊邁爾表示，國民黨中的溫和派——負責外交的伍朝樞及外交委員會中的傅秉常經由上海逃到香港，係蔣整肅溫和派的結果⑭。「美國報業聯盟」(Newspaper

⑬　*SDA,* 893.00/7412.

⑬　Jenkins to MacMurray, May 4, *SDA,* 893.00/7445, 7473.

⑬　限制條令包括：共產黨應將其參加國民黨之黨員名冊交出，共產黨不得擔任國民黨中央黨部部長，在各級黨部任執行委員人數不得超過總數之三分之一，共產黨對參加國民黨之共產分子所發之訓令，應先提交聯席會議通過，國民黨員不得加入共產黨。見：李雲漢，《從容共到清黨》(臺北：中國學術著作獎助學會，1965)，頁506-507。

⑬　*SDA,* 893.00/7469.

⑭　李雲漢，《從容共到清黨》，頁511。

⑭　Mayer to Kellogg, July 6, 1926, *SDA,* 893.00/7713. pp. 1-3.

Alliance of America)代表阿本德(Abend)則對蔣與俄國顧問鮑羅廷的關係存有戒心；廣州海關的貝爾上校(Colonel Hayley Bell，英籍)，推斷北伐軍目前與北方馮玉祥關係密切，兩人都屬「赤色」政權[142]。

1926年6月中旬，美國駐華參贊邁爾南下考察。駐汕頭的何應欽將軍曾與之會面。何應欽以「蔣中正親密戰友的身分」，表示「國民黨絕對不是赤黨，與俄國人沒有密切關係」，並表示共黨分子在部隊中僅是少數。針對國民黨依賴蘇俄援助一事，邁爾警告勿玩火自焚。其後，邁爾到上海與溫和派的王正廷、伍朝樞會面，了解國民黨內部的分裂[143]。

美國駐華公使馬慕瑞，則視廣州政府爲赤化政權。他曾於9月南下廣州，並與廣州派領袖接觸，在報告中他稱「激進化的廣州赤色領導人」。馬慕瑞出於懼共心理，認爲中國全面性的排外運動是受了共產國際的蠱惑。1926年11月他在給國務院的電報中，透露他對於中國走俄國革命路線的憂心：

> 中國未能有效地利用自己的機會，加以列強在長達三年多的時間內，未能勸服法國採取行動履行華盛頓條約，不幸導致替蘇俄破壞性影響開闢了道路。第三國際宣稱喚起所謂東方半殖民地國家，尤其是中國的反外情緒……[144]

當時北京政府正交涉廢除中比條約事宜，馬慕瑞頗不以爲然。他認爲

---

[142]　*SDA*, 893.00/7713. pp. 7-10.

[143]　*SDA*, 893.00/7713. pp. 45-46, 48-49.

[144]　MacMurray to Kellogg, Nov. 19, 1926, *FRUS*, 1926, Vol. I, p. 1000.

中國目前不應走俄國革命路線，而仿照日本和泰國模式走漸進路線，先使本身成爲有能力承擔責任的主權國家，如此才可能得到承認。中國正處於漸進與革命的十字路口，他建議「在中國不可避免地做出抉擇前，美國政府應做些措辭友好的警告」⑮。

　　1927年初，愈來愈多的美國在華「中國通」，向美國官方報告國民黨內部的路線之爭，並且表達美國政府應支持國民黨溫和派，以打擊共產國際在中國的肆虐。例如：索考斯基(Sokolsky)指出「美國政府應誠懇與國民黨右派交涉，爲反對鮑羅廷政變而合作」⑯。孫中山的私人顧問諾曼(Robert Norman)則告知美國公使馬慕瑞：「美國應參與驅逐革命黨中的共產分子」，「設法找出使國民黨更溫和的方法」⑰。頗負影響力的《密勒氏評論》(*China Weekly Review*)主筆鮑威爾(J. B. Powell)則聲稱「廣州是中國的新希望」⑱。

　　駐華公使馬慕瑞報告1月份中國情勢大要，提到蔣中正在南昌一次軍事會議上力圖採取措施，抵制共產黨人在國民黨內的影響，但遭到鮑羅廷及鄧演達等共黨分子的強力反對。馬慕瑞對於蔣中正是否能

⑮　MacMurray to Kellogg, Nov. 19, 1926, *FRUS,* 1926, Vol. I, pp. 998 -999. 國務卿不同意馬慕瑞表態反對廢除中比協定的意見，希望持保留態度。以便將來美國處理1903年中美條約時能有較大的彈性。詳見：Dorothy Borg, *America and the Chinese Revolution, 1925-1928,* p. 150.

⑯　Memorandum by George Sokolsky, Jan. 1, 1927, box 56, Johnson Papers, quoted in Brian T. George, *The Open Door and the Rise of Chinese Nationalism: American Policy and Chinese, 1917-1928* (Ann Arbor: University Microfilms International, 1983), p. 275.

⑰　MacMurray to Kellogg, March 7, 1927, *SDA,* 893.00/8360.

⑱　Dorothy Borg, *America and the Chinese Revolution, 1925-1928,* p. 202. 鮑威爾曾於臨城案中被劫。

控制局勢不表樂觀⑭。美國使領對於日益激化的國共關係可說相當了解。

另一方面，1927 年 1、2 月國民政府內的溫和派分別與駐上海及駐廣州總領事聯絡，表示國民政府實權操諸於國民黨溫和派，有意爭取美國政府之援手。1 月 26 日國民黨中央執委王正廷事先徵得蔣中正同意與美國駐上海代理領事高斯(Clarence E. Gauss)舉行秘談，表示「國民黨右派不希望上海發生戰事，國民黨的控制權不在左派」⑮。2 月 25 日，與廣東財政廳長孔祥熙過從甚密的柯恩(Morris Cohen)兩次會見廣州總領事詹金斯，柯恩強調：蔣與鮑羅廷之間已達永久性分裂，蔣痛恨俄國，只是因爲俄國提供援助，才勉強與鮑羅廷合作，如果其他外國提供類似的援助，蔣打算立即同鮑羅廷決裂⑮。3 月 23 日，柯恩再與詹金斯會面，補充說明孔祥熙對此意見表示認可⑮。

4 月初，北京當局在蘇聯使館查獲大量蘇俄陰謀文件。4 月 12 日，國民黨中央執行會在上海「清黨」，其後東南各省展開全面的反共運動，美國各地駐華領事對此一結果都表示興奮之情。包括廣州總領事詹金斯(Douglas Jenkins)、福州領事普萊斯(Ernest B. Price)、汕頭副領事張伯倫(Culver B. Chamberlain)、漢口總領事羅赫德(Frank P. Lockhart)報告各地的情況。美駐華公使馬慕瑞認爲此一

---

⑭ MacMurray to Kellogg, Feb. 21, 1927, *FRUS,* 1927, Vol. II, p. 2. 馬慕瑞提到南昌會議的記載，並無提到鮑羅廷是否出席此次會議。按：1926 年秋，國民黨中央決定遷武漢。12 月牯嶺會議上，蔣建議國民政府設於南昌，遭致鮑羅廷等人的反對。1927 年 1 月 3 日，蔣在南昌舉行中央政治會議，另作出遷都南昌的決定。

⑮ *SDA,* 893.00/8336.

⑮ Jenkins to Kellogg, Feb. 16, 1927, *SDA,* 893.00/8502.

⑮ *SDA,* 893.00/8427. 另參見陶文釗，《中美關係史，1911-1950》（四川：重慶出版社，1993），頁 119-120。

結果「導致漢口的死硬激進派和南京的溫和派分裂」⑮。

　　如上所述，駐華使領大量報告了革命陣營的路線之爭，提醒美國政府注意此一情勢之發展。有關蔣中正係黨內「溫和派」領導的消息在 1927 年初大量增多，許多人主張介入國民黨內部路線之爭，以挽救中國，使它擺脫蘇聯的影響和控制。當然，報告中也有不少矛盾之處，例如：駐華公使馬慕瑞對蔣中正的批評甚多，指蔣比其他的激進派更殘忍、排外及不可信賴，提醒國務院勿支持蔣；而廣州總領事、及其他駐華人士對於蔣中正的反共傾向多持肯定⑭。

　　1927 年 4 月 18 日，南京國民政府成立，與武漢國民政府——國民黨內的激進派及俄國顧問操縱之政府——分庭抗禮（寧漢分裂）。由於蔣中正的反共立場，國務卿及遠東事務司司長詹森，傾向於中國出現一個溫和政權以緩和層出不窮的排外事件，並解決南京事件之善後問題。但是，這種同情並沒有轉化成實質的軍事或物質援助，沒有直接的證據顯示美國政府曾支持國民黨內的右翼以打擊左翼及共產黨⑮。

---

⑮　詹金斯報告：廣州 4 月 15 日的清黨行動，是「兩年來此類運動最令人鼓舞的發展」；普萊斯報告福州的清黨行動，由蔣直接命令；張伯倫報告，汕頭鎮壓激進派的行動顯然獲勝；羅赫德報告：漢口局勢明顯好轉，漢口領導人被迫採取補救措施，避免徹底垮臺。駐華公使馬慕瑞表示：「蘇聯在華顛覆破壞活動的危機至少暫時過去了。4 月 17 日蘇聯使館人員撤走駐北京使館人員，此舉並非空洞姿態，而是承認失敗」。詳見：MacMurray to Kellogg, May 10, 1927, *FRUS,* 1927, Vol. II, pp. 7-11.

⑭　Warren I. Cohen, *American's Response to China* (New York: Columbia University Press, 1990), p. 99.

⑮　相關討論參見第五章，南京事件。目前中共史家對大革命時期的中美關係的研究，所建立的一套解釋體系是，美國政府對於國民政府內「溫和派」蔣中正的支持，在於「分化」民族主義運動。見：牛大勇，〈北伐戰爭時期美國分化政策與美蔣關係形成〉，《近代史研究》（北京：1986：6），頁 187-211；陶文釗，《中美關係史》（重慶出版社，1993），頁 116-124。筆者認為此種解釋

1927年下半年蔣中正下野，南京政府並不穩固，對美國政府而言是中國局勢的進一步明朗化，仍值得觀望。

事實關係的建立與承認問題

　　從五卅爆發後的全國性排外運動中，華南地區之風暴遠甚於華北，尤其是廣州政府所在的兩廣地區，幾乎成了華南排外運動的中心。從沙基慘案、省港大罷工⑮⑥、反教排外運動，幾乎讓各國在華使領疲於應付。陷於癱瘓的北京政府早已不能承擔保護外人生命財產之責，迫使美國政府不得不與廣州當局建立事實關係，以保護僑民安危。

　　美國在華僑民主要分為兩大類，即商人和傳教士。美國在華僑民

　　過度強調美國政府介入國民政府內部左右派之爭，並沒有可信的充分證據，足以證明美國政府曾支持國民黨內的右翼反對左翼及共產黨。另可參見：John K. Fairbank, *The United States and China* (Cambridge, Mass.: Harvard University, 1978), Fourth Edition, p. 325. 費正清對美國政府介入國民政府左右翼路線之爭，亦持保留態度。

⑮⑥　五卅慘案後，6月1日引起上海罷工事件(六一事件)，6月23日，廣州各界為援助六一事件，舉行示威大會，遊行隊伍行經沙面租界對岸之沙基，遭英法兵開槍，為「沙基慘案」。6月27日，省港罷工委員會成立，由蘇兆徵(共黨)任主席。7月1日，國民政府成立決支援香港罷工，派外交交涉員傅秉常向英法領事抗議。其後，英法互推諉慘案責任，國民政府因外交無法解決，乃發布與英斷絕經濟關係，並封鎖香港，斷絕省港交通。省港罷工則持續擴大，並為共黨所控制。北伐開展後，國民政府軍費增加，無法兼顧罷工工人救濟，乃決定停止罷工風潮及封鎖政策。9月18日，陳友仁照會英國，主動答應將於10月10日停止抵制英貨與香港罷工運動，條件為必須同時實施關稅會議所決定的一般貨品2分5厘的附加稅(奢侈品5分)。詳見：李守孔，〈北伐前後國民政府外交政策之研究——民國十三年元月至民國十六年三月〉，頁613-623, 有關中英間有關省港大罷工之發生、解決，以及影響英國對華政策之舒緩，詳見：Edmund S. K. Fung, *The Diplomacy of Imperial Retreat: Britain's South China Policy, 1924-1931,* pp. 44-52, 82-90.

及其利益主要集中上海，1925 年美國在華商業投資總數包括財產值和美元投資約為一億二千三百萬美元。美國在華教會機構在華擁有的資產估計達 3275 萬美元⑱。美國遠東事務司司長詹森在 1925 年夏季起草的一份備忘錄中指出：

> 中國政府(北京)並沒有美國根據中美兩國之間的條約關係，讓美國僑民獲得應有的全面保護。這樣一來美國亞洲艦隊(Asia Fleet)的負擔，就變得非常沈重……諸如在鎮江、九江、漢口、廣州和上海等地的排外運動，亞洲艦隊都隨時待命支援。⑱

如同本章第一節所述，應付中國激化的排外運動，美國政府在使用武力護僑一事上，持相當謹慎的態度，在給使領常有的訓令是「保護僑民生命」，而非「保護生命財產」，也就是說美國政府並不希望用武力來保護租界或在華勢力。

但是，置身於中國排外風暴圈的駐華使領，顯然擔負保僑的直接壓力。面對北京政府的無能，美國駐華使領最早表達希望與中國地方勢力建立直接關係，確保僑民安全。

1925 年下半年起，受到省港大罷工的波及，廣州美國僑民住宅商店遭襲，廣州總領事詹金斯建議國務院採行強硬態度。「只要列強愈屈從於目前的攻擊方式，就會面臨愈來愈蔑視於條約權利的攻擊，居住此地的美國僑民對此甚感不安」。他建議國務院「以某種謹慎的態度，

⑰　C. F. Remer, *Foreign Investments in China* (New York: Macmillan Co., 1934), pp. 76, 333.

⑱　Bernard D. Cole, *Gunboats and Marines: The United States Navy in China, 1925-1928,* pp. 72-73.

在一定程度內通過廣州總領事館與廣州政權溝通」，希望與廣州政府直接交涉的方案，不必再透過北京，因爲「同北京政府交涉有關廣州事務，不僅沒有結果，而且更會惹惱廣州當局」⑮。

次年年初，梧州教會及海南島教會先後遭襲。2 月 26 日詹金斯要求國務院答應派遣領事官員到海南，並授權向廣州政府表示強烈抗議⑯，國務院批准此事⑯。駐華公使馬慕瑞隨即向國務院建議，由於中國各地的排外風波不斷，全中國各地沒有一個政權能阻止各地的騷動。此一情況使得美國各地領事官員顯然不足，他建議派遣如同領事階層的私人代表與地方政府直接交涉⑯。事實上，此一建議等於是和中國地方政府建立事實關係。

華南地區的排外風潮愈演愈烈，5 月份華南美僑協會(American Associate of South)向國務院請願，表明自身利益的危險。詹金斯再三建議絕對不能再容許廣州當局漠視外人生命財產，美國政府應採取有效遏制手段，必要時應以武力威脅⑯。馬慕瑞公使考慮使用武力可能更激怒中國人民，但究竟採取積極或消極政策，他認爲有必要透過公使館觀點與詹金斯的觀點互補，以謀取應變方針，建議國務院派遣美國使館參贊邁爾南下考察⑯。國務卿凱洛格批准即刻派邁爾赴香港及廣州，並叮囑「關於採取行動應付美國利益在華南面臨的局勢一事……如果問題涉及外國人開辦的醫院或學校，則應從更多的角度考慮

⑮ Jenkins to MacMurray, Feb. 6, 1926, *FRUS*, 1926, Vol. I, pp. 690-691.
⑯ MacMurray to Kellogg, Mar. 1, 1926, *FRUS*, 1926, Vol. I, p. 697.
⑯ Kellogg to MacMurray, Mar. 1, 1926, *FRUS*, 1926, Vol. I, p. 697.
⑯ MacMurray to Kellogg, Mar. 1, 1926, *FRUS*, 1926, Vol. I, pp. 697-698.
⑯ Jenkins to MacMurray, Apr. 14, 1926, *FRUS*, 1926, Vol. I, p. 703.
⑯ MacMurray to Kellogg, May 20, 1926, *FRUS*, 1926, Vol. I, p. 707.

使用武力應付此類問題所可能導致的後果」[165]。表明美國國務院對於使用武力干涉持相當保留態度。

　　就在邁爾南下前後，國民政府代理外交部長陳友仁積極突破外交承認之困境。陳友仁於6月初要求各國領事稱他爲「外交部長」，以此作爲交涉國際事務包括與英國政府解決香港罷工問題的先決條件。英法領事準備照辦，但英國政府表明採用此一稱謂，非含承認之意，僅是禮貌性質。美國駐廣州總領事也擬比照辦理。其次，陳友仁已取代海關稅務司簽發第6節規定的簽證(按：指根據1884年7月5日美國排華法案第6節規定的赴美華人簽證)，由於海關稅務司係得到承認的北京政府所委派的，廣州總領事請示國務院應否拒絕陳所簽發的簽證。廣州總領事詹金斯同時建議「請儘量予廣州政府尊重，由於我們必須將廣州政府視爲事實政權(de facto authority)辦理交涉」[166]。國務院回覆不反對如此辦理，「鑑於目前此一國家的解體狀態，且簽證上的官方稱謂，僅是手續上的形式，重要的是領事館的簽證」；但是可能的話，還是希望勿使用「外交部長」稱呼，以免發生誤解[167]。6月底，詹金斯已在照會中稱陳友仁爲「代理外交部長」，雖另具專函表示純屬禮貌性質，不意味著承認。但是就國民政府爭取外交承認之努力而言，畢竟是往前邁進一步[168]。

　　6月11日，邁爾抵達廣州，廣泛與美國僑民及廣州高層接觸。索考斯基向他建議：對付華南的排外運動，應採「以牙還牙」報復手段，

---

[165]　Kellogg to MacMurray, May 21, 1926, *FRUS,* 1926, Vol. I, pp. 707-708.

[166]　MacMurray to Kellogg, June 26, 1926, *FRUS,* 1926, Vol. I, p. 667.

[167]　Kellogg to MacMurray, July 3, 1926, *FRUS,* 1926, Vol. I, p. 668.

[168]　Jenkins to MacMurray, July 7, 1926, *FRUS,* 1926, Vol. I, pp. 668-669.

愈是忍讓，廣州人民愈得逞；對於關稅會議決定讓中國於 1929 年享有關稅自主實爲一大失策，爲謀補救，應否定北京政府之存在，使此案因而不成立。華南教會團體及商人向邁爾表示，政府的保衛措施使得美國僑民受欺凌，表達強烈不滿，主張採取強硬手段⑯。

6 月 15 日，邁爾與陳友仁會面，抗議華南美僑受攻擊一事。陳友仁表示廣州政府對於排外風潮願採和解姿態，希望美國政府耐心等候⑰。次日，在陳友仁與宋子文安排下，邁爾與鮑羅廷會面。雙方言詞客套，並無談及俄國顧問在廣州的活動，僅鮑羅廷提問「爲何美國不和廣州打交道？」雙方稍有尷尬外，尚稱和睦⑰。

6 月 19 日，邁爾與美國駐香港總領事崔得爾(Roger Culver Tredwell)會晤英國駐香港總督克里蒙弟爵士(Sir Cecil Clementi)。港督克里蒙弟針對革命軍如北伐成功，以及占領長江流域將對外人產生的影響深入評估。雙方並且就不承認政策(non-recognition)交換意見，克里蒙弟極力讚揚不承認政策，認爲列國如繼續承認北京政府爲中央政府，不僅是不切實際，且使得列國與中國大多數的半獨立地區之交涉陷於困境。邁爾向港督私下表示：如採行不承認政策，各國公使名銜應改由高級專員(High Commissioner)取代⑫。事實上，克里蒙弟於 6 月及 8 月曾致電英國殖民部部長愛馬瑞(Leopold Amery)，建議採行對北京政府的不承認政策，甚至主張如

⑯ *SDA*, 893.00/7713. p. 20. 報告中提到他所接觸的教會人士及商人當中，除了廣州基督教大學校長亨利博士(Dr. Henry)外，多主張強硬態度。

⑰ *SDA*, 893.00/7713. pp. 12-16. 爲邁爾與陳友仁的談話。邁爾認爲陳友仁是鮑羅廷的合夥人。

⑰ 鮑羅廷提問北方局勢如何？邁爾答覆：一團糟。鮑羅廷續問美國對廣州的態度。*SDA*, 893.00/7713. p. 29.

⑫ *SDA*, 893.00/7713. pp. 35-36.

果國民政府解決省港大罷工及反英風潮,英國政府則應予國民政府實際所轄的領域事實或法理的承認。但英國政府基於現實考量,仍宣稱廣州為地方政府[173]。

6月26日,邁爾在上海與索考斯基、王正廷和伍朝樞會面。伍朝樞向邁爾陳述列國應採行不承認政策。邁爾提出此一政策可能被反對的理由,例如它可能使得中國在中央政府虛懸的情況下,分立弱小的地方政權再次任由各國剝削,如同1898年以前的情況。伍則反覆陳述此一理由並不充分,因為列國現所承認的北京政府,係中國政局穩定的絆腳石;列國之承認北京,反而更加促使中國分裂[174]。

邁爾於廣州之行後,於致國務院的考察報告中,乃闡言「不承認政策」,謂北京政府早已徒具虛名,建議與中國半自治地區建立關係;對於廣州政府確實有必要採善意回應。他表示廣州政府並不急於獲得承認,僅希望與北京政權立於平等地位,即否定北京政府為「中央政府」。美國政府「應以特別的措辭使廣州當局了解,採行此一政策,係盼望美國迅速改變對華南的利益及態度」[175]。駐華公使馬慕瑞亦有同感,他於7月7日致電附和邁爾的意見,認為保護美國在華南的利益

---

[173] Clementi to Amery(desp.), June 27, 1926(C15072) and Aug. 9, 1926(C 15649), Colonial Office 129/493. Quoted in Edmund S. K. Fung, *The Diplomacy of Imperial Retreat: Britain's South China Policy, 1924 -1931,* p. 97. 鑑於國民政府所統治的領域不逾中國的1/3,而其管轄權的認定亦甚不明確,加以武漢政權的穩定性亦堪虞。英國外務部不願予國民政府事實或法理承認,但是,英國下議院要求承認廣州的呼聲愈來愈大,英外務部乃於1926年11月11日宣稱:廣州政府被視為地方政府(local administration),任何超越於此分際的步驟,英國政府必須嚴加考量,包括此一政權的對條約的履行義務、實際的情勢及中國人民的願望。見:同書,頁98。

[174] *SDA,* 893.00/7713. p. 49.

[175] *SDA,* 893.00/7713. p. 58.

及人民生命財產，美國對華政策必須做通盤考量，北京政府已是徒具虛名，繼續同北京政府交涉，徒損美國的利益⑯。

　　美國政府最初對於不承認政策，顯然相當躊躇。緣於北京關稅會議停開，美國不願擔負因不承認北京政府，導致會議無法重開的責任，所以持保留態度。馬慕瑞於 8 月 14 日兩度致電國務院闡明不承認北京政府的主張，表達此一政策，並非承認國民政府，而是認定整個中國無具代表中國人民之政府⑰。同年 9 月，馬慕瑞的廣州之行，是國民政府成立以來第一個同國民政府接觸最高階的外國公使⑱。經實地了解後，他認為：不必要採取任何激烈行動威脅廣州當局，國民黨確實大有誠意同列強採取緩和政策，此一原因是期待被列強視為中央政府；再者，避免正展開的北伐軍事行動腹背受敵⑲。事實上，為了保證北伐軍事的成功，9 月 18 日，陳友仁已照會英國，主動答應將於 10 月 10 日停止抵制英貨與香港罷工運動⑳。

　　另一方面，北伐軍自 1926 年 7 月展開後攻勢凌厲，10 月份即抵達與英國利害最深的長江流域，中國南北情勢漸成逆轉。消息傳出英國

---

⑯　MacMurray to Kellogg, July 7, 1926, *FRUS,* 1926, Vol. I, p. 712.

⑰　MacMurray to Kellogg, Aug. 14, 1926, *FRUS,* 1926, Vol. I, pp. 671 -677. 詳見本章第一節「從事實承認到不承認政策」。

⑱　英國新任公使藍普遜(Miles Lampson)於 12 月初抵華逕赴武漢會晤國民政府外交部長陳友仁商談修約事宜。參見：唐啟華，〈北伐時期的北洋外交——北洋外交部與奉系軍閥處理外交事務的互動關係〉，中華民國史專題第 1 屆研討會(臺北：1992 年 8 月 6 日至 8 日)，頁 4。就與國民政府官方接觸的公使位階而言，美國公使與國民政府的直接接觸較早。

⑲　Mayer to Kellogg, Oct. 3, 1926, *FRUS,* 1926, Vol. I, p. 868.

⑳　陳友仁要求解決條件：必須同時實施關稅會議所決定的一般貨品 2 分 5 厘的附加稅(奢侈品 5 分)Edmund S. K. Fung, *The Diplomacy of Imperial Retreat: Britain's South China Policy, 1924-1931,* p. 89. 洪鈞培，《國民政府外交史》，頁 71-72。

政府有意承認廣州政府，美國政府是否也有此意向，甚受矚目。11月
11日，意大利大使特以此詢問美國遠東事務司司長詹森(Nelson　T.
Johnson)。詹森表示：美國政府的政策是與任何能代表中國談判，並
為中國負責的政府建立友好關係，美國尚未考慮承認廣州政權的問
題，而且也不準備與中國任何地區政權建立正式性質關係，但是「如
果廣州政權控制中國大部地區，無疑將考慮承認問題」[181]。詹森的談
話，實際已顯露出美國政府對中國政局已有觀望之意。

　　1927年1月15日，美國國務院權衡利弊之後，終於接受邁爾及馬
慕瑞的建議：即對北京政府採不承認政策，對中國新政府的承認則是
「事態的發展須等候，直到任何一集團或派系，確實為全中國人民所
賦予的權利，才予以承認」[182]。

　　1927年3月中旬北伐軍連攻克上海、南京。為因應此一情勢，美
國國務院決定派駐華參贊邁爾擔任美國公使駐漢口的私人代表，與武
漢國民政府建立非正式關係。但駐華公使對於武漢政權的赤化極是不
安，建議國務院勿有此舉。他認為此一舉動，將使得美國政府在道德
上支持南方派的北伐，以反對北方派的具體行動；並且鼓勵武漢政權
的激進派對抗國民黨內的溫和派。在一份電報中，他再次提到前年8月中
旬他所建議的「不承認政策」，係與中國各地方勢力保持事實(de facto)
關係，以待一個強而負責的中央政府的實現。鑑於中國目前無實際的政
府存在，他建議國務院廢除駐華公使一職，將他改任為高級專員(High

[181]　Memorandum by the Chief of the Division of Far Eastern Affairs,
　　　Nov. 11, 1926, *FRUS,* 1926, Vol. I, pp. 683-684. 英國政府由於受到省港
　　　大罷工的壓力，有意對廣州當局軟化。

[182]　Kellogg to MacMurray, Jan. 15, 1927, *FRUS,* 1926, Vol. I, p. 688. 「
　　　不承認政策」，相關內容，見本書第四章第一節「從事實承認到不承認政
　　　策」。

Commissioner)，同時也將漢口總領事羅赫德改任為專員[183]。

美國國務院的考量顯然比駐華公使馬慕瑞實際，認為目前沒有任何一個國家提出廢除駐華公使的建議，盱衡美國在華利益，確實毋須做此改變。國務院也同意目前中國還沒有出現符合承認條件的政權[184]。採行「不承認」，並與中國各地方勢力建立關係，確實是保護美國在華利益之上策，此即南北統一以前，美國政府對中國內政的基本立場。

對徵收關稅附加稅的反應

國民政府自始反對北京關稅會議之召開，認為不過使北洋軍閥得到巨款，繼續混戰。及至關稅會議因北京政變中斷，時掌控北京的張作霖急於另闢財源，一再催促關稅會議重開，以簽署正式協議。國民政府則以強硬手段抗爭。陳友仁向廣州總領事詹金斯抗議：一旦關稅會議重開，將不惜採激烈手段抗爭到底[185]。1926 年 7 月底國民政府已積極考慮在北京政府關稅會議未簽署前，實行徵收華盛頓會議附加稅的問題[186]。美國國務院對此事件的回應，遠異於孫中山時期關餘交涉風波中的強硬態度，顯見對南方政府態度的轉變。

2 分 5 厘附加稅是華盛頓會議中決定的，但在北京關稅會議一直

---

[183] MacMurray to Kellogg, Mar. 22, 1927, *FRUS,* 1927, Vol. II, pp. 4-5.

[184] Kellogg to MacMurray, Mar. 24, 1927, *FRUS,* 1927, Vol. II, p. 6.

[185] Jenkins to MacMurray, July. 29, 31, 1926, *FRUS,* 1926, Vol. I, pp. 849, 853. 有關廣州政府反對北京關稅會議之經過，詳見：李守孔，〈北伐前後國民政府外交政策之研究——民國十三年元月至民國十六年三月〉，頁 631-634。

[186] 李恩涵，《北伐前後的「革命外交」(1925-1931)》(臺北：中央研究院近代史研究所，1993)，頁 105。

成爲討論的焦點，最後未能簽署正式決議。在會議的最後階段，是否附帶義務將2分5厘附加稅的增收部分，用於償還不確定債務上，成爲歧見所在。英國主張無條件實施2分5厘附加稅，但美國與日本反對。美國公使馬慕瑞則附和日本提議，並且認爲此筆款項如不用於整理債務，將使此筆款項淪爲內戰之用[187]。北京關稅會議中斷後，各國仍召開非正式會議交換附加稅問題的意見；及至廣州政府準備強徵華會附加稅，迫使列國對此問題做出迅速的反應。

　　1926年9月底，英國政府迫於省港大罷工的壓力，有意讓廣州政府經由海關徵收經過廣州港的所有商品稅(包括奢侈品及一般品)[188]。美國公使馬慕瑞認爲，在未簽訂正式協議下，無論如何廣州政府都不應強行徵稅，主張聯合各國示威，並建議派遣美國海軍保護廣州海關[189]。然而美國國務院不贊成這項舉動，認爲「沒有必要迅速與英、日討論海軍示威問題」，僅要求廣州總領事詹金斯向廣州當局抗議此舉逾越條約[190]。國民政府不等列國同意，10月11日廣州當局就開始徵收2分5厘的附加稅(奢侈品5分)[191]。

　　10月底，國民革命軍完全克服武漢，引起日本、英國、及美國政府極大關心。因爲武漢是僅次於上海的長江經濟中心，各國擔心國民政府仿效廣州徵收附加稅的措施。11月漢口海關發生罷工風潮，馬慕

---

[187] American Delegation to Kellogg, June 13, 1926, *FRUS,* 1926, Vol. I, 758. 另參見臼井勝美，《日本と中國——大正時代》，頁250-251。

[188] Jenkins to MacMurray, Sep. 29, 1926, *FRUS,* 1926, Vol. I, p. 863.

[189] The Chargé (Mayer) to Kellogg, Oct. 4, 1926, *FRUS,* 1926, Vol. I, p. 870.

[190] Kellogg to Mayer, Oct. 5, 1926, *FRUS,* 1926, Vol. I, p. 871.

[191] 李守孔，〈北伐前後國民政府外交政策之研究〉，收入：中華文化復興運動推行委員會主編，《中國近代現代史論文集》，第24編，頁634。

瑞又建議國務院不可坐視海關機構陷於癱瘓，促請以美國海軍維護海
關安全⑩。美國國務卿對於馬慕瑞的建議再次不表贊同，認爲「中國
海關隸屬於中國政府所有，假如中國政府欲取消海關或中國人民欲摧
毀海關……美國政府都不應干涉」⑩。

　　12月初，美國駐漢口總領事羅赫德向國務院報告，英國新任公使
藍浦生將乘海軍艦艇到漢口，與國民政府交涉修約事宜⑭。12月2日
英國駐京代辦歐瑪利(Owen O'Malley)提議無條件實施華會附加
稅，交由海關徵收，以與國民政府妥協，並表示如果列國不採取一致，
英國準備單獨採行⑮。此一意見爲美國國務院接受，且國務院訓令馬
慕瑞鑑於中國內戰的事實，美國政府應避免介入海關徵收的收入該交
由中國那一派系，指示全權交付海關處理⑯。日本駐美大使(松本)於
12月14日告知凱洛格，日本政府不贊成此一提議，理由是此時如果同
意附加稅的徵收，將強化中國忽視條約的傾向⑰。

　　12月18日，英國駐京代辦歐瑪利在召開的公使會議上，正式發表
「英國變更對華政策建議案」(即：聖誕備忘錄 Christmas Memoran-
dum)，強調不必等待強而有力的中央政府成立，就應與中國地方政府
協調。在這個基本認識下，英國所提關於附加稅的具體方案是：「無
條件承認華會附加稅，不當以在外人監督之下，而以其大部分供償還

⑩　MacMurray to Kellogg, Nov. 27, 1926, *FRUS,* 1926, Vol. I, p. 964.

⑩　Kellogg to MacMurray, Nov. 29, 1926, *FRUS,* 1926, Vol. I, p. 966.

⑭　MacMurray to Kellogg, Dec. 4, 1926, *FRUS,* 1926, Vol. I, p. 657.

⑮　MacMurray to Kellogg, Dec. 2, 1926, *FRUS,* 1926, Vol. I, p. 902.

⑯　Kellogg to MacMurray, Dec. 12, 14, 1926, *FRUS,* 1926, Vol. I, pp.
　　912, 914.

⑰　Kellogg to MacMurray, Dec. 14, 1926, *FRUS,* 1926, Vol. I, pp. 913
　　-914. 日本最初欲以華會增加之稅收用於中國償還無擔保之債務。見本章第
　　一節「北京關稅會議」之部分。

無擔保借款爲要求,應准許其在各處實行徵收,其進款之支配儲存均由中國主管官廳自行,並根本反對關稅會議涉及無擔保債款問題」[198]。此一政策即意味著,同意將附加稅所增收部分交由地方政府處理。

當時中國自由派學者胡適恰好在倫敦召開英國庚款委員會,胡適致英國外務部的 Frank Ashton-Gwatkin 表示感激,認爲英國此一重要聲明,必將迫使列國響應,因而改寫遠東政治的歷史[199]。對於美國國務卿凱洛格而言,「英國變更對華政策建議案」所表示對中國修約的誠意,實際與凱洛格長期所主張的對華政策,相差無幾。凱洛格認爲美國政府在關稅會議及修約主張,過去所作的努力實在超越英國,英國此一公開聲明,似有領導中國修約問題之意。凱洛格致馬慕瑞的電文,略有不悅,覺得馬慕瑞應及時公開表示英國政府的這項聲明並無新意,早已是美國對華政策之一部分[200]。

英國所提對華政策建議案,顯然爲有意緩和與南方之關係。北京政府認爲「英國變更對華政策建議案」,很明顯是對南方派有利,不少官員甚至懷疑聲明中認爲由地方政府收取關稅,隱含承認廣州政權之意,並鼓動中國的分裂。天津《國聞週報》認爲,英國此一聲明係承認國民政府、爲確保其遠東利益之必要,而對中國的示好;並謂英國本土的強大壓力,包括英國自由黨前首相勞合‧喬治(David Lloyd

---

[198] 「英國變更對華政策建議案」,又稱「聖誕備忘錄」(Christmas Memorandum)或「12 月備忘錄」(December Memorandum)。中文見:蔣永敬編,《北伐時期的政治史料──1927 年的中國》(臺北:正中書局),頁 156;Edmund S. K. Fung, *The Diplomacy of Imperial Retreat: Britain's South China Policy, 1924-1931,* p. 101.

[199] Hu Shi to Ashton-Gwatkin, Dec. 26, 1926, Great British, Foreign Office, China: General Correspondence, No. 371/11664, quoted in Edmund S. K. Fung, op. cit., p. 109.

[200] Kellogg to MacMurray, Dec. 23, 1926, *FRUS,* 1926, Vol. I, p. 922.

George)，要求英國改變對國民政府的態度⑳。《東方雜誌》認爲英國
新政策，了無新意：「原來所謂新政策，仍不過是舊而舊的政策，就
是左手握利劍，右手握金錢，以征服羅馬人的政策，藍浦生的政策，
說了許多廢話，只是拿了中國份所應得的二五附加稅，來引誘南北當
局以期緩和反英空氣。」⑳

　　國民政府並不歡迎英國之新政策，緣於聲明中有關華會附加稅方
案，對尚未掌握全局的國民政府造成不利態勢。12 月 29 日，武漢政府
代理外交部長陳友仁於向美國漢口總領事羅赫德(Frank Lockhart)
表示，他據可靠消息已得知美國政府有意發表公開聲明，希望美國政
府能稍緩發表公開聲明，因爲國民政府準備在 48 小時以內致電美國國
務院，陳述國民政府對英國所提附加稅的公開回應。屆時希望美國的
對華政策宣言能考慮國民政府的立場。羅赫德報告，國民政府不歡迎
英國的提案⑳。12月31日，武漢國民政府外交部長正式發表宣言，反對
英國政府對於附加稅之提案，因爲英國的新提案將使新稅的三分之二，
歸於國民政府的政敵使用；而且將使各地商港成爲軍閥爭奪的新目標，
尤其是占附加稅總數40%的上海，必定成爲各派爭奪的血戰之地⑳。

⑳　北京外交部致駐日公使汪榮寶電，1926 年(民國 15 年)12 月 24 日。轉引見：
　　Edmund S. K. Fung, *The Diplomacy of Imperial Retreat: Britain's
　　South China Policy, 1924-1931*, p. 109. 勞合‧喬治於 12 月 4 日公開演
　　講，批評那些相信廣州政權爲赤黨政權的人，他相信中國人民爲民族尊嚴及
　　國家獨立而奮鬥之事實，而廣州政府係提出實際改革計畫的美好政府。

⑳　化魯，〈國民注意對英外交〉，《東方雜誌》，第24卷第3號(1927年2月10日)。

⑳　The Consul General in Hankow (Lockhart) to Kellogg, Dec. 29,
　　FRUS, 1926, Vol. I, pp. 929-930.

⑳　The Chinese Acting Minister of Foreign Affairs at Hankow to Kel-
　　logg, Dec. 31, *FRUS,* 1926, Vol. I, pp. 935-936. 中文參見：洪鈞培，《國
　　民政府外交史》(上海：華通書局，1930 年 7 月；臺北：文海出版社繙印，
　　1968)，頁 84-85。

　　12月31日，日本駐美大使與美國遠東事務司司長詹森會晤，表示不贊成英國政府對於2分5厘附加稅的提案，認為在未簽訂華會附加稅協定以前，不應實行華會附加稅，並以為英國此舉，使得日、英、美的合作關係困難，此案同時也有鼓勵中國分立主義之嫌，日本政府建議由中國南北政府各推派代表召開北京特別關稅會議非正式會議⑳。1月3日凱洛格致電馬慕瑞表示，美國政府有意對中國政府表示寬大的讓步，並與中國任何一方政府談判，但是目前中國的分裂狀況，美國政府「在此時刻如承認各方派系，似乎是不智的，但是美國政府至少可利用此一機會表示在道義上支持一個統一的中國政府」⑳。

　　基於長期以來，領導中國實現華盛頓會議協議的考量，美國政府有意做更大的讓步，國務院準備發表一公開的對華政策宣言。馬慕瑞因與國務院意見相左，於1月4日要求返國述職，但兩星期後他已離京準備返華府前，因北伐軍抵達上海，情況危急而取消⑳。馬慕瑞認為美國政府最好對「英國變更對華政策建議案」表示緘默，不贊成此刻美國政府公開發表聲明；美國政府如果跟進發表政策聲明，則似與英國有競爭之意。他認為如果美國的公開聲明超越了中國本身所能承擔的實質，顯然對美國不利。美國與中國之關係應建立在實質基礎上，「除非將來——雖是相當不可能的，國民黨成功控制全國並建立有效政府」⑳。

---

⑳　Memorandum by the Chief of the Division of Far Eastern Affairs, Dec. 31, *FRUS,* 1926, Vol. I, p. 936.

⑳　Kellogg to MacMurray, Jan. 3, 1926, *FRUS,* 1926, Vol. I, p. 937.

⑳　Dorothy Borg, *America and the Chinese Revolution, 1925-1928,* p. 237.

⑳　MacMurray to Kellogg, Jan. 5, 1926, *FRUS,* 1926, Vol. I, pp. 937-940.

　　1927 年 1 月 27 日,美國國務卿凱洛格終於發表「對華政策宣言」,這份宣言採納了日本建議中國南北各派代表的主張,顯然也考慮武漢國民政府所憂慮的助長中國內戰的問題,同時也兼顧駐華公使馬慕瑞及國會的意見。對於 2 分 5 厘附加稅的實施,表示此爲 1925 年關稅會議所決定,但因會議中斷,無法簽訂協議,美國政府始終希望「實施華會所規定的附加稅,並增加海關稅收,俾在實施關稅自主以前,足夠維持中國一切需要」,並且說明:

　　　　美國政府準備繼續談判治外法權及關稅的全盤問題,或由美國
　　　　進行單獨談判。唯一的問題是和誰去談判。我已說過假如中國
　　　　能協議任命能代表本國的人民或當局的代表,我們準備談判這
　　　　樣的一個新條約。……[209]

在宣言中美國政府再次強調對中國內政保持嚴謹中立態度。誠如凱洛格所言「唯一的問題是和誰去談判?」駐美公使施肇基認爲北京及國民政府不可能推出共信之代表;國務卿凱洛格則表示不論北京政府外長顧維鈞或國民政府外長陳友仁都不能單獨代表中國談判[210]。美國政

---

[209]　美國對華政策宣言,Kellogg to the Chargé in China, Jan. 25, 1927, *FRUS,* 1927, Vol. II, pp. 350-353. 見本文附錄(中英文對照)。

[210]　Memorandum by the Chief of the Division of Far Eastern Affairs, Jan. 27, 1927, *FRUS,* 1927, Vol. II, p. 354. 施肇基於 1 月 27 日晨向國務卿表示,凱洛格對華政策宣言中「語意不甚淸楚」,美國政府究竟是要在關稅會議的基礎或華盛頓會議或平等與互惠之基礎與中國商談,國務卿表示願意立即商談關稅及治外法權之所有問題。施肇基認爲美國政府應任命談判代表,如此將使得中國對任命代表一事感興趣,國務卿表示尙未考慮此一問題;但是很淸楚的是:一旦中國任命出代表全中國人民之代表,美國願意立即展開談判。

府此一方案實施的困難，顯然在於北方的張作霖與國民政府都不願與對方推出談判之代表⑪。這份對華政策聲明比起美國政府過去有關修約的主張有兩項改變：其一、提到美國政府準備「單獨」與中國談判，此意涵不考慮其他條約國家的態度，有異於過去美國政府一向主張協調外交。其二、此一聲明中所言「協議任命能代表本國的人民或當局的代表」，美國願與中國展開修約，與 1925 年 7 月 23 日凱洛格的主張：「一旦中國當局表明有能力及願意履行責任時」，願與中國展開修約談判，顯然更進一步⑫。此一方案也比「英國變更對華政策建議案」中所謂「一俟中國新政府成立，即行交涉修約及其他未決問題」更表示對中國的讓步。

北京政府外交部與國民政府外交部對於 1927 年 1 月 27 日美國對華政策宣言的回應如何？中國各大報紙與雜誌都刊載美國對華政策宣言，值得留意的是當時輿論對「英國變更對華政策建議案」的討論，遠比「凱洛格對華政策宣言」之討論尤多⑬。此緣於當時全國輿論矚目焦點為與英國交涉收回漢口、九江英租界，陳友仁表示因與英方交涉此事，暫緩回覆美國對華政策⑭。

---

⑪ *United States Daily,* Jan. 31, 1927, p. 1. Quoted in Dorothy Borg, *America and the Chinese Revolution, 1925-1928,* p. 241.

⑫ Kellogg to MacMurray, July 23, 1925, *FRUS,* 1925, Vol. I, p. 797. 參見本書第四章第一節「修約主張」的部分。

⑬ 見：《大公報》，民國 16(1927) 年 1 月 29 日，《申報》，2 月 5 日，《盛京時報》，2 月 14 日刊出美國國務卿對華宣言。《東方雜誌》於第 24 卷第 4 號 (1927 年 2 月 25 日)，同時刊出英國變更對華政策及凱洛格之宣言，並有杭立武〈英國對華政策之面面觀〉一文，對美國政策，則無評論。

⑭ 據《申報》，民國 16(1927) 年 2 月 5 日載，陳友仁面告來訪之美國人士，因與英國交涉談判，尚未回覆美國宣言，惟數日後，當對此宣言發表談話。有關收回漢口與九江英租界，詳見：李恩涵，《北伐前後的革命外交》，頁 58-74。

　　2月3日，凱洛格表示沒有收到任何中國南北雙方同意聯合交涉的官方指示⑮。5日，柯立芝總統重申，美國政府準備與中國南北兩政府交涉修約，並表示1月27日國務院發表的對華政策，絕對不會改變⑯。

　　在此之前，1月22日，國民政府外交部針對英國對華宣言，曾發表正式聲明：「本政府願與任何單獨列強，開始談判討論修改兩國條約及其他附屬之問題，但此項談判須根據經濟平等及彼此主權互相尊重之權利」，且表示北京政府垂垂待斃，「國民政府為中國唯一之政府」，主張英國與國民政府直接談判，不必與北京政府談判。如依此推斷，國民政府雖歡迎凱洛格對華宣言，但不可能與北京政府共同推出中國政府之代表談判⑰。

　　美國國務院當時承受另一壓力，即來自國會中對中國民族主義運動的反應。1927年1月4日，由當時擔任眾議院外交事務委員會主席共和黨議員波特(Stephen G. Porter)提出所謂的「波特決議案」(Porter Resolution)，要求柯立芝總統與「中國政府合法授權而能替全中國人民發言的代表」進行商談，以便修訂中美兩國間的條約，使今後兩國間的外交關係建立在平等互惠的基礎上⑱。此案在國會中引起熱烈討論，最後於2月21日以壓倒性的票數通過。在討論過程中顯見

⑮　*New York World,* Feb. 3, 1927, p. 1. Quoted in Dorothy Borg, *America and the Chinese Revolution, 1925-1928,* p. 241.

⑯　*New York World,* Feb. 5, 1927, p. 4.

⑰　見：〈國民政府外交部長陳友仁之對外宣言〉，《東方雜誌》，第24卷第4號(1927年2月25日)，頁104-105。

⑱　House Concurrent Resolution, Congressional Record, 69 Cong. 2 sess., No. 46 (Jan. 24, 1927), p. 2195. Dorothy Borg, *America and the Chinese Revolution, 1925-1928,* pp. 242-243.

不少國會議員對中國民族主義運動同情，同時也有一些主張予國民政府承認的呼聲㉙。

　　中國輿論對「波特決議案」多持肯定與感激之辭。北京政府外長顧維鈞及國民政府外長陳友仁，均致電駐美公使施肇基轉交波特電文表示贊成，陳電文希望美國政府勿步英國行動之後塵，派兵在華登陸；顧電文則謂波特之努力，實為美國對中國人民友誼之新紀念㉚。次年6月，中國關內統一後，中美簽訂《整理中美兩國關稅關係之條約》，美國承認中國關稅自主，同時與國民政府的交往層次亦由事實(de facto)關係提昇到法理(de jure)承認。

小結

　　從五卅慘案爆發後的一連串的排外風潮，美國政府基本上是以做為「中央政府」的北京政府為抗議及交涉對象。但是美國政府在中國的駐軍幾乎完全承擔了在中國的保僑措施，相對地顯出北京政府的無能。有鑑於華南地區日益高張的排外運動，美國政府不得不與國民政府建立事實關係以保護美國僑民。

　　其次，國民政府強力反對重開北京關稅會議，後續之強勢動作為強徵華會附加稅，使得英美政府對此一問題，必須做出立即回應，結果是確認了英美政府與廣州政府事實關係的建立。不論是「英國變更對華政策建議案」或美國國務院的1927年1月27日「對華政策宣言」，可說是確認與國民政府實質關係的建立，將南北兩政府視為平等

㉙　魏良才，〈一九二〇年代後期的美國對華政策：國會、輿論及壓力團體的影響〉，《美國研究》，卷10，第1、2期合刊(臺北：中央研究院美國文化研究所，1978)，頁160。

㉚　《大公報》，民國16(1927)年3月3日，《申報》，同年3月3日，刊出來自華盛頓消息。波特公開發表顧維鈞及陳友仁致彼之電文。

的政治實體。

　　衡情而論，華盛頓會議後的數年內，雖因法國遲遲未簽訂華會協議，導致關稅會議及治外法權問題的懸而未決，但做爲領導華會的美國政府並未予中國民族主義運動予以積極的回應。美國政府並沒有單方面放棄美國所享有的任何在華特權，及廢除不平等條約。這使得共產黨人有藉口，認爲如果美國政府眞正同情中國民族主義者的要求，本可效法蘇聯放棄帝俄時代的權利㉑。從根本上來說美國政府的部分負責官員，尤其是駐華公使馬慕瑞不能領會中國對象徵著鐐銬的不平等條約的強烈憎恨，也不能體會其對中國人民的重大意義。他希望中國成爲一個理性而負責任的政權之後，才與中國展開修約談判，但卻忽略列強加諸中國的卻是無視於中國法律尊嚴與平等國交的對待方式。馬慕瑞同時擔心革命運動的赤化傾向，將全面摧毀條約體系。

　　馬慕瑞擔任駐華公使期間（1925 年 7 月至 1929 年 11 月）對中國問題，始終不具同情，他不贊成美國國務院對中國民族主義革命的包容與同情，堅持必須在中國確實履行條約義務，才能與中國展開修約；爲迫使中國履行條約義務，必要時採行「大棒」（big stick）嚇阻。馬慕瑞堅持對中國內政不干預、主張與列強合作、以及強硬要求中國對條約義務的尊重，此三項成爲他駐華公使任內的主要特色㉒。他對中國事務的主張顯然與國務卿凱洛格以及遠東事務司司長詹森迥然不同。

　　鑑於日愈激化的民族主義運動的挑戰，國務卿凱洛格最後採取讓

㉑　Warren I. Cohen, *American's Response to China,* pp. 93-94.
㉒　Buckley, Thomas, "John Van Antewerp MacMurray: The Diplomacy of an American Mandarin," in Richard D. Burns, et al. eds., *Diplomat in Crisis: U. S.—Chinese—Japanese Relations, 1919-1941* (Santa Barbara: Clio-ABC Press, 1974), pp. 27, 31.

步。此一決定受到遠東事務司長詹森的影響。約與馬慕瑞調任北京同時，詹森被任命為遠東司長。他於 1907 年參加使領事工作，先後於北京任職兩年，然後在瀋陽、漢口、上海、重慶、長沙等地領事館工作，到 1918 年才回華盛頓在國務院新設的中國科任職，共有 5 年之久；其後出任遠東巡迴領事為期兩年，於 1925 年 6 月出掌遠東事務司司長一職，並於 1927 年夏末升任為助理國務卿。詹森對中國事務的觀點顯然與馬慕瑞不同，他認為中國在拋棄阻撓其進步的腐朽文化之前，混亂與暴力是不可避免的；儘管凱洛格擔心中國的革命帶有蘇聯的影響，但是他還是接受詹森的意見，對中國民族主義運動寄予同情。尤其當一波波排外運動，沒有因列國的強硬態度而軟化時，凱洛格與詹森決心維持美國政府與中國長期友好關係的傳統，並領導中國實現華會協議㉓。就此而言，北伐前後國民政府運用革命外交的策略，迫使美國政府不得不重視中國的民族主義運動，此項策略是成功的㉔。

㉓　Russell Buhite D., *Nelson T. Johnson and American Policy toward China,* pp.7-10. Warren I. Cohen, *American's Response to China,* p. 96.

㉔　有關國民政府革命外交之策略，詳見：李恩涵，《北伐前後的「革命外交」(1925-1931)》（臺北：中央研究院近代史研究所，1993）。

第五章　北伐時期南北情勢轉變與美國(1926-1928)

　　1926 年 7 月，國民革命軍展開北伐。北伐軍事行動勢必威脅各國在華利益以及僑民安危，美國政府自不例外，尤其是北伐軍抵達攸關各國利益的長江流域，使得各國緊張不已。根據 1858 年中法天津條約，各國同時享有在中國內河自由航行的權利①。各國在為維護條約利益及保僑措施，最常有的舉動是聯合採取砲艦外交。

　　8、9 月間，英國政府在長江流域所引發的萬縣事件，使美國政府深刻感受到砲艦外交，並非保護外人生命的有效手段，反而更可能刺激衝突的擴大，對於派遣海軍艦隊愈見謹慎。在中外衝突事件之交涉中，各國對待國民革命軍如採過度強硬態度，事實上可能造成介入內戰之嫌，例如對抗長江流域的緊張情勢，砲艦外交之採行，相對即是造成對北京政府有利的態勢。北伐初期，南北形勢未定，美國政府基本上以保僑措施為優先考量。

　　1927 年 3 月 24 日，北伐軍抵南京，造成南京事件，為北伐開展後引起最大的排外衝突事件。美國駐華公使馬慕瑞稱此事件為「1900 年義和團事件以來，中國對外關係上最令人感到不安的唯一事件」②。南京事件發生後，國民政府內部溫和派與激進派之衝突加大，導致寧漢

---

① 黃月波、于能模、鮑釐人(合編)，《中外條約彙編》(上海：商務印書館，1935)，頁 79-82。

② MacMurray to Kellogg, May 10, 1926, *FRUS,* 1927, Vol. II, p. 7.

分裂。國民政府內部的變化，影響及於美國政府對寧案交涉之措施，微妙反應出美國政府態度之轉變。其後，中美寧案協議之簽訂，爲南京政府成立後，第一個簽署的外交協議。

北伐戰爭於 1928 年 12 月張學良發出東北易幟通電，長達十數年的南北對峙之局才算結束。美國政府早於 7 月間透過《關稅自主新約》承認南京國民政府，成爲列強之中最先承認南京政府的國家。然而對於南京政府成立後的前景，美國政府不表樂觀，對使館南遷及公使館升級的要求，並未答允。

第一節　北伐初期的中外衝突與交涉：
以美國爲中心的探討

1926 年 7 月，國民政府軍事委員會主席蔣中正下令北伐，不出一個月，即攻克長沙。8 月 20 日，蔣中正發表「對外宣言」，排除列強對國民革命之疑慮，指出辛亥以來帝國主義與軍閥之勾結「所以每有一次內戰，國民對於友邦誤解更深」，並闡明國民革命之成功即友邦之利益，希望列國勿妨礙革命運動③。但是，北伐軍事行動，不可避免地將威脅外人生命財產安危，尤其是在國共合作體制下展開的北伐軍事行動，運用群眾力量展開的「革命外交」④，使得在華外人對於革命軍

---

③　〈對外宣言〉主要內容爲：

「中正躬身北伐，不止統一中國，實爲完成世界和平，無論何國人士能不妨礙國民革命之行動及作戰者，一切生命財產，中正皆負完全保護之責。」中國第二歷史檔案館編，《蔣介石年譜初稿》（北京：檔案出版社，1992），頁655。

④　有關國民政府革命外交之策略，詳見：李恩涵，《北伐前後的「革命外交」(1925-1931)》（臺北：中央研究院近代史研究所，1993）。

是否能善盡保護外人之責，存有疑慮。

長江流域自由航權的衝突

北伐行動的展開之初，美國使領對北伐軍的勝算並不看好。8 月 25 日，國民革命軍抵岳州，駐華公使馬慕瑞認為除非廣州派能大量增軍，否則難以進一步的開展⑤。9 月中旬漢口總領事羅赫德報告革命軍攻克漢口，但他預估革命軍要拿下武昌極為困難，因為傳言不少粵軍曾是吳佩孚的部下，效忠對象動搖。羅赫德表示他將謹守與武漢政權的非正式關係，避免有承認此一政府之暗示⑥。10 月 10 日，武昌即完全為北伐軍克復，北伐軍獲得初步的勝利。

北伐軍的軍事行動，牽涉美國船隻在長江水域的航行權益。為使北伐順利開展，北伐軍展開緊密的封鎖長江流域的行動，直接破壞外人航行內河的自由權。當時各國駐華代表，認為北伐軍無權下令外船停泊受檢，因為各國尚不承認廣州政權⑦。1926 年 8 月 30 日漢口總領事報告，廣州國民政府限令，來往經過城陵磯的外國船艦必須暫時停靠，接受北伐軍的搜索；否則北伐軍將予以砲擊。北伐軍的這項辦法在於防止吳佩孚的軍隊冒用外國艦隊旗號。由於美國政府曾嚴格限令美國船隻不能載運中國士兵，駐華領事馬慕瑞認為美國船隻不應當受限制，訓令廣州領事詹金斯向廣州當局抗議，取消這項規定；同時，保證將盡全力阻止美船旗號被冒用⑧。

---

⑤　MacMurray to Kellogg, Aug. 30, 1926, *FRUS,* 1926, Vol. I, p. 621.

⑥　Mayer to Kellogg, Sep. 15, 1926, *FRUS,* 1926, Vol. I, p. 629.

⑦　Memorandum by the Secretary of State of a Conversation with the Portuguese Minister, Sep. 23, 1926, *FRUS,* 1926, Vol. I, p. 640.

⑧　MacMurray to Kellogg, Aug. 30, 1926, *FRUS,* 1926, Vol. I, pp. 621 -622.

　　廣州當局顯然不理會美國領事的要求，9 月 15 日，美國砲艦比金號（pigeon）在城陵磯遭北伐軍砲擊，比金號也開砲還擊⑨。次日，國民政府頒布長江限航令，規定傍晚六點到凌晨六點禁止船隻航行漢口、漢陽、武昌交戰區域。白天船隻必須在固定關口接受檢查，違反命令的船隻將遭砲擊。漢口總領事向陳友仁抗議：美國軍艦不能停船檢查，視實際需要，可考慮遵守其中限制夜航的規定，但如有緊急情況時，將不遵照規定；美國商船若自願遵守停航受檢，美國政府自不干涉⑩。

　　國務院及海軍部批准這項不遵守封鎖命令的政策，另希望美國艦隊能向交戰雙方示意美國海軍立場中立，不會有圖利任何一派的嫌疑，美國海軍的目的僅在保護僑民⑪。

　　9 月初，「萬縣事件」的發生，使得美國國務院懷疑砲艦外交之使用是否過當。此事件肇因 8 月 30 日英商太古公司的「萬流號」輪船打退了一批試圖徵用這艘輪船的中國軍隊。楊森要求英方賠償死傷者，並扣留英國的「萬通號」和「萬縣號」。9 月 5 日，英方派出砲艦準備搭救被扣的商船，於是與楊森部隊發生激戰，英軍雖也有損傷，但中國軍隊及兩岸無辜民眾死傷更為慘重⑫。英方認為楊森非法扣留英國商船，態度強硬。英國公使於 9 月 15 日告訴美國公使將發動第二波對

---

⑨　Mayer to Kellogg, Sep. 16, 1926, *FRUS,* 1926, Vol. I, p. 631.

⑩　Mayer to Kellogg, Sep. 21, 1926, *FRUS,* 1926, Vol. I, p. 636. 另見：郭廷以，《中華民國史事日誌》，第 2 冊，頁 82。

⑪　Kellogg to Mayer, Sep. 22, 1926, *FRUS,* 1926, Vol. I, pp. 638-639.

⑫　有關萬縣事件，中英文所記稍有不同。英文資料強調外國船隻有航行內河之自由，楊森非法扣留英國商船；且楊森有意攔截英商船做為載運士兵之用，才激起英船的反抗。見 MacMurray to Kellogg, Sep. 8, 1926, *FRUS,* 1926, Vol. I, p. 624. *China Yearbook, 1928,* pp. 667-668.

萬縣攻擊，直到楊森交出英國商船⑬。萬縣事件激起長江流域的排外運動，各國僑民紛紛撤離，美國僑民也不例外。

　　鑑於長江流域之危急，意大利駐美大使於 9 月 15 日與詹森會談，詢問美國政府是否有意與英國聯手採取強硬手段，國務院答覆是「美國政府尚不考慮任何聯合行動，萬縣事件是中英間的嚴重事件」⑭。9 月 23 日，國務卿凱洛格與葡萄牙公使會談，重申國務院的態度，即不主張各國聯合採行砲艦外交，他同時認為外國商船遭到無故射擊，可能是一些目無法紀的士兵所為⑮。

　　整個 9 月間長江流域的美國軍艦都遭受攻擊，國民革命軍且於長江水域布置水雷。為此，漢口總領事羅赫德再次向陳友仁抗議，表示美國軍艦即使經過交戰區也沒有開火，美國海軍沒有必要按規定接受檢查，北伐軍此舉侵犯外人條約權利⑯。陳友仁駁斥此一說法，且要求外國士兵撤離交戰區，如不撤離則應遵守國民政府的這項規定⑰。但是，顯然這項抗議仍產生效用。國民革命軍總司令蔣中正被迫下令將宵禁和檢查船隻的期限推遲到 11 月 15 日實行⑱。10 月 4 日，美國軍艦在武昌和城陵磯往返之軍艦都沒有遭到砲擊，顯示廣州當局已採取較溫和策略對待美國軍艦⑲。

⑬　MacMurray to Kellogg, Sep. 15, 1926, *FRUS,* 1926, Vol. I, p. 630.
⑭　Memorandum by the Chief of the Division of Far Eastern Affairs, Sep. 15, 1926, *FRUS,* 1926, Vol. I, pp. 630-631.
⑮　Memorandum by the Secretary of State of a Conversation with the Portuguese Minister, Sep. 23, 1926, *FRUS,* 1926, Vol. I, p. 640.
⑯　Mayer to Kellogg, Sep. 28, 1926, *FRUS,* 1926, Vol. I, p. 642.
⑰　Mayer to Kellogg, Oct. 2, 1926, *FRUS,* 1926, Vol. I, p. 643.
⑱　Bernard D. Cole, *Gunboats and Marines: The United States Navy in China, 1925-1928,* p. 88. 10 月中旬，檢查船隻計畫曾一度取消。見：Mayer to Kellogg, Oct. 18, 1926, *FRUS,* 1926, Vol. I, p. 649.
⑲　Mayer to Kellogg, Oct. 5, 1926, *FRUS,* 1926, Vol. I, p. 644.

　　1926 年 11 月，漢口租界發生排外及罷工風潮。馬慕瑞要求提供更多驅逐艦保護漢口[20]。12 月初，美國艦隊增派兩艘驅逐艦與留在漢口本地的三艘驅逐艦會合，馬慕瑞報告漢口的排外風潮嚴重損害武漢政府的威望和權勢，英國為緩和衝突，新任公使藍浦生(Miles Lampson)將到漢口與陳友仁接觸[21]。

　　1927 年 1 月初，先後爆發中國群眾強力收回漢、潯英租界[22]。使得各國強烈感受上海危機，擔心北伐軍到上海後，必有嚴重的排外事件，而有意加強上海租界的防衛。美國政府則仍不主張大規模的武裝干涉，以保僑為首要考量。

上海租界中立化

　　上海為各國在華利益最大集中地，從 1927 年 12 月開始，上海工部局、各國領事及海軍長官就開始積極討論，一旦北伐軍進入上海的因應情況。美國駐上海代理總領事高斯(Clarence E. Gauss)認為「國民黨及其煽動家顯然打算在上海，將反對『帝國主義列強』的運動推向高潮」，建議增派海軍登陸。駐華公使馬慕瑞對上海可能發生的動亂，反應激烈，他不理會國務院再三訓令「保護外僑生命，而不保護租界」，認為「在任何情況都必須保護公共租界和法租界的完整，即使意味著與粵軍發生衝突也在所不惜」；美國部隊應同時承擔「保護租界之完整與保護外僑生命財產」[23]。1 月 15 日，馬慕瑞向國務院報告「如

---

[20]　MacMurray to Kellogg, Nov. 29, 1926, *FRUS,* 1926, Vol. I, p. 655.

[21]　MacMurray to Kellogg, Dec. 4, 1926, *FRUS,* 1926, Vol. I, p. 657.

[22]　有關收回漢潯英租界之經過，詳見：李恩涵，《北伐前後的「革命外交」(1925-1931)》(臺北：中央研究院近代史研究所，1993)，第 2 章〈激烈型「革命外交」之收回漢口、九江英租界〉，頁 49-83。

[23]　MacMurray to Kellogg, Dec. 19, 1926, *FRUS,* 1926, Vol. I, pp. 662-

果不能採取與英日的聯合行動，上海肯定將發生重大事件」。他再次申辯「根本無法區分……保護公共租界和保護僑民生命財產」㉔。

　　國務院給馬慕瑞的回電，重申過去的政策，即如果情況所需，必須派遣美國士兵登陸，務必使美國部隊清楚了解「其任務只是保護美僑生命財產，不准其使用駐滬海軍保衛租界完整」㉕。凱洛格在答覆中國駐美大使施肇基詢問美國在長江水域之武力部署時表示，美國無意在中國製造戰爭，美國海軍僅用於保僑㉖。

　　值得注意的是，當時武漢國民政府受左派的操縱，對國民革命軍總司令蔣中正懷抱敵意。1月15日召開的美英法日領事會議中，原提議只要北伐軍一到上海，即和北伐軍談判，達成維持上海和平與秩序、防止衝突的臨時辦法。但武漢方面卻表明「與廣州派達成的任何諒解，從來不能信賴」㉗。革命陣營的分化，明顯反映在對外交涉上。

　　爲避免國民革命軍及北方張作霖部在上海發生戰爭，嚴重危及各國僑民。凱洛格與遠東司長詹森磋商後，決定提出上海中立化的主張。1月28日，國務院一日之內發出兩封電報，第一封電報：責令駐華公使分別與北方派三巨頭——安國軍總司令張作霖、副總司令孫傳芳及張宗昌——以及武漢政府陳友仁，共同商議將上海排除於軍事衝突之外。第二封電報，則提出「上海中立化」主張。具體意見爲：(1)國務

---

　　663. 高斯對於使用海軍部隊的意見，與馬慕瑞觀點不同。他遵守國務院的指令，認爲美國海軍「只負責保護外僑財產，除非奉有美國更高當局的命令，將不被用於反對國民革命軍有組織地占領公共租界」。此意味著：保護外僑生命，而不保護租界。

㉔　MacMurray to Kellogg, Jan. 15, 1927, *FRUS,* 1927, Vol. II, pp. 47-48.
㉕　Kellogg to MacMurray, Dec. 23, 1926, *FRUS,* 1926, Vol. I, p. 663.
㉖　Memorandum by the Chief of the Division of Far Eastern Affairs, Jan. 20, *FRUS,* 1927, Vol. II, pp. 52-53.
㉗　MacMurray to Kellogg, Jan. 16, 1927, *FRUS,* 1927, Vol. II, p. 50.

院不贊成派遣正規陸軍部隊到上海，以避免刺激中國人民、甚至不慎導致美國同南方派軍隊開戰。(2)立即與廣東派、北方張作霖聯繫，尋求達成保障公共租界的協議。(3)據報載蔣中正已向美國駐滬領事提出一項建議：即交戰各方不派兵開入上海，以保護各國僑民安危㉘。然而，馬慕瑞認為國務院的這份提議「純係空想」，只能促成中國人民更囂張，「加深美國僑民在上海可能遭受的威脅」㉙。

1月31日，國務卿凱洛格再次表達上海中立化的主張，內容相當重要，摘譯部分如下：

1. 美國公眾情緒十分反對本政府在中國採取保護美國僑民生命財產之外的軍事行動。此地無人支持政府採取軍事行動，維持上海公共租界的現行地位與完整。

2. 如有需要海軍保護僑民生命，本政府就不打算將海軍撤離中國水域……只要能證明美國政府事先已盡一切和平手段保護美國公民，派兵登陸就會被普遍接受。

3. 英國政府在漢口談判，已對其在華租界管理問題做出寬大讓步。美國作為對上海公共租界負有責任的列強之一，不能在自己有責任的事務上落於人後。

4. 已分別與英、日駐美大使商議上海中立化事務。

5. 照會內容修改為：(1)照會署名改成「通過陳友仁照知蔣中正」。(2)改成「美國政府向中國各軍事首領回顧事實，深信各位支持上海中立化的提議，把公共租界置於武裝衝突區之

㉘　Kellogg to MacMurray, Jan. 28, 1927, *FRUS,* 1927, Vol. II, p. 61. 但馬慕瑞出於懼共心理，顯然隱瞞了蔣中正的提議，而受到國務卿的質疑。

㉙　MacMurray to Kellogg, Jan. 30, 1927, *FRUS,* 1927, Vol. II, p. 65.

外，使美國公民和其他僑民得到充分保障。美國政府準備以
友好而有秩序的態度，參加有關租界未來地位的談判」。㉚

　　就第一點而言，美國公眾由於對於世界大戰後的國際政治大爲失望，
這種情緒滋長反對以武力解決國際問題的各種聲浪，從 1920 年代起，
美國民眾日益反對帝國主義，而且對於使用武力對抗未開發國家甚爲
反感。國內持續的壓力最後迫使凱洛格簽署一項公約宣布戰爭爲非
法。在此一背景下，美國政府不得不對在中國以武力保護美國在華利
益及僑民安危，表示猶豫㉛。1 月 4 日著名的「波特決議案」提出，除
要求總統起草新的中美條約外，另敦促國務院不應與其他國家一樣，
試圖用軍事力量保護租界㉜。柯立芝總統也指出「雖然美國的政策是要
保護僑民的財產」，但是美國的政策是「在可能的情況，避免同英國和
其他國家一起準備保護租界的完整」㉝。

　　就第二點而言，美國政府在必要時刻也不排除使用海軍部隊。事
實上，美國海軍隨時待命。1 月中旬美國在上海的海軍約有 1000 或
1500 名海軍部隊可用㉞。2 月 3 日海軍陸戰隊第 4 團受命前往上海，該
團由 66 名軍官和 1162 名士兵組成。海軍部長於 1927 年 2 月 17 日對
亞洲艦隊登陸部隊的兵力情況的報告，共有海軍陸戰隊 2430 名官兵，
水兵 3380 名。駐滬美國軍艦有 1 艘、驅逐艦 2 艘、砲艦 2 艘。另有 1
艘油輪，船上載著有關島警衛隊組成的海軍陸戰暫編營。依照國務院

㉚　Kellogg to MacMurray, Jan. 31, 1927, *FRUS,* 1927, Vol. II, pp. 65-66.

㉛　Warren I. Cohen, *American's Response to China,* p. 96.

㉜　House Concurrent Resolution, Congressional Record, 69 Cong. 2
　　sess., No. 46 (Jan. 24, 1927), p. 2195.

㉝　*New York Times,* Jan. 26, 1927.

㉞　MacMurray to Kellogg, Jan. 16, 1927, *FRUS,* 1927, Vol. II, p. 50.

的指示，海軍部向凱洛格保證，將遵守「保護美僑生命」而不是「保衛上海」的命令㉟。

就第三點而言，受到英國對國民政府態度軟化的影響，尤其是英國與武漢政府關於漢口租界之讓步；美國因爲在中國沒有個別的租界，在上海公共租界的交涉上，乃有意讓步㊱。此點在 1 月 27 日凱洛格對華政策宣言中，已提到「美國在中國沒有租界，並且絕不曾對中國表現任何帝國主義的態度」㊲。

就第四點有關英、日兩國的態度而言，1 月 20 日，英國駐日大使曾向幣原外相表示，如果日本願意與英國共同防備上海租界，英國將派遣一個旅團的陸軍，幣原外相以爲維持租界的兵力已經足夠，而拒絕這項提議。英國政府乃決定單獨派遣大量軍隊到上海㊳。1 月 26 日，英駐美大使表明，不論是否能得到美國的支持，英國都將「不顧一切代價堅持公共租界中英國的利益」㊴。然而，對於美國政府的這項上海租界中立化的提議，英、日兩國駐美大使於 31 日表示英、日政府贊成此一提案㊵。

至於第五點的指示，有關中國方面的回應，是上海中立化方案是

㉟　有關美國亞洲艦隊於 1927 年 2 月的兵力，詳見：Bernard D. Cole, *Gunboats and Marines: The United States Navy in China, 1925-1928*, p. 105.

㊱　Kellogg to the Chargé in China, Jan. 25, 1927, *FRUS,* 1927, Vol. II, p. 353.

㊲　凱洛格對華政策宣言，見：本書附錄。

㊳　臼井勝美著，陳鵬仁編譯，《中日外交史──北伐時代》(臺北：水牛出版社，1989)，頁 15。

㊴　The British Embassy to Kellogg, Jan. 26, 1927, *FRUS,* 1927, Vol. II, p. 87.

㊵　Kellogg to MacMurray, Jan. 31, 1927, *FRUS,* 1927, Vol. II, p. 67.

否可行的主要關鍵。包括北京政府、握有上海的孫傳芳及武漢政府對於這項提議都不表歡迎；而武漢政府之回應，更顯見革命陣營內部的分裂危機。1 月 26 日，國民革命軍總司令蔣中正託國民黨中央執委王正廷與美國駐滬代理領事高斯(Clarence E. Gauss)舉行秘談，表示「國民黨溫和派不希望上海發生戰事，國民黨的控制權不在左派」[41]。因此，美國務院將有關上海租界中立的照會交給張作霖，並命漢口總領事將照會正本交給蔣中正派在南昌的代表，將抄本送陳友仁[42]。武漢國民政府外交部長陳友仁收到照會副本後，極爲震驚。表示蔣提議的上海租界中立化一事尚未提交國民政府決議。陳友仁表示「如此重要文件，(美國政府)居然不經正常外交途徑而直接交給軍事當局」，「有助長獨裁之意」。馬慕瑞隨即澄清，美國政府希望避免動亂，且無助長獨裁之意，美國政府尚未正式承認國民政府，此一舉措畢竟是辦理交涉的通融辦法[43]。

[41]　*SDA*, 893.00/8336. 另外，報載「2 月中旬王正廷於漢口聯席會議，否認代表國民政府贊成劃上海爲中立區域之說……王氏並未爲國民政府代表，美國提案，不知內容若何，但王氏則並未有贊成劃上海中立區域之舉，王氏向原主張設法免除上海戰禍，不贊成爲私人一方所占領，致中外商民生命財產發生危險，應由上海市民組織特別市處理行政、維持治安秩序，所有稅收，除向屬國家或者政府者，應仍照舊外，餘應由特別市收作發達市政之用，其意全爲保全上海，消滅戰事慘痛而已，絕不聞有贊成美國提議之舉動。」見：《申報》，民國 16 (1927)年 2 月 15 日。

[42]　MacMurray to Kellogg, Feb. 5, 1927, *FRUS,* 1927, Vol. II, pp. 68-69.

[43]　MacMurray to Kellogg, Feb. 7, 1927, *FRUS,* 1927, Vol. II, pp. 70-71. 陳友仁並表示錯愕：「中國領土中立化的提案，連英國都沒提，竟然由美國提出」。另據《申報》同年 2 月 14 日漢口電，指「美使提議上海中立化方式，因送達方式不合，政府尚未提出中央聯席會議，似將採不理態度」。據廣州《民國日報》民國 16(1927)年 2 月 10 日，國民政府反對美國提議劃滬爲中立區，外交部長陳友仁謂此提案不能贊成，交通部長孫科謂中國領土無外人保全之理。

2月9日，陳友仁告知美國駐漢口總領事羅赫德，國民政府不會贊成上海中立化提案。他抨擊此一提案，觸犯對中國內部軍事行動的干預，將使得孫傳芳釋出上海的部隊轉進其他地域攻擊北伐軍，讓外人控制上海──中國經濟的心臟，直接受惠的即是目前握有上海的孫傳芳[44]。美國國務院指示漢口總領事答覆這項提議僅在使「公共租界排除於軍事衝突區域之外」，並沒有介入任何一方軍隊占領公共租界之外圍[45]。14日，陳友仁又表示，此一提案將意味著上海整個港口的中立化，他保證國民革命軍絕對不會採取任何與公共租界衝突之行動，但租界外圍可能成爲南北軍的交戰區[46]。

在北京政府方面，2月8日召開的北京內閣會議，認爲上海中立化之提議，無其必要，「蓋上海現屬北京政府勢力範圍，而北京政府又極力維持治安」[47]。至於安國軍總司令張作霖則向美國公使表示：奉方對中立無何成見，惟問題在於孫傳芳與國民黨軍的態度。緣於上海爲孫傳芳所轄，奉方甚少直接利益，乃不願表態[48]。當時，中國輿論亦有認爲美國政府提議上海中立化，爲干涉中國內政。如《大公報》社評：「夫上海中國領土也，今之戰事中國自身之事，中國之領土無對中國自身中立之理……上海外僑之保護，南軍既切實聲明之矣；顧閣保護上海外僑之意，亦不讓於南方，乃於美使提案置而不復，謂無答覆必要，或者因美案乃提交軍事當局，故內閣不必過問耶。」[49]

至於控有上海的孫傳芳亦反對此一提案，2月16日上海英文報紙

---

[44] MacMurray to Kellogg, Feb. 11, 1927, *FRUS,* 1927, Vol. II, p. 72.

[45] Kellogg to MacMurray, Feb. 11, 1927, *FRUS,* 1927, Vol. II, pp. 72-73.

[46] MacMurray to Kellogg, Feb. 15, 1927, *FRUS,* 1927, Vol. II, p. 73.

[47] 《盛京時報》，民國16(1927)年2月11日。

[48] 《大公報》，民國16(1927)年2月7日。

[49] 《大公報》，民國16(1927)年2月11日，社評。

刊出孫傳芳抗議上海中立化的聲明，認為美國政府漠視北方派維護上海和平及抵抗北伐軍的實力。孫並表示將痛擊與布爾什維克黨同路的南方派⑩。美國駐南京總領事戴維斯（John K. Davis）對於孫傳芳在上海報刊發表這項聲明，卻無當地（孫當時駐在南京）美國領事館的官方答覆，甚表不公㉑。

因此，這項由美國政府提出的上海中立化提案，事實上沒有獲得中國南北方面的重視。上海危機仍未解除，英國已陸續從地中海及其本國派遣部隊抵達上海。馬慕瑞於2月22日致電國務院，仍反覆強調「保護租界居民生命財產與保護租界不能區分，一旦發生緊急需要，防衛部隊必須不考慮界限問題，全力防守」，基於北伐軍可能引起排外運動之恐懼，強調「目前上海發生暴動，孫傳芳失敗的形勢下，希望

⑩ 孫傳芳抗議電文，原件為英文，見：MacMurray to Kellogg, Feb. 19, 1927, *FRUS,* 1927, Vol. II, p. 74. 譯文見：《大公報》，民國16（1927）年2月17日上海專電，內容如下：美國之提案或出於援助中國之純潔願望，並防止革命黨此後之擾亂，但不幸顧理治總統（按：柯立芝 Calvin Coolidge）對此間情形，未臻明瞭，上海乃中國領土，其平和秩序，予完全負責，予改造後之軍隊，不但足以維持上海之平和與秩序，並為予恢復江西計畫之基礎。予與張作霖上將完全合作，彼現正攻擊粵軍，予之軍隊終能戰勝革命黨，但為保障上海安全之計，予說明軍事之情勢。簡言之，國民黨最近之位置尚距上海三百英里，江蘇當局關於革命黨來滬任何計畫之討論，表示憤慨。吾人業經擔任吾等之權利與責任，而在吾等失敗以前，無論何國不應對於失敗預定何種外交提案，且為達到吾人維持秩序之目的計，必須有行動之自由，而對任何外國欲加吾等以限制者，惟能認為有利於吾等與彼等敵人之一種干涉行為。其實時局真象，惟在僅能管理南方一城之小政黨，與布爾希維克聯合，布爾希維克者欲挑動世界革命，以行彼等之社會的經濟的理想，而此等理想，在其本國失敗，而現復欲在中國行之者也，是以願抵抗此等外國理想之侵入，吾等反對俄國干涉華事，並將抵抗此等干涉，中國自有多人將追令所惡之俄人返其本國。
㉑ MacMurray to Kellogg, Feb. 19, 1927, *FRUS,* 1927, Vol. II, p. 74.

國務院立即採行與其他國家聯合的軍事行動」⑫。代理國務卿格魯(Grew)答覆：

> 本政府熱切希望盡可能避免一切意外事件，在這種事件中使用
> 軍事力量，就會涉及有關上海公共租界地位的政治問題。⑬

由此可見國務院不願使用過當的軍事行動，以避免干涉中國南北內戰之進行。

3月中旬，中國駐華盛頓公使施肇基與詹森會晤，詹森仍表示美國不會增加上海之武裝，施肇基希望國務院發揮影響力節制英國派遣重兵，但是被國務院婉拒，理由為各國有其保護僑民的方式，美國政府難以從中斡旋⑭。

3月21日，革命軍抵達上海外圍的龍華，未發生重大戰鬥。由於上海總工會發布罷工令，為因應此一情況，上海工部局宣布進入緊急狀態，要求各國海軍登陸防備。美國亞洲艦隊總司令威廉斯上將(Admiral Clarence S. Williams)指示陸戰隊登陸⑮。3月23日，上海情勢已為國民革命軍掌控。國民革命軍的白崇禧將軍表示負責維持公共秩序，宣布國民政府將就不平等條約與各國進行必要的談判，不打算以軍事力量或危及外人生命財產的方式收回中國主權⑯。26日，國民革命軍總司令蔣中正自九江進駐上海，並發表談話，說明「國民革命

---

⑫ MacMurray to Kellogg, Feb. 22, 1927, *FRUS,* 1927, Vol. II, p. 76.

⑬ Grew to MacMurray, Feb. 25, 1927, *FRUS,* 1927, Vol. II, p. 78.

⑭ Memorandum by the Chief of the Division of Far Eastern Affairs, Mar. 14, 1927, *FRUS,* 1927, Vol. II, p. 87.

⑮ Gauss to Kellogg, Mar. 21, 1927, *FRUS,* 1927, Vol. II, p. 89.

⑯ Gauss to Kellogg, Mar. 23, 1927, *FRUS,* 1927, Vol. II, p. 90.

軍所定之政策，爲不用武力或任何群衆暴動，以改變租界之地位」，表示國民政府採行和平協商之辦法⑤。這項談話，旨在安撫南京事件爆發後列國僑民恐慌之心理。美國領事對於蔣是否能掌控情勢，確保租界安全，仍有疑慮，但上海公共租界尚稱平靜⑧。

大抵而言，革命軍迅速占領上海之後，並沒有造成重大排外風潮，反而是在南京與外人爆發了嚴重的衝突事件。各國爲保護僑民，紛紛派遣部隊登陸上海。據亞洲艦隊司令威廉斯上將的報告，各國陸上兵力達 12500 人(英國 9000、美國 1500、日本 1500、法國 400、意大利 50，但不包括義勇兵)；軍艦方面，日本與英國各有 11 艘、美國 5 艘集中於上海。日本另有驅逐艦 4 艘⑨。

南京事件

1927年3月24日，北伐軍第6軍程潛部進入南京，劫掠英、美、日領事館及外人商店、住宅、學校、醫院。造成英領事賈斯(Herbert Giles)受傷，英人二名、美、法、意人各一名遇害，其中美籍遇害人士爲金陵大學副校長美國人文懷恩(John E. William)，此即所謂「南京事件」⑩。

---

⑤　轉引自：董顯光，《蔣總統傳》(臺北：中華文化出版事業委員會，1960)，上冊，頁 89。

⑧　3 月 27 日，法租界附近有群衆大會，但租界並未受騷擾，Gauss to Kellogg, Mar. 27, 1927, *FRUS,* 1927, Vol. II, pp. 93-94.

⑨　臼井勝美著，陳鵬仁編譯，《中日外交史——北伐時代》(臺北：水牛出版社，1989)，頁 17。

⑩　關於南京事件發生之原因，如本文所言國民革命軍稱之爲共產黨所爲。臺灣學者李雲漢持此見，見：《從容共到清黨》，頁 586-589。中共史家則以此事件爲北洋軍之潰兵所造成。見：孔慶泰，〈1927 年寧案與寧案處理始末〉，《歷史檔案》(北京：1987：2)，頁 108-119。本文無意探究此事件之肇事者及成因，著重點爲美國與寧案之交涉。

　　事件發生當日，美國長江巡邏分隊(Yangtze Patrol)司令霍夫上將(Admiral H. H. Hough)率美艦諾亞號(Noa)潑利司登號(Preston)砲轟南京城，並以英艦綠寶石號(Emerald)爲掩護，登陸南京救出躲藏在美孚油公司內的外僑，其中包括美國駐南京總領事戴維斯(John K. Davis)一家人。次日凌晨，美國長江巡邏分隊司令霍夫上將接獲國民革命軍總司令蔣中正的間接口信：「明日將親自到南京，負責控制局勢，保證外人生命財產安全」。因此，亞洲艦隊(Asia Fleet)總司令威廉斯訓令「儘可能避免採取更激烈的行動，直到蔣將軍有機會履行他所承諾的保護所有外人之責」。駐華公使馬慕瑞以爲「此一事件證明國民政府當局不能或不願在其領土內保護美國僑民，命令該地區內全體美國領事盡力從各地撤走所有美僑」⑥。

　　美國駐南京總領事戴維斯，於3月28日詳細報告整個事件的經過，對於國民革命軍總司令蔣中正嚴重不滿，認爲蔣未能承諾確保外人生命安危。指稱蔣在發生此事件後，自蕪湖抵南京，但卻沒有停駐此地，逕駛上海⑥。同日，另電駐華公使說明「此一事件係革命軍策劃，並非意外」，認爲「美國對國民政府的調和政策已經失敗，目前必須迅速採取強硬措施，否則外人生命財產將遭到日益嚴重的威脅」⑥。

　　3月28日，由英國公使藍浦生(Miles Lampson)所召集的英、美、日三國公使會議，做成解決南京事件的建議：與其和武漢國民政府外交部長陳友仁交涉，不如和蔣中正交涉。英國政府最初主張應向

---

⑥　MacMurray to Kellogg, Mar. 25, 1927, *FRUS*, 1927, Vol. II, pp. 146-147.

⑥　Davis to Kellogg, Mar. 28, 1927, *FRUS*, 1927, Vol. II, p. 162. 此爲關於南京事件的報告，頁151-163。

⑥　MacMurray to Kellogg, Mar. 29, 1927, *FRUS*, 1927, Vol. II, p. 168. 內容爲南京領事館的電報。

武漢政權表明聯合調查的意見。日本公使則以爲陳友仁是激進派政權的發言人，並無實權。英美政府也有感於武漢政權在蘇俄共黨的操縱下，陳友仁早已非自由代言人，最後同意日本提議。三公使決定透過上海總領事對蔣中正要求：(一)懲凶、道歉和賠款；(二)蔣中正必須立刻表示誠意，否則各國將發出限期答覆的通牒，如不服從，各國將保留他們認爲適當措施的權力。美國公使馬慕瑞態度強硬，他再次向國務院建議，立刻從國民革命軍所占地區撤出所有僑民，然後封鎖上海以南所有中國港口。「如不採取強硬措施對付局勢，即意味著西方在東方影響及利益的崩潰」⑥。其後，戴維斯又致電：「任何一天的拖延，都將使問題愈難解決」⑥。

　　美國白宮的反應卻較心平氣和，3月25日柯立芝總統在一場記者招待會上針對南京事件表示，美國在中國的兵力足夠用於解救僑民安危，沒有必要再派遣更多軍隊，也表白美國在華部隊是警察部隊，絕無征伐中國人之意。29日，柯立芝總統又表示：「他相信南京事件爲暴民所爲，而非中國政府所爲」。柯立芝總統的談話，主要爲應付來自美國國會及輿論對於在中國使用海軍艦隊的質疑⑥。3月31日，凱洛格致電馬慕瑞表達國務院的考量：由於美國公民尙未撤離危險地區，國務院不希望刺激更大的排外情緒。國務院對於蔣中正是否眞能控制國民黨軍和滿足各國要求，尙持疑慮。因此，同意派1500名的陸戰隊至上海，提供可能的應變保護⑥。

⑥　MacMurray to Kellogg, Mar. 29, 1927, *FRUS,* 1927, Vol. II, pp. 164 -168.
⑥　MacMurray to Kellogg, Mar. 31, 1927, *FRUS,* 1927, Vol. II, p. 170.
⑥　Dorothy Borg, *America and the Chinese Revolution, 1925-1928,* pp. 318-319.
⑥　Kellogg to MacMurray, Mar. 31, 1927, *FRUS,* 1927, Vol. II, p. 170.

　　美國駐日大使麥克維(Charles MacVeagh)得自日本的一份情報，影響了美國國務院的處置態度。3 月 28 日，幣原外相與麥克維會晤，表示他相信蔣中正強烈反對南京事件之暴行：

> 南京事件是廣州派中企圖使蔣中正喪失信譽的激進派挑起的，日本已勸告蔣，他和廣州派政府的前途，將取決於維護秩序、鎮壓暴亂。外相相信蔣願意、也能維護秩序。認為目前採取任何壓制措施，只會幫助蔣的政敵，並使廣州派中的激進分子得以控制國民政府。⑱

緣於日本幣原外相與陸相宇垣認為，中國一旦赤化，勢必從南方威脅到華北和屬於日本勢力範圍的滿蒙，主張支持南方「穩健派」⑲。日本駐上海總領事矢田七太郎，曾透過黃郛勸告蔣中正表明日本政府希望蔣對抗黨內激進派、解決內部問題，並穩定華南局勢⑳。日本政府的這項意見，對各國產生相當影響力。

　　4月1日，馬慕瑞報告日本駐華公使收到的訓令，內文與麥克維報告相似。日本政府對於3月28日公使團的決議，除其中第二款的時間

---

⑱　The Ambassador in Japan (MacVeagh), Mar. 28, 1927, *FRUS,* 1927, Vol. II, p. 164.

⑲　《日本外交年表並主要文書》，下卷，頁 92-95。蔣於南京事件後下野，於 1927 年 9 月曾訪問日本與田中首相晤面。田中勸告蔣鞏固華南地盤，勿急於北伐，並表示對中國赤化之憂心，坦言出於反共立場支持蔣中正和溫和派。有關日本對於南京事件的態度，參見：Akira Iriye, *After Imperialism: The Search for a New Order in the Far East, 1921-1931,* pp. 130-137, 157-158.

⑳　C. Martin Wilbur & Julie Lien-ying How, *Missionaries of Revolution* (Cambridge, Mass.: Harvard University, 1989), p. 400.

限制外，同意全部建議案。根據日本的情報，蔣中正目前處境困難。
在漢口的一次全體會議上，共黨及左派竭力限制蔣的權力，似乎期待
蔣因南京事件問題，陷於困境而垮臺。蔣若垮臺，共黨勢力必定強化。
在這種情況下，上上之策是「給健全分子一個製造穩定政局的機會」：

> 我們想法是誘使蔣主動迅速解決，把目前問題留給蔣和其他健
> 全分子解決，以防蔣和各國落入共產黨人的圈套，必須避免採
> 取使蔣中正易於垮臺的步驟。

由於這些因素，日本政府建議英美儘可能刪去「限定時間，如逾期，
列強將保留權限」等強烈字眼，主張採取不限定時間的條件，等待南
方派的回應，再考慮該採取何種態度[71]。

　　凱洛格同意日本的建議，認為國民革命軍總司令蔣中正需對此事
件負完全責任，但不希望該通牒含有任何限定時間的最後通牒性質的
措辭[72]。4月2日，國務院授權與列國一致，向陳友仁及蔣中正提出要
求，同時告知蔣中正，如果他拒不滿足列國提出的條件，有關列國將
不得不採取自認為適當的措施。對於制裁行動，國務院態度保留，表
示「如有必要使用制裁，美國政府對於應實行何種制裁保留自己的意
見」[73]。

---

[71]　MacMurray to Kellogg, Apr. 1, 1927, *FRUS,* 1927, Vol. II, pp. 171
-172. 日本公使重申：列強若採強硬態度，尤其表示：蔣如不接受條件就訴
諸武力，此一作法勢必促使蔣的垮臺，這樣便使漢口共黨稱心如願，造成長
江以南秩序的更大困難。

[72]　Kellogg to MacMurray, Apr. 2, 1927, *FRUS,* 1927, Vol. II, p. 175.

[73]　Kellogg to MacMurray, Apr. 2, 1927, *FRUS,* 1927, Vol. II, pp. 176
-177.

4月5日，英國政府同意刪去時間限制，但是建議加入「如國民政府拒不滿足要求，則實行制裁」的文字，建議各國在中國的海軍實行聯合制裁計畫，要求美國採取一致行動[74]。美國政府隨即拒絕，表示不準備與其他國家討論有關制裁一事[75]。日本政府也反對制裁，認爲貫徹制裁的強制手段，諸如封鎖、砲擊、軍事占領等等，有實施上的困難。例如採取封鎖，對於向來自給自足的中國，根本不能造成威脅，損失的反而是依賴中國貿易的外國僑民。如採砲擊或軍事占領，則必須占領大地域的軍事重地，在軍事上不可行[76]。

在美、日政府的反對下，英國終於不再堅持制裁[77]。11日，英、美、日、法、意五國分別向陳友仁、蔣中正提出內容相同的照會，蔣的照會由上海領事經白崇禧轉交蔣中正[78]。

對於列國欲以國民革命軍總司令蔣中正爲交涉對象，反對最力的是武漢政府及外交部長陳友仁。陳友仁拒絕各國發出他和蔣中正的聯合照會，但接受同文照會[79]。如同前所述交涉上海租界時一樣，陳友仁認爲南京事件爲涉外事件，應循正常外交途徑，各國如與蔣中正交涉，則爲助長獨裁。4月14日，陳友仁分別答覆各國，表示國民政府有責

[74] The British Ambassador (Howard) to Kellogg, Apr. 5, 1927, *FRUS,* 1927, Vol. II, pp. 179-180.

[75] Kellogg to MacMurray, Apr. 5, 1927, *FRUS,* 1927, Vol. II, p. 181.

[76] Memorandum by the Under Secretary of State (Grew), Apr. 6, 1927, *FRUS,* 1927, Vol. II, p. 183. 臼井勝美著，陳鵬仁編譯，《中日外交史──北伐時代》(臺北：水牛出版社，1989)，頁27。

[77] The British Ambassador (Howard) to Kellogg, Apr. 9, 1927, *FRUS,* 1927, Vol. II, p. 185.

[78] MacMurray to Kellogg, Apr. 11, 1927, *FRUS,* 1927, Vol. II, p. 188. 中文見：〈外艦砲擊南京事件之重要文件〉，《東方雜誌》，第24卷第7期 (1927年4月10日)，頁95-97。

[79] MacMurray to Kellogg, Apr. 12, 1927, *FRUS,* 1927, Vol. II, p. 190.

任保護外人生命財產，承諾賠償英、美、日三國領事館及外僑的損失，提議組織國際調查委員會調查，同時也調查英、美軍艦砲轟南京的情形，並提議廢除不平等條約[80]。

由於陳的照會中，提出爲避免重蹈南京事件之覆轍，各國應廢除不平等條約，令各國公使不滿，且不能接受。於是向本國政府建議向陳友仁提出：「除非國民政府能明快履行各國提出的條款，否則，有關國家將被迫考慮得到滿意的必要措施」[81]。這一建議等於又重新回到原初討論制裁的起點。

英國政府仍主張制裁，並希望美國採取一致。4 月 20 日包括英、法、意公使考慮採取對陳友仁第二次聯合照會，表達強硬措辭。日本公使仍未收到本國訓令，馬慕瑞則催促國務院參加[82]。

美國國務院當時正仔細評估國民政府內部的分裂。緣於 4 月 18 日，南京國民政府正式成立，造成寧、漢分裂。國務院尚不能掌握寧、漢分裂的確實情況，4 月 20 日，凱洛格訓令馬慕瑞：「美國國務院不贊成參加第二次對武漢政府的聯合照會」，理由之一是：

> 溫和派正努力將激進派驅逐出國民政府，國務院認爲此時若迫使國民政府接受要求，將會削弱溫和派領導人的地位……政府不欲參與列國制裁行動，也不欲採單獨制裁，不僅是因爲此一舉措可能危及在華僑民，而且使已陷入分裂狀態的國民政府將腹背受敵，所以制裁行動難以奏效……

[80]　詳見：The Consul General at Hankow to Kellogg, Apr. 14, 1927, *FRUS,* 1927, Vol. II, pp. 192-194.

[81]　MacMurray to Kellogg, Apr. 15, 1927, *FRUS,* 1927, Vol. II, p. 198.

[82]　MacMurray to Kellogg, Apr. 20, 1927, *FRUS,* 1927, Vol. II, p. 203.

訓令中又表示,必要時單獨與武漢政府交涉[83]。雖然武漢正式分共是在7月以後的事,但是受到國民革命軍總司令蔣中正在上海執行清黨(412上海清黨)的影響,武漢政府內部亦有反共聲浪,美國駐漢口總領事羅赫德自4月中旬以來,陸續報告武漢政府領導人試圖限制共產黨活動,「顯然反共的努力,日益壯大」[84]。

駐華公使堅決反對美國採單獨行動,他在致國務院的電文中強調,如果美國不與英、日合作,則將使得英日兩國更加團結,如此美國將被排除,進而喪失對華外交的領導權地位[85]。4月25日,凱洛格向馬慕瑞解釋「此一問題,不能代表美國放棄對中國事務的領導權,所謂領導權既存在於溫和行動,也存在於武裝行動,國務院認為此時應發揮溫和行動的影響力,國務院不相信美國在華利益需靠武力才能獲得」。美國國務院希望給武漢當局的第二次照會,比第一次照會更加溫和[86]。同日,日本駐美大使將修改後措辭較為溫和的照會,與凱洛格商議。美國政府仍反對聯合調查和制裁行動,且對於蔣中正與武漢政府的分裂表示:「或許各國應等待國民黨內部的分裂結果……目前急於提出第二次聯合照會是不智的」[87]。

---

[83] Kellogg to MacMurray, Apr. 20, 1927, *FRUS,* 1927, Vol. II, pp. 203-204.

[84] 4月17日漢口總領事羅赫德報告:「儘管國民黨激進派在此地基礎穩固,但上海和廣州查抄共產黨總部的行動在此仍產生影響,漢口也試圖鎮壓共產黨人,至少限制他們的活動。毫無疑問,一股反共的勢力正日益壯大,只是缺乏領導和勇氣」。Lockhart to Kellogg, Apr. 17, *FRUS,* 1927, Vol. II, p. 291. 有關「412上海清黨」及武漢「分共」,詳見:李雲漢,《從容共到清黨》,頁 628-629,728-746。

[85] MacMurray to Kellogg, Apr. 23, 1927, *FRUS,* 1927, Vol. II, p. 210.

[86] Kellogg to MacMurray, Apr. 25, 1927, *FRUS,* 1927, Vol. II, pp. 210-211.

[87] Memorandum by the Secretary of State, Apr. 25, 1927, *FRUS,* 1927, Vol. II, pp. 211-213.

　　5月初，英國政府同意放棄制裁行動，並暫時停止第二次通牒，等待中國局勢的演變⑧⑧。5月9日英外相張伯倫於下院中宣布：「目前採取強硬態度處理南京暴行，是不適當的……雖然有足夠的理由。」「南京暴行加速國民黨內部分裂……，(激進派)似乎企圖顛覆蔣中正與各國的關係。」張伯倫表示武漢的政府已失去領導的優勢，實際上陳友仁僅是徒具虛名的外交部長，將不再對陳友仁發出任何進一步照會⑧⑨。

　　5月4日，召開的公使團會議中，英、法、意、美、日五國公使決議與本國政府聯繫，表達南京事件的相關國家之間難有共識，原因包括制裁行動之歧見、中國政局的混沌不明、國民政府的分裂⑨⓪。

　　就上述討論，北伐初期國民革命軍與美國之衝突，在於長江航運的自由航行權及保僑措施。美國政府始終不贊成大量派兵，指示「保護僑民，但不維護租界」，此一指令在國務院與駐華使領間迭有爭議。其後，美國政府提議上海租界中立化的主張，南方派認爲此一提議，受惠的可能是孫傳芳，而非北伐軍；然而孫傳芳認爲此一提議，漠視其統治權而不支持。上海租界中立化的主張，顯見美國政府對於南北內戰的不干涉政策，而以保護僑民爲第一優先。南京事件之發生後，

---

⑧⑧　The British Ambassador (Howard) to Kellogg, May 3, 1927, *FRUS*, 1927, Vol. II, p. 216.

⑧⑨　Dorothy Borg, *America and the Chinese Revolution, 1925-1928*, pp. 315-316. 有關英國對南京事件的反應，可參見：Edmund S. K. Fung, *The Diplomacy of Imperial Retreat: Britain's South China Policy, 1924 -1931* (Hong Kong: New York: Oxford University, 1991), pp. 137 -144.

⑨⓪　MacMurray to Kellogg, May 4, 1927, *FRUS*, 1927, Vol. II, p. 218. Dorothy Borg, *America and the Chinese Revolution, 1925-1928*, p. 316.

美國政府堅決主張無時限、無制裁的措施，以避免迫使國民政府內溫和派垮臺。待寧、漢正式分裂，美國政府乃主張暫緩寧案交涉，靜觀國民政府內部的變化。

第二節　美國與南京事件的解決

中美寧案協議是南京國民政府成立以後，與外國達成的第一個重要協議。其時北京政權政府仍受張作霖掌控，美國政府雖否定北京政府之存在，但也尚未正式承認南京政府。寧案協議可謂是美國正式承認南京政府的一個階梯。在交涉過程中，國民政府分裂為武漢、南京對峙，美國政府之交涉則不僅牽涉寧案本身的求償，而是因應於國民政府內部左、右兩派勢力之角逐以及中國政局的明朗化。

4月18日，南京國民政府終於正式成立，與武漢政府鼎足而立，形成所謂「寧漢分裂」。4月19日，武漢中央政治委員會下令「懲戒」蔣中正等人。漢口總領事羅赫德當日即向馬慕瑞報告此事[91]。但是，形勢的發展，對於武漢政權愈來愈為不利。一星期後，羅赫德致電凱洛格表示，陳友仁的處境困窘，並對蔣中正抱有極深的敵意[92]。25日，漢口持續的排外及金融危機明顯好轉，漢口總領事認為此係武漢領導人被迫採取的溫和補救措施，否則就將面臨被黨內外政敵徹底壓垮的險境[93]。

面對中國局勢的變化，美國南京總領事戴維斯建議，國務院「應

[91] Lockhart to MacMurray, Apr. 19, 1927, *SDA,* 893.00/8955.

[92] Lockhart to Kellogg, Apr. 23, 1927, *FRUS,* 1927, Vol. II, p. 112. 原文為「由於蔣、北方張作霖、西面楊森和廣州方面明確的反漢口聯盟及本地商業財政的癱瘓狀況，陳友仁正處於極為窘迫的境地」。

[93] Lockhart to Kellogg, Apr. 25, 1927, *FRUS,* 1927, Vol. II, p. 293.

與代表所謂『國民革命運動』精華的蔣中正集團，培養可能的良好關係」。前提為(1)強烈譴責南京暴行並答應充分滿足南京事件的要求；(2)國民政府應保證停止騷擾美國僑民財產，確實尊重美國人民權利。這份電報等於希望國務院與南京國民政府展開寧案之交涉[94]。

　　5月4日，南京政府新任外交部長伍朝樞向美國駐上海總領事高斯表示，準備儘快談判解決寧案[95]。國務院對於寧、漢對峙，未見分曉，態度極為謹慎。指示上海總領事高斯和南京總領事戴維斯，接受南京方面任何的建議，但不做任何評論，同時暫不贊成提出任何新的照會；可以確認的是「如果蔣中正準備負責及提出合理賠償，我們將考慮他的提議」[96]。5月27日，又指示馬慕瑞作如下答覆：「美國駐滬領事準備受理伍朝樞代表蔣中正可能提出的任何建議，並向美國政府報告以供考慮。」[97]展開美國與南京政府交涉寧案的第一步。

　　另一方面，南京國民政府為打開外交之出路，對於寧案交涉甚為積極。與美國進行寧案交涉的同時，對英之交涉也已展開，但進展不順利。5月22日，英國公使藍浦生抵達上海，與爾後出任南京政府司法部長的王寵惠做非正式會談。6月3日達成「寧案討論基礎草案」。大致內容為(1)中國政府懲凶、道歉及賠款；(2)英國就兵艦向南京城內砲擊事道歉、賠償；(3)以平等及互尊主權之原則，修改現行中英條約。但英國政府對於(2)、(3)項，甚為不滿，雙方談判觸礁[98]。

---

[94]　Davis to Kellogg, May 3, 1927, *FRUS,* 1927, Vol. II, p. 217.

[95]　MacMurray to Kellogg, May 6, *FRUS,* 1927, Vol. II, p. 219.

[96]　Kellogg to MacMurray, May 9, 1927, *FRUS,* 1927, Vol. II, p. 220.

[97]　Kellogg to MacMurray, May 27, 1927, *FRUS,* 1927, Vol. II, p. 221.

[98]　有關中英寧案交涉，詳見孔慶泰，〈1927年寧案與寧案處理始末〉，《歷史檔案》（北京：1987：2），頁115-116。

　　對英交涉受挫後，南京政府寄望與美國政府之交涉能有所突破。6 月份，伍朝樞與南京政府江蘇交涉員郭泰祺多次會晤上海總領事高斯，表示南京方面急於和美國解決寧案。郭向美方表示，中美寧案之解決，如因美國欲與英國一致而耽擱，則屬不幸；因爲與英國的協議尚須包含萬縣慘案、沙基慘案一併解決，南京政府堅持把這三案合併處理，如此寧案之解決可能會拖延。伍、郭兩人並主張，由中、美組成調查小組調查南京事件的肇事者及美國公民的損失⑨。

　　7 月 12 日，伍朝樞向上海總領事正式提出寧案交涉草案：

1. 國民政府經調查，此事件爲共黨在南京政府未成立前，所製造的陰謀，儘管如此，國民政府仍依國際公法的一般原則負其責任。

2. 國民政府將與該案有牽連之人員的處分，先以說明書的形式，非正式地詳細告知美國政府，並經美國政府同意後，付諸實行。

3. 國民政府外交部對該案表示歉意，並嚴禁對美國人民生命財產採取各種形式的暴力行爲。

4. 成立中美調查聯合委員會，對美國人民所遭致之損失如數賠償。

5. 希望美國政府對於美艦砲擊南京所造成中國軍民的傷亡，表示歉意。

6. 請求美國政府廢除現存中美之間條約，並立即訂定平等及領土主權互相尊重之新約。

---

⑨　MacMurray to Kellogg, July 6, 1927, *FRUS,* 1927, Vol. II, p. 224.

郭泰祺向高斯表示，第5、6項爲安撫民間輿論。馬慕瑞認爲不能接受此項草案，因爲來自英國公使和王寵惠交涉的機密消息指出，國民政府應可提出更好的條款。馬慕瑞以爲美國政府沒有必要急於談判，「寧案顯然使國民政府負很大的責任，只有在完全承擔起責任後，才能指望得到它所企求的國際承認」[100]。

英國政府則於7月25日，向美國提出備忘錄，希望在各國代表充分討論條款之前，不要締結寧案協議[101]。凱洛格答覆英國：「在各國充分討論之後，如果不能與其他國家取得共識，各國應有完全的行動自由。」責令美國駐北京公使與英國就此事充分討論[102]。美國政府顯然不願受英國及其他國家之牽制，與公使馬慕瑞的強硬意見，也不甚契合。但是對於南京政府所提這項草案，卻遲遲未做回覆，主因仍是中國政局的不安定。

8月12日，蔣中正下野，南京出現無政府狀態。9月中旬，寧、漢政權統一，並改組國民政府及軍事委員會。由於排外風潮已漸平息，不少傳教士及商人都急於重返南京，但是，南京事件中美國領事館遭破壞，包括領事館官員都已撤走，館務停頓，不能提供美國僑民必要的保護。9月底南京總領事包懋勛（J. Hall Paxton）打算重返南京（原總領事戴維斯改派爲北京公使館一等秘書），建議美國派海軍軍艦一艘，作爲通訊聯絡及保僑之助[103]。亞洲艦隊總司令布里司托（Mark L.

[100]　MacMurray to Kellogg, July 22, *FRUS*, 1927, Vol. II, pp. 225-226.

[101]　The British Embassy to the Department of State (AIDE ME-MOIRE), July 25, 1927, *FRUS*, 1927, Vol. II, pp. 227-228.

[102]　The Department of State to the British Embassy (AIDE ME-MOIRE), July 28, 1927, *FRUS*, 1927, Vol. II, p. 228.

[103]　Mayer to Kellogg, Sep. 26, 1927, *FRUS*, 1927, Vol. II, pp. 228-229.

Bristol)上將⑩，則以爲海軍不能長期承擔領事館區的職責，他相信
「如果與中國各派都建立熱絡關係，外交官和海軍就能提供美國在華
利益的最好保護」，建議與南京當局建立關係，並儘快交涉寧案。但是，
美國駐京代辦邁爾以爲時機不宜，原因除了國民政府內部延續寧漢分
裂的鬥爭仍未明朗；其次，應對寧案負責的程潛出任軍事委員會委
員，令各國不滿。南京政府是否有誠意解決南京事件，令人懷疑⑩。

　　直到 11 月 3 日，國務院才做成對 7 月 12 日伍朝樞所提寧案交涉
草案的覆文。美國政府基本上接受前 4 項意見，即接受國民政府關於
懲凶、道歉、賠款的意見。對於第 5 點，國務院則以爲美艦係出於保
護僑民，不能接受此項要求。但國務院不反對聲明：「因情勢之必需，
致有此舉，表示遺憾之意」。對於第 6 點，美國政府表示 1927 年 1 月
27 日「美國對華政策宣言」已誠懇表示願與中國展開修約，但此事絕
不能做爲公平解決南京事件的交換條件。國務院也表達希望美國駐南
京總領事館重新開館，指示馬慕瑞儘快掌握有利時機解決寧案⑩。

　　1928 年 1 月 7 日，蔣中正復任國民革命軍總司令職，政局相對穩

---

⑩　布里司托上將於 1927 年 9 月接替威廉斯(Admiral Clarence S. Wil-
liams)職。布里斯托上將原任職駐土耳其高級專員(high commissioner)，
主要爲外交工作，是故他到中國，對中國的政治問題深感興趣。他堅信中美
之間存在特殊關係，與英日兩國採取聯合行動，將會妨礙美國對中國人民的
示範性角色，他主張與中國各派人物建立友好關係。他上任後便大力主張裁
減亞洲艦隊在中國的兵力以及對撤軍問題的看法。由於他對中國政治問題的
投入，曾一度使美國在華人員猜測，他將兼管馬慕瑞的工作。Bernard D.
Cole, *Gunboats and Marines: The United States Navy in China,
1925-1928,* pp. 140-141.

⑩　Charge (Mayer) to Kellogg, Oct. 26, 1927, *FRUS,* 1927, Vol. II, pp.
229-230.

⑩　Kellogg to MacMurray, Nov. 3, 1927, *FRUS,* 1927, Vol. II, pp. 233
-234.

定。1月中旬，馬慕瑞向國務院建議，準備親自至上海與國民政府交涉寧案，盡力促使有令人滿意的結果[107]。

2月21日，黃郛就任外交部長，並發表〈對外宣言〉，希望與各國商訂平等新約、解決重要懸案[108]。2月25日至28日，馬慕瑞在上海與黃郛交換初步意見，黃郛邀馬慕瑞前去南京，馬慕瑞表示寧案交涉未果，美國南京總領事館尚未恢復，在此情況下，不能在南京上岸。黃郛表示國民政府誠心承擔寧案之責任。此後中美間的預備性會談，由上海總領事柯銀漢（Edwin S. Cunninghan）與國民政府外交部司長金問泗、何杰繼續舉行[109]。

3月12日，馬慕瑞得知黃郛之提案，大表失望。認為內容比以前的提案更令人不滿[110]。然而，國務院反對馬慕瑞的意見；由於國務院得知3月19日英國與黃郛在上海針對南京事件的賠償等討論，有所進展。美國政府乃不願落於英國之後。3月24日，代理國務卿奧爾茲（Rabert Olds）訓令北京公使館，希望在合理的範圍下儘快進行談判[111]。3月26日，馬慕瑞抵上海。3月30日，黃郛與馬慕瑞公使互換照會6件，基本上按照伍朝樞於去年提出的6點中的前4點解決。馬慕瑞致黃郛之覆照如下：

第一份覆照：本公使……深信於去年3月24日南京事件，貴國

[107]　MacMurray to Kellogg, Jan. 14, 1928, *FRUS,* 1928, Vol. II, p. 323.

[108]　郭廷以，《中華民國史事日誌》，第2冊，頁320。

[109]　MacMurray to Kellogg, Feb. 29, 1928, *FRUS,* 1928, Vol. II, pp. 323 -325.

[110]　Cunningham to Kellogg, Mar. 13, 1928, *FRUS,* 1928, Vol. II, p. 326.

[111]　The Acting Secretary of State to Mayer, Mar. 24, 1928, *FRUS,* 1928, Vol. II, p. 329.

有思想之人民莫不謙憾並信所有該事件各犯(尤以親身負責之林祖涵一名爲最要)其懲辦一層，必能依照表示，從速完成履行。故本公使代表本國政府承受貴部長來文內開各條件。

第二份覆照：去年3月24日停泊南京之諾亞(Noa)及潑利司登號(Preston)美艦對南京薩家灣開火，是不得已而採取之措施，美國政府對此深爲抱憾。

第三份覆照：查修約問題，雖未能認爲與南京事件向美政府及美籍人民賠償一層有關係，然本公使現仍將上月與貴部長晤談時所發表各節再爲部長陳之……美政府希望當時所以必須載在舊約各條款之情形有以改善，俾得隨時遇機將所有不需要及不妥當之約章，得經雙方修改，希冀貴國有代表貴國人民之政府施行實權，俾能確實履行貴國一方面關於修改約章所有應盡之義務。[112]

馬慕瑞的覆照，根據11月3日詹森所擬的國務院備忘錄。美國政府對

[112] 此項中、美之照會，英文本，見：MacMurray to Kellogg, Mar. 30, 1928, *FRUS,* 1928, Vol. II, pp. 331-333. 筆者所引爲中文本。見：南京中國第二歷史檔案館藏，〈黃部長與美馬使來往照會〉。轉引見：孔慶泰，〈1927年寧案與寧案處理始末〉，《歷史檔案》(北京：1987：2)，頁116-117。
黃郛致馬慕瑞之照會有三：
第一份照會：
1.經國民政府調查證實，南京事件完全爲共產黨於國民政府未建都南京前所煽動而發生，但國民政府仍負其責。
2.國民政府對於1927年3月24日在南京發生的對美國駐寧館之美國國旗及美國政府代表等有不敬之處，領館及僑民受有生命財產上之損失，以誠懇之態度向貴政府深示歉意。
3.現在共產黨及其足以破壞中美人民之惡勢力業已消滅，自此以後，國民政府對外人之保護自必較易爲力。

這項結果甚爲滿意。3 月 31 日美國務院致馬慕瑞表示：「十分滿意，謹對於您的努力成果致祝賀之意。」⑬4 月 2 日,中美寧案照會於上海正式換文，並決定於 4 月 4 日正式公布⑭。

　　值得一提的是，中美寧案調查委員會核定賠款額數期間，1928 年 11 月初，美國在華浸禮會、長老會、美以美會、金陵大學、基督會共五團體宣布，願將寧案之賠償費全數放棄，以示中美親善之意。後來此筆款項捐助美國在華著名大學──金陵大學，以紀念寧案中遇難的該校副校長文懷恩博士，並以該款孳息設立中國文化講座，期消弭美國人士對中國之種種誤解⑮。

　　南京政府成立後，美國政府最初不急於解決寧案，等待寧、漢分裂的明朗化。其後，寧案協議之簽訂，國民政府將寧案歸諸於共產黨人於南京政府未成立前所製造的陰謀，此一說法，更加印證美國國務院原本得來的訊息，即南京暴行係國民黨內的激進派促使溫和派的蔣中正爲難。交涉之過程，美國政府逐漸傾向支持南京政府的溫和派

4.國民政府今後對於美僑生命及其正當事業，擔保不致再有與南京事件同樣之暴行及鼓動發生。

5.南京事件發生時被共產黨煽動而參加不幸事件之該軍隊業已解散，國民政府且已施行切實辦法，對肇事兵卒及其他人等進行懲辦。

6.對於美國駐寧領事館員及美僑在事件中生命財產之損失，提議組中美調查會進行，以證實美人從有關係之華人方面所確受之損失並估計每案中所應賠償之數目，由國民政府擔任充分賠款。

第二份照會：國民政府要求美國政府於去年 3 月 24 日停泊江面之諾亞號及潑利司登號，兩美艦向南京城內薩家灣開火一事，表示歉意。

第三份照會：國民政府希望美國能應允以平等及互相尊重領土主權爲原則，修訂中美間現行條約，並進一步接洽解決中美間之其他懸案。

⑬　Kellogg to MacMurray, Mar. 31, 1928, *FRUS,* 1928, Vol. II, p. 333.

⑭　Cunningham to Kellogg, Apr. 2, 1928, *FRUS,* 1928, Vol. II, p. 336.

⑮　孔慶泰，〈1927 年寧案與寧案處理始末〉，《歷史檔案》，頁 119。

——尤其是核心人物蔣中正。中美寧案協議是南京政府成立以後與外國達成的第一個重要協議，爲南京政府獲得國際之承認，邁出一大步。其後，英國、意大利、法國與南京政府簽訂寧案協議，多以中美寧案協定爲藍本。

寧案的解決，爲南京政府與美國政府的正式外交關係之取徑。1928年4月，蔣總司令即再度展開北伐，對象是山東的張宗昌及控有北京的張作霖，美國政府並不急於承認南京政府，北伐的最後結果仍有待分曉。

第三節　北伐統一與美國承認

1927年5月，武漢、南京政府分別進攻華北，繼續北伐。如同1920年代初期北洋軍閥內戰所遭致的中外糾紛，北伐戰爭推進至京津地區時，直接威脅到1901年辛丑和約，即華兵不得進入天津附近20里內、列強得駐兵保護使館區及北京至海口鐵路交通沿線之規定⑪。日本政府藉口保僑而出兵山東，完全違反條約規定；美國政府則採取撤僑與單獨增防京津的措施。

對於華北的緊急狀況，美國政府擔心南京事件的重演，乃積極展開撤僑工作。馬慕瑞於3月底建議國務院展開京津地區的撤僑措施，提議由菲律賓(美國屬地)派遣一師部隊增援中國⑪。國務卿凱洛格，不僅僅主張撤僑，對於必須使用大量部隊來保衛北京使館，覺得代價

---

⑪　黃月波、于能模、鮑鰲人(合編)，《中外條約彙編》(上海：商務印書館，1935)，頁500。

⑪　爲避免招惹張作霖認爲美國對於他防衛京津的能力缺乏信心，馬慕瑞建議這些軍隊應直趨上海，而非天津。MacMurray to Kellogg, Mar. 31, 1927, *FRUS,* 1927, Vol. II, pp. 98-99.

太大，考慮將使館遷往天津，以免重蹈 1900 年公使館被圍的危險；並考慮將天津做爲集中外僑的安全地點，派遣更多的陸軍部隊保護美僑在天津的安全。但是，不同意從菲律賓派遣軍隊支援京津防衛，凱洛格並且嚴格訓令馬慕瑞對於使用國際聯合部隊占領大津的問題，不可率先行動⑩。

4月中旬，英國政府提議以國際合作方式防禦京津，尋求美、日兩國支持，並且英國打算增派兩個師團至京津⑲。美國政府對此事不表支持，因爲此一計畫暗示美國政府對控制天津英租界有興趣⑳。25日，柯立芝總統公開談話，再次表達美國在中國的海軍及軍艦僅用來保護僑民，對南京事件之發生表示遺憾，期望美國對中國人民所盼望的自由、統一及民族精神有所鼓舞㉑。對於英國的提議，日本新任的田中外相於26日回覆，華北情勢並沒有緊迫到需要增派兩個師團，日本政府決定把華北駐屯軍增加到現在的兩倍以上，如果加上各國駐屯軍五千人，已足夠維持京津地區的秩序㉒。其後，日本決定出兵山東，以軍事手段保護及擴張華北權益，遂使各國重新考量華北兵力問題。

日本藉口保護僑民於 5 月底派遣陸軍出兵山東，爲第一次出兵㉓。緣於 1927 年 4 月，日本田中內閣上臺後，即積極展開對華擴張政

---

⑱　Kellogg to MacMurray, Apr. 12, 1927, *FRUS,* 1927, Vol. II, pp. 107-108.

⑲　The British Ambassador (Howard) to Kellogg, Apr. 14, 1927, *FRUS,* 1927, Vol. II, pp. 108-109.

⑳　Kellogg to MacMurray, Apr. 27, 1927, *FRUS,* 1927, Vol. II, p. 118.

㉑　Kellogg to MacMurray, Apr. 27, 1927, *FRUS,* 1927, Vol. II, pp. 118-119.

㉒　臼井勝美著，陳鵬仁編譯，《中日外交史——北伐時代》，頁 42。

㉓　日本第一次出兵經過，詳見：樂炳南，《日本出兵山東與中國排日運動》（臺北：國史館，1988），頁 102-142。本文不贅。

策，欲阻止中國統一，以獨占滿蒙；其軍事行動在山東，而其軍事目的則在滿蒙。田中內閣在位不過兩年（1927 年 4 月至 1929 年 7 月），共出兵山東三次，第一次為 1927 年 5 月 28 日，第二次為 1928 年 4 月 19 日，第三次為同年 5 月 4 日，並於第二、三次出兵時製造濟南事件，為北伐過程中最慘痛的一幕[124]。日本於 1927 年 5 月底第一次出兵後，日本駐美大使隨即向美國政府表示，日本此舉純為保僑，絕無對中國人民有不友善之舉，也無袒護一方之意。一旦危機消逝，自當迅速撤離。凱洛格對此事不置可否[125]。

　　受到日本出兵山東的影響，包括美、英、法等國家，也陸續增加在華北之駐軍[126]。6 月初，美國政府決定由上海撥出1700名海軍陸戰隊派至天津，美國政府另致函北京政府外交部表示此舉為1901年條款所認可，待局勢穩定將撤出多餘的部隊[127]。凱洛格仍向馬慕瑞了解使館移遷天津的可能性。馬慕瑞認為遷館將對美國政府在華地位產生負面影響力[128]，美國亞洲艦隊總司令威廉斯（Admiral Clarence S. Williams）評估美國在華兵力足以防衛北京使館安全，也認為不須遷館，建議從上海撥出一部分兵力防衛天津至北京及沿海安全[129]。國務卿採納不遷館的建議，將是否與他國合作保衛京津的問

---

[124] 關於田中內閣對華外交，相關研究甚為豐富，本文不贅。可參見：田中義一傳記刊行會，《田中義一傳記》（東京：田中義一傳記刊行會，1958）；臼井勝美，〈昭和初期的中日關係——干涉北伐〉，《國史論集》（東京：1959），頁1657-1672。

[125] Kellogg to MacMurray, May 28, 1927, *FRUS,* 1927, Vol. II, p. 123.

[126] 臼井勝美著，陳鵬仁譯，《中日外交史（北伐時代）》，頁 47。

[127] The American Legation to the Chinese Ministry of Foreign Affairs, June 2, 1927, *FRUS,* 1927, Vol. II, pp. 126-127.

[128] MacMurray to Kellogg, June 8, 1927, *FRUS,* 1927, Vol. II, p. 132.

[129] MacMurray to Kellogg, June 18, 1927, *FRUS,* 1927, Vol. II, p. 134.

題，請示柯立芝總統。6月23日柯立芝總統贊成國務院的決定：美國政府不參加確保1901年辛丑條款的任何聯合軍事行動⑬。美國政府對於國際聯合軍事行動採取否定態度，以個別防禦方式對付華北危機，此亦為次年國民政府展開第二期北伐以後，美國政府延續的一貫政策。

北伐第二期所呈現的焦點是，日本展現在滿蒙特殊利益的野心，對於中國的統一運動決心阻撓。美國政府對於日本的干涉，並無太大的警覺，採取既不參與、也不干涉政策——這使它在美國本土免於介入他國爭端的輿論攻擊；但如就美國政府領導華盛頓會議精神，主張門戶開放與尊重中國主權而言，英美政府未能及時制止日本的擴張政策，事實上是對華會精神的一種背離。

第二期北伐的開展與統一

1927 年 8 月 11 日國民革命軍總司令蔣中正宣布辭職，南京政府出現無政府狀態，北伐事業也因國民政府內部的政治問題而中挫。次年 2 月初，國民黨第二屆第四次全體中央會議召開，蔣中正被推為軍事委員會主席。4 月 7 日，蔣中正發表北伐宣言，展開第二期北伐，對象是控有北京的張作霖，並發表對外聲明，承諾保護外人生命財產，要求列強勿暗中資助北方軍火及秘密借款，在中國交戰區嚴守中立⑬。

從 4 月份開始，濟南、天津、煙臺、和青島的美國僑民在美國領

---

⑬　Kellogg to Coolidge; Coolidge to Kellogg, June 21, 23, 1927, *FRUS,* 1927, Vol. II, pp. 137-138. 美國國務院的檔案稱 1902 年議訂書(protocol)，但本文使用中文習稱的 1901 年辛丑和約。

⑬　蔣中正的這份英文聲明見：MacMurray to Kellogg, Apr. 13, 1928,

事的規勸下，撤往安全地帶⑬。美國海軍提供了撤退及載運的必要保護及工具。4月20日，駐青島領事要求泊在青島港的美艦暫時停泊於港，直到局勢穩定爲止。美國長江巡邏艇接受此一請求⑬。國務院並且授權濟南領事普萊斯，依情況可關閉領事館⑬。由於美國採取的溫和措施，美國僑民受到的騷擾，相對減少，其中引起較大的不幸事件爲4月16日美國長老教會醫師謝慕爾(Walter F. Seymour)被第二集團軍馮玉祥部下殺害⑬。

　　隨著北伐軍從長江流域向北挺進，中國人民的排外情緒已轉爲反日。1928年5月1日，北伐軍進入濟南，5月3日發生日軍慘殺中國軍民的「濟南慘案」⑬。美國駐濟南領事普萊斯(Ernest B. Price)報告事件發生當日之情況：日軍派遣裝甲車及分隊掃蕩駐紮於東南的革命軍，雙方展開激烈戰鬥，竟夜交戰，中國的無線電設施被摧毀，尚不知死傷數目。各國領事館有意調停⑬。

　　濟南慘案發生後，蔣總司令飭令各軍保護外人⑬。在濟南之美僑及領事館平靜無恙，蔣中正於事變發生後親自會見濟南領事普萊斯，

---

⑬　美國國務院出版的外交文件中，從1928年4月開始華北地區展開密切的撤僑行動，見：*FRUS*, 1928, Vol. II, pp. 256-280.

⑬　MacMurray to Kellogg, Apr. 20, 1928, *FRUS*, 1928, Vol. II, pp. 258-259.

⑬　Kellogg to MacMurray, Apr. 30, 1928, *FRUS*, 1928, Vol. II, p. 263.

⑬　MacMurray to Kellogg, Apr. 25, 1928, *FRUS*, 1928, Vol. II, p. 281. 美國外交文件中對此一事件的調查、解決，有詳細的記錄。見：*FRUS*, 1928, Vol. II, pp. 281-291.

⑬　關於濟南慘案之發生及交涉經過，詳見：樂炳南，《日本出兵山東與中國排日運動》一書，第4章，頁142-250。

⑬　The Consul General at Shanghai(Cunningham) to Kellogg, May 5, 1928, *FRUS*, 1928, Vol. II, p. 137. 內文爲濟南領事普萊斯的電報。

⑬　〈蔣總司令飭各軍保護外人電〉，見：蔣永敬編，《濟南五三慘案》，頁220。

濟南領事館受到國民革命軍的保護[139]。鑑於國民革命軍的保護外人措施，馬慕瑞已不再如過去堅持必須使用武力保護美國人民的生命和財產，在態度上有極大的轉變。如天津美商麥耳(Andersen Mayer)旗下棉廠倉庫爲中國軍隊強占(按：無說明爲南軍或北軍)，請求馬慕瑞武力保護。馬慕瑞回覆美國在天津的軍隊僅用於保護僑民生命，而不保護財產[140]。

蔣中正於 5 月 4 日向英美領事表示，願在任何保持中立的領事館內與日本軍方談判，但日本方面毫無回覆[141]。日本駐美大使照會凱洛格，表示日本政府出兵山東，爲保護僑民及山東鐵路之必要，並且準備加派第三師團；不排除必要時，加派軍隊到長江及華南地帶[142]。5 月 8 日，日本第 6 師團長福田彥助向蔣遞出強烈的五項要求，包括南軍須撤退濟南及膠濟鐵路沿線兩側 20 華里之地帶，言明須於 12 小時內回覆，否則將採斷然措施[143]。國民革命軍總司令蔣中正乃決定撤出濟南，日軍且於 11 日進城大肆屠殺無辜民衆，濟南完全陷落。

日本的軍事干涉行動，實際遠遠超出保護僑民的範圍。美國政府是否有意調停日本政府的態度，備受矚目。然而，美國政府對此一議題，採取被動態度。5 月 9 日凱洛格表示，如果交戰雙方願推出官員代

---

[139] 此爲南京政府外交部長黃郛告知馬慕瑞的訊息。見：MacMurray to Kellogg, May 8, 1928, *FRUS,* 1928, Vol. II, p. 220.

[140] MacMurray to the Consul General at Tientsin, May 12, 1928, *FRUS,* 1928, Vol. II, p. 221. 關於馬慕瑞與國務院在保僑問題上的意見衝突，參見本章上海租界中立化一節。

[141] MacMurray to Kellogg, May 18, 1928, *FRUS,* 1928, Vol. II, p. 146. 內容爲濟南領事報告蔣中正的談判意向。

[142] The Japanese Embassy to the Department of State, undated, 1928, *FRUS,* 1928, Vol. II, pp. 138-139. 5 月 9 日，助理國務卿詹森收到此件。

[143] 蔣永敬編，《濟南五三慘案》(臺北：正中書局，1978)，頁 5-6。

表，授權濟南領事普萊斯調停戰事⑭。5 月 10 日，西班牙大使探詢美國政府是否主動調停日本與中國在華北的緊張關係，助理國務卿詹森（按：於 1927 年夏末由遠東事務司司長調升此職）表示除非中日雙方請求調停，美國政府可能從中調停，但目前中、日方無做此表示⑮。

5 月 17 日，日本外相召集美、英、法、意各國駐日公使，表達希望各國在華北採取保僑的聯合行動，並表示日本的 13 聯隊將留守濟南和天津，因為一旦北京附近引起戰爭，將直接影響與日本利害攸關的滿洲，日本將極力阻止滿洲受戰禍的波及。這項辦法為阻止北京附近發生戰爭狀況，以山海關為定點(或其他地點)，越過此地不可交戰。假使奉天軍有秩序的撤退，將被容許撤回滿洲；但是如果奉天軍戰敗被南軍追趕，則無論南北任何一方軍隊都不可進入滿洲。日本外相深信此一辦法，將促使奉天軍撤退，國民革命軍可望順利接收北京，打算於 5 月 18 日向張作霖及蔣中正提出(中國稱「5、18 覺書」)⑯。

美國政府不贊成日本的這項提議。凱洛格於 18 日，嚴格訓令馬慕瑞：「美國政府不參加日本或其他國家擬阻止戰火波及滿洲的措施，以及妨礙中國軍隊規劃的軍事行動，美國政府僅參與保護僑民的單獨措施。」；並且強調務必避免使美國有介入中國任何內政的企圖及干涉

---

⑭ Kellogg to MacMurray, May 9, 1928, *FRUS,* 1928, Vol. II, p. 139.

⑮ Memorandum by the Assistant Secretary of State(Johnson), May 10, 1928, *SDA,* 893.00/9935. 另據 1928 年 7 月 17 日，上海《中央日報》載，美國眾院 189 決議案：「本院決議應由國務卿與駐華盛頓中國公使與駐華盛頓日本大使，並與中國國民政府接洽，提供合眾國之調停，以期中日兩國之困難可得一種和平解決」。見：《濟南五三慘案》，頁 310。但筆者於美國外交文件中，並未發現此項資料。

⑯ The Ambassador in Japan (MacVeagh) to Kellogg, May 17, 1928, *FRUS,* 1928, Vol. II, pp. 224-225. 日本 5 月 18 日覺書內容，中譯文見：蔣永敬編，《濟南五三慘案》(臺北：正中書局，1978)，頁 223。

中國軍情⑭。不久,日本報紙上披露凱洛格於記者招待會中表示「關於日本的聲明,美國沒有受到諮詢,美國認為滿洲是中國的領土,同時不承認日本在滿洲擁有勢力範圍」。為此,日本駐美大使松平往訪凱洛格,說明日本此項聲明在於日本在滿洲約有 20 萬僑民及大量的投資事業,一旦受戰火波及,損失必定慘重。日本仍主張維護中國主權、維護在滿蒙的勢力均等及開放。凱洛格表示,他只在記者會上說明日本政府的這項提議並未事先和美國商量,對日本的行動,並無任何評論⑭。

5 月 22 日,美國駐天津總領事高斯報告,日軍司令準備向中國南北提出:擴大天津防衛區域,其方法為使用國際武力保衛天津租界。由於美國鄭重反對此一行動可能導致干涉中國內政,英、意公使也附和,遂使 24 日的天津司令會議中,此案不能成立⑭。國務院對此結果,表示滿意⑮。

對於日本政府提出的「5、18 覺書」,南北政府都表示抗議。5 月 21 日北京政府外交部發表正式聲明,抗議日本所提的京津防衛及有關滿蒙的建議侵害中國領土主權,希望日本政府記取濟南慘案之教訓,勿有進一步侵犯中國領土之舉⑮。29 日,國民政府駐上海交涉員金問泗駁覆日本,認為日本以維持東三省治安為名,對革命軍進至京津地

---

⑭　Kellogg to MacMurray, May 18, 1928, *FRUS,* 1928, Vol. II, p. 226.

⑭　Memorandum by the Assistant Secretary of State (Johnson), May 22, 1928, *FRUS,* 1928, Vol. II, p. 227. 詹森與葡萄牙大使談話中,亦表示相同意見。Memorandum by the Assistant Secretary of State (Johnson), May 24, 1928, *FRUS,* 1928, Vol. II, p. 181.

⑭　MacMurray to Kellogg, May 26, 1928, *FRUS,* 1928, Vol. II, pp. 232 -233.

⑮　Kellogg to MacMurray, May 29, 1928, *FRUS,* 1928, Vol. II, p. 234.

⑮　MacMurray to Kellogg, May 25, 1928, *FRUS,* 1928, Vol. II, p. 231.

區時「將採適當之措施」，此一聲明完全破壞國際公法，駁斥日本所稱⑮。

　　6月2日，南京政府外交部長黃郛照會馬慕瑞，請求美國政府撤出京津地區的部隊，照會中首先感謝美國政府在北伐行動中採取的撤僑措施，重申國民政府必善盡保僑之責。其次，感謝美國政府對於日本出兵山東採取的公正態度⑬。6月4日，國民政府任命閻錫山為京津衛戍總司令，國民政府外交部再電馬慕瑞陳述國民革命軍在京津地區對外人保護措施，以及軍事和平撤退的布署⑭。由於中國局勢仍不穩定，馬慕瑞建議國務院暫緩撤軍，國務院接受馬使的意見⑮。

　　誠如學者所指出的，1925年以後，張作霖有意與日本疏遠，外交目標上逐漸轉向西方。從1926年後期開始，英國外交部充滿張作霖請求的函電。張作霖抬出反共旗幟向英美表示親善，但西方國家拒絕張之籲請⑯。1928年5月9日，張作霖發出停戰通電，要求和平，並宣稱北京政權堅決反對赤化。馬慕瑞將譯成英文的通電拍給國務院⑰。12日，北京外交部秘書顧泰萊致美使馬慕瑞密函一封，希望美國出面

⑮　〈國民政府駁覆日本覺書節略〉，見：《濟南五三慘案》，頁222-223。

⑬　原件為上海交涉員金問泗照會馬慕瑞，英文見：MacMurray to Kellogg, June 5, 1928, *FRUS*, 1928, Vol. II, p. 236. 另見：郭廷以，《中華民國史事日誌》，第2冊，頁355-356。

⑭　MacMurray to Kellogg, June 9, 1928, *FRUS*, 1928, Vol. II, p. 237.

⑮　MacMurray to Kellogg, and Kellogg to MacMurray, June 12, 1928, *FRUS*, 1928, Vol. II, pp. 240-241.

⑯　詳見：Gavan McCormark, *Chang Tso-lin in Northeast China, 1911 -1928: China, Japan and the Manchurian Idea* (Standford: Standford University, 1977)；中譯本見：畢萬聞譯，《張作霖在東北》(吉林：文史出版社，1988)，頁252-253。

⑰　MacMurray to Kellogg, May 10, 1928, *FRUS*, 1928, Vol. II, p. 140.

調停南北戰事，籲請南方派呼應張作霖的停戰要求。馬慕瑞對於張作霖的停戰要求並不積極，他在 10 天後，才向國務院報告此事，而他早已拒絕張作霖的這項要求⑱。由美國駐北京公使館二等秘書查普曼(F. J. Chapmam, III.)署名致顧泰萊的回函，內容表示：

> ……美國公使對於中國南北停戰至表歡迎，但不贊成在目前情況下，由交戰中的一派提出這樣的特殊要求，而無交戰中另一派的意見。⑲

馬慕瑞表示英國與荷蘭使館均收到同樣的請求。英國的答覆與美國駐華使館相同，荷蘭使館則無回覆⑳。據亞洲艦隊總司令布里司托上將(Mark L. Bristol)的報告，他於 5 月底與張作霖會晤，張試圖使布里司托同意日本軍隊應從華北地區撤出。布里司托對此表示異議，並且堅持中國各派必須在沒有美國的援助下解決國內和國際上的分歧㉑。

　　國民政府對於張作霖的停戰電，決定不予理會㉒。不久，國民革

---

⑱　MacMurray to Kellogg, May 22, 1928, *FRUS,* 1928, Vol. II, pp. 146 -147.

⑲　The American Second Secretary of Legation(Chapman) to a Secretaty of the Chinese Ministry of Foreign Affairs (Tellly Koo), undated, 1928, *FRUS,* 1928, Vol. II, p. 147.

⑳　MacMurray to Kellogg, May 22, 1928, *FRUS,* 1928, Vol. II, pp. 146 -147.

㉑　Memorandum of Interview between Admiral Bristol and Marshal Chang Tso-lin, May 28, 1928, Bristol Papers, MLB 290-28, Library of Congress, Manuscripts, quoted in Bernard D. Cole, *Gunboats and Marines: The United States Navy in China, 1925-1928,* p. 159. 布里斯托於 1927 年 9 月接替威廉斯(Admiral Clarence S. Williams)。

㉒　郭廷以，《中華民國史事日誌》，第 2 冊，頁 347。

命軍即展開全線總攻擊,張作霖見大勢已去,於 6 月 2 日下令通電出關,不意於 6 月 4 日為日本關東軍炸斃於奉天附近的皇姑屯車站。6 月 6 日北京正式為國民革命軍光復,20 日,張學良在奉天發表通電,擁護國家統一,北伐軍事行動事實上已告結束。由於日本關東軍的蓄意阻撓,12 月 29 日,東北始發出易幟通電,長達十數年的南北分裂之局終告結束。

　　美國國務院對於張作霖的和平主張,一直無下文。遲至北京已為北伐軍克復,美國政府開始討論對國民政府承認問題時,7 月 13 日才回覆 5 月份籲請和平的電報。國務院完全同意馬慕瑞的處理方式⑯。這項指示確認了美國政府不調停南北內戰;除非交戰的雙方均表示停戰,美國政府願從中斡旋。

　　1928 年 11 月 1 日,布里司托上將要求美國艦隊完全撤出天津,僅保留部分兵力於上海⑭。國務卿僅同意逐步縮減在中國的兵力,撤出天津 300 名的陸戰隊⑮。一直到 1929 年 1 月 14 日,最後一批美國海軍陸戰隊才完全撤離華北地區⑯。

法理承認的肇端

　　隨著北伐軍的告捷,愈來愈多的美國人對中國民族主義運動深表

---

⑯　Kellogg to MacMurray, July 13, 1928, *FRUS,* 1928, Vol. II, p. 153.

⑭　MacMurray to Kellogg, Nov. 1, 1928, *FRUS,* 1928, Vol. II, p. 316. 布里司托上將在京津撤軍的意見上與馬慕瑞公使的意見相左,兩人意見對立,馬慕瑞著眼於保僑措施。Memorandum by the Assistant Secretary of State (Johnson), Nov. 8, 1928, *FRUS,* 1928, Vol. II, p. 319.

⑮　Kellogg to MacMurray, Nov. 9, 1928, *FRUS,* 1928, Vol. II, pp. 320.

⑯　Bernard D. Cole, *Gunboats and Marines: the United States Navy in China, 1925-1928,* p. 165.

同情，相對也增加對國民政府的好感，甚至以爲幫助中國民族主義運動是抵擋蘇聯模式的方式。在此一期盼之下，促使美國政府對中國民族主義運動有更大的領導權，希望中國大革命風潮係以美國革命爲範本⑯。美國本土輿論於 1920 年代末期普遍對中國問題有同情的理解⑱；而在華教士的回應亦有異於五卅慘案爆發之初的激烈。南京事件後，排外風潮大有緩和，一些撤離的教士又回中國本土，對於中國人民的呼聲漸有理解及回應⑲。

　　美國參衆兩院於 1927 年初對中國問題熱烈討論，對美國國務院產生強大壓力。1927 年 2 月 21 日，美國衆院以 262 票對 43 票的壓倒多數通過了有關中國問題的「波特決議案」(Porter Resolution)。此案由當時擔任衆院外交事務委員會主席的共和黨衆議員提出要求柯立芝總統與「中國政府合法授權而能替全中國人民發言的代表」進行商談，以便修訂中美兩國間的條約，使今後兩國間的外交關係建立在平等互惠的基礎上⑳。討論過程中顯見不少國會議員對中國民族主義運動同

---

⑯　Warren I. Cohen, *American's Response to China,* pp. 96-97.

⑱　有關於美國輿論對中國問題的評論，詳見：Dorothy Borg, *America and the Chinese Revolution, 1925-1928,* pp. 256-266, 319-337. 本書對於此一問題有非常詳細的敍述。包括《華盛頓郵報》(*Washington Post*)、《巴爾的摩太陽報》(*Balitimore Sun*)等大報都表示於中國國民革命的同情，除了《芝加哥論壇報》(*Chicago Tribune*)、《紐約時報》(*New York Times*)表達不同的聲音，美國輿論基本上對中國革命運動表示同情。

⑲　參考：Paul A. Varg, "The Missionary Response to the Nationalist Revolution," in John K. Fairbank (ed.), *The Missionary Enterprise in China and America* (Harvard University, 1974), pp. 311-335. 傳教士於 1930 年代左右回應中國民族主義風潮，有所謂基督教會本色化運動的發生，可參考：宇宙光出版社編，《基督教與中國本色化論文集》(臺北：宇宙出版社，1988)。

⑳　House Concurrent Resolution, Congressional Record, 69 Cong. 2 sess., No. 46 (Jan. 24, 1927), p. 2195. Dorothy Borg, *America and the Chinese Revolution, 1925-1928,* pp. 242-243.

情，同時也有一些主張予國民政府承認的呼聲⑰。在參院中同情民族主義者，也不在少數，其中以擔任外交委員會主席的包拉(William E. Borah)及共和黨參議員賓漢(Hiram W. Bingham)最爲支持中國民族主義運動。參議員金氏(William H. King)全力支持國務院應承認南京政府爲法理政府。他認爲美國如果及時給予南京政府承認，當能「穩定中國政情，並使共產黨人無法得逞」⑫。

美國政府與南京政府簽訂寧案協議，事實上已顯見美國政府支持溫和派政權的合理化解釋。但是，中國政局的變化莫測並非美國國務院所能掌握，最有利的立場即是採取沒有立場的觀望態度。對於南京政府的承認，仍有待進一步觀察。

1928 年 5 月，國民政府派特使伍朝樞赴美活動，希望獲得美國在廢除不平等條約上率先允諾及外交之承認。5 月 24 日，助理國務卿詹森與西班牙駐美大使表示，美國尚未承認南京政府，不承認伍的官方身分，將以非官方及私人身分接待伍朝樞⑬。28 日，凱洛格親自接見國民政府全權代表伍朝樞，重申美國政府將不改 1927 年 1 月 27 日「對華政策宣言」的承諾。亦即只要中國能有「代表本國人民或當局之代表」，美國政府願與中國展開治外法權及關稅問題的談判，對於承認問題仍三緘其口⑭。

⑰　魏良才〈一九二〇年代後期的美國對華政策：國會、輿論及壓力團體的影響〉，《美國研究》，卷 10，第 1、2 期合刊(臺北：中央研究院美國文化研究所，1978)，頁 160。

⑫　*New York Times,* July 10, 1928.

⑬　Memorandum by the Assistant Secretary of State (Johnson), May 24, 1928, *FRUS,* 1928, Vol. II, p. 180.

⑭　1927 年 1 月 27 日，美國對華政策宣言，英文見：Kellogg to the Chargé in China, Jan. 25, 1927, *FRUS,* 1927, Vol. II, pp. 350-353. 參見附錄。

　　6月6日，北伐軍攻克北京，關內各省宣告統一。對於南京政府已統一中國的事實，美國政府沒有理由不予承認。但是駐華公使與國務院對於中國政局的安定，不抱多大的希望。最初國務院並未準備立即給予法理承認(de jure recognition)[175]。

　　6月14日，中國公使施肇基向凱洛格表示，他已答應南京政府留任「中國駐華盛頓代表」一職[176]。由於施肇基係北京政府委派，美國政府如接受施之續任中國公使職務，則必先承認南京政府。次日，凱洛格致電馬慕瑞，表示由於中國內戰即將結束，美國政府必須儘快與南京政府——「至少是事實政府的承認」展開交涉以及履行「對華政策宣言」的承諾。指示馬慕瑞就下列事項是否恰當提供意見。其一，南京政府是否能建立負責的政府？其二，採取承認——至少是事實承認的應有步驟。其三，一旦南京政府任命授權的代表，美國政府履行對華政策之聲明，並與之展開交涉[177]。

　　馬慕瑞的看法與國務院略為不同。他對南京政府是否能穩定國內政局以及履行國際義務，表示存疑，認為美國政府本已和南京政府建立事實關係(de facto relationship)，目前只是它的控制地區擴大，不

---

[175] 有關「法理承認」與「事實承認」的界定，詳見：本文第三章第一節。在國際法中對於承認政府的方式，則有明示(express)與默示(tacit)。明示承認較之於默示的承認，在實施上較為確定，可避免一些不必要的爭論。明示的承認，通常以照會、節略、信件、電報等正式文件，明白表示承認之意。至於默示承認，則有締結雙邊條約、邀請參加多邊條約，或與之建立外交關係，交換使節。參見：丘宏達主編，《現代國際法》，第6章〈國際法上的承認〉(臺北：三民書局，1993年8月，第10版)，頁217-221。朱建民，《外交與外交關係》(臺北：正中書局，1977)，頁283。

[176] Kellogg to MacMurray, June 15, 1928, *FRUS*, 1928, Vol. II, p. 181.

[177] Kellogg to MacMurray, June 15, 1928, *FRUS*, 1928, Vol. II, pp. 181-182.

需要採取事實承認(de facto recognition)的步驟，更毋庸討論法理承認(de jure recognition)。可採行的是與目前的「優勢派」討論關稅問題，堅決主張不提治外法權問題。他認為目前中國的統一與和平言之過早，進一步的計畫應建立在穩定政權的基礎[178]。

6月23日，南京政府全權代表伍朝樞、代表李錦綸(Lee W. Frank)會晤助理國務卿詹森、遠東事務司司長項貝克(Stanley K. Hornbeck)[179]，討論國民政府之組織架構。伍答覆南京政府之建置係依照孫中山的五權憲法而設計；雙方並討論修約問題及美國北京公使館何時遷往南京政府首都。國務院對於大使館的搬遷並無答覆[180]。鑑於中國政局尚未明朗，國務卿希望給予南京政府至少是事實承認，法理承認則尚待觀望。但不同意馬慕瑞所言，連事實承認也不必。

6月27日，凱洛格接見法國公使時，表示國務院將考量中國政局的演變，採取承認之步驟，希望外交承認有助於中國政府表現統治能力，促使中國政局穩定、遣散私人部隊、停止內戰，且希望與中國商談關稅協定；雖然在可預見的未來，還看不出整個中國政治的安定[181]。7月9日，凱洛格與各國駐美使節會面，仍持此一主張。他給駐華公使電文表示，如果北京公使團內提出此一問題，希望表達美國政府

[178] MacMurray to Kellogg, June 20, 1928, *FRUS,* 1928, Vol. II, p. 184.

[179] 項貝克於1927年夏末擔任遠東司司長，原任的詹森升任為助理國務卿，項貝克是位傑出的學者，向為詹森對華政策的辯士之一。對於詹森主張對華親善、尊重中國主權及保護美國僑民利益的政策，發生相當影響力，參見：Bernard D. Cole, *Gunboats and Marines: The United States Navy in China, 1925-1928,* p. 140.

[180] Memorandum by the Assistant Secretary of State (Johnson), June 23, 1928, *FRUS,* 1928, Vol. II, pp. 185-188.

[181] Memorandum by the Assistant Secretary of State (Johnson), June 27, 1928, *FRUS,* 1928, Vol. II, pp. 188-189.

歡迎對南京政府的承認，至少是事實承認，如果不做此表示，他相信將危及對華關係。相反地，如果表示承認，將有助於中國政治之穩定[182]。

全權代表伍朝樞至華盛頓的另一任務爲促成關稅協定之簽訂，交涉過程順利。7月11日，凱洛格向柯立芝總統請示，希望履行1927年1月27日對華政策之承諾，「不論此一政府是否能演變爲穩定的公民政府，但我認爲各國給予的鼓勵，將有助於它解決內部的重大困難」，希望美國政府能就關稅問題與南京儘速談判[183]。柯立芝總統次日即予批准[184]。駐華公使馬慕瑞不贊成中國過早談判治外法權問題，他認爲國民政府尚無法履行保護外人之義務，主張暫且拖延，凱洛格亦接受其意見。7月25日，「中美關稅自主協議」由財政部長宋子文與美駐華公使馬慕瑞在北京簽字[185]。此項協議打破百年來不平等條約桎梏的第一項成績，寫下中國邁入國際社會新紀元的一頁。

中美關稅協定簽約之後，承認南京政府問題也就順理成章。所以，凱洛格於8月10日，致電馬慕瑞表示，關稅協定之簽訂在技術上（technically）已表示承認南京政府，但參院批准條約並不能代表承認，不久將以某種外交程序公開確認此事[186]。依美國憲法承認政府之

---

[182] Kellogg to MacMurray, July 9, 1928, *FRUS*, 1928, Vol. II, pp. 190-191.

[183] Kellogg to Coolidge, July 11, 1928, *FRUS*, 1928, Vol. II, pp. 455-456.

[184] Coolidge to Kellogg, July 12, 1928, *FRUS*, 1928, Vol. II, p. 456.

[185] Treaty Regulating Tariff Relations between the United States of American and the Republic of China, Signed at Peking, July 25, 1928, *FRUS*, 1928, Vol. II, pp. 475-477. 有關於中美關稅會議之交涉與內容，詳見：李恩涵，《北伐前後的「革命外交」（1925-1931）》（臺北：中央研究院近代史研究所，1993），第3章第3節「王正廷與宋子文與中美關稅自主新約」，頁117-133。

[186] Kellogg to MacMurray, Aug. 10, 1928, *FRUS*, 1928, Vol. II, p. 192.

權在於總統，而不是由參院批准條約之程序承認一國之政府。同日，
凱洛格請示柯立芝總統：「有關承認南京政府之事總統有絕對的權
力」，他並且表示「我們對南京政府的影響莫甚於此時」⑱。柯立芝總
統表示「你可將此條約的簽訂視為對國民政府的承認」⑱。

　　9月1日，詹森與伍朝樞會面時，表示美國政府已在關稅協議中給
予南京政府事實和法理的承認，南京政府是否要求何種外交程序確
認，美國政府將予以滿足。詹森又向伍朝樞表示，南京政府外交部長
王正廷電告施肇基，簽約已表示承認，無需再透過任何外交程序，是
否南京政府對他另有指示，伍表示沒有。伍向詹森說明施肇基雖為北
京政府所派的駐美公使，但將留任⑱。所以，南京政府的承認在技術
上為通過關稅協定的簽訂而完成，無需另行照會或其他程序。9月11
日，國務院致電馬慕瑞：「你可聲明北京公使館已授權與南京政府在
完全承認(full recognition)的基礎上發展正式關係」⑲。南京政府與
美國政府的關係乃正式進入法理承認的階段。其後英國政府隨之跟
進，1928年12月20日中英關稅條約簽訂，英國公使並於當日呈遞英
國女王的國書，亦即英國正式承認南京政府⑲。

　　在此一理解下，美國政府通過關稅協定在技術上與南京政府建立

⑱　Kellogg to Coolidge, Aug. 10, 1928, *FRUS,* 1928, Vol. II, p. 193. 當時
　　大多報紙已認定美國已承認國民政府，但仍有部分商人及傳教士持疑，凱洛
　　格向總統建言，承認問題應當明確，或在中國以宣告的方式，或是明確告知
　　中國駐美使施肇基。
⑱　Coolidge to Kellogg, Aug. 11, 1928, *FRUS,* 1928, Vol. II, p. 193.
⑲　Memorandum by the Assistant Secretary of State (Johnson), Sep. 1,
　　1928, *FRUS,* 1928, Vol. II, p. 196.
⑲　Kellogg to MacMurray, Sep. 11, 1928, *FRUS,* 1928, Vol. II, p. 199.
⑲　臼井勝美著，陳鵬仁編譯，《中日外交史——北伐時代》(臺北：水牛出版社，
　　1989)，頁135。

正式外交關係，但最後決定權在於柯立芝總統的認可，而非批准關稅
協定的參院。1929年2月13日，美國參議院通過「中美關稅協定」條
文，一週後中美雙方在華盛頓換文生效[192]，但駐華公使早於前年9月
即收到國務院通知正式承認南京政府。

　　然而，美國政府雖承認南京為法理政府，但是對於中國政治並不
具信心，此由兩件事可看出。其一：公使館升級為大使館問題。其二：
北京美使館南遷問題。續留任的中國公使施肇基於10月12日向美國
國務院提出使館升級要求。希望將中國駐美公使館升級為大使館，此
一舉動意涵著美國政府基於平等國交，勢必也須將美駐華公使館升格
為大使館。遠東事務司司長項貝克坦言如果此時和中國互換大使，是
對中國政府寬大為懷的政治禮物；但此一問題牽涉到中國是否已具備
此一條件，它在國際義務上的履行是否能符合大使級國家之身分[193]。
駐華公使馬慕瑞認為，中國政局之亂象有增無已，南京政府可能只是
過渡性政權，中國的軍事統治也可能捲土重來[194]。

　　當時各國中只有美國政府已承認南京政府，從10月底到11月
中，助理國務卿詹森就此一問題與英、法、日、德等國大使展開密集
會談。日、法、德認為應等待中國局勢安定，再做此考量[195]。施肇基
於10月底時，又向詹森表示，早於顧維鈞擔任駐美公使時(1915

[192] Dorothy Borg, *America and the Chinese Revolution, 1925-1928,* p. 406.

[193] Hornbeck to Kellogg, Oct. 12, 1928, *FRUS,* 1928, Vol. II, pp. 199-200.

[194] MacMurray to Kellogg, Oct. 15, 1928, *FRUS,* 1928, Vol. II, p. 200. 另外，馬慕瑞針對8月份的月報中，舉出南京政府之動盪不安，有12項原因，包括政府內部之歧見，難以有任何建設性措施、缺乏真正的愛國者及有能力之人，各省仍為軍閥掌控……。MacMurray to Kellogg, Oct. 9, 1928, *FRUS,* 1928, Vol. II, pp. 168-169.

[195] 各國大使與詹森的討論內容見：*FRUS,* 1928, Vol. II, pp. 202-207.

-1920)，威爾遜總統曾表示如果中國政府有意將使館升級，美國政府有此打算⑱。當時報載美國政府已同意互換大使，詹森向施肇基澄清係誤傳，國務院尚在考慮此事，將呈請柯立芝總統裁定，他並向施肇基表示將以同情與諒解考慮此一問題⑲。

　　英國政府於 11 月答覆，英國政府目前所關心的是關稅自主之談判，使館升級問題暫不考量⑱。在各國反應冷淡，且衡量中國政情的考量下，12 月 10 日，美國國務院以時機不宜為由，婉拒使館升級之事⑲。施肇基於次年 1 月 22 日，被改派為駐英公使，駐美公使一職改由伍朝樞擔任⑳。美國政府當時已和歐洲主要國家和日本交換大使，包括英、法、日、德、意、荷、西等，中國政府之所請為列國所拒，足證列國輕視之意。

　　助理國務卿詹森於 1930 年 2 月接替駐華公使馬慕瑞的職位。1935年 9 月，南京政府與美國政府互將公使館升格為大使館，詹森因而升格為第一任美國駐華大使；巧合的是，第一任中國駐美大使為施肇基，他與詹森兩人同是 1928 年中美展開互換大使討論時的當事人。

---

⑱ 但是據美國外交檔案編者附註，美國外交檔案並無當年威爾遜與顧維鈞公使的這項談話記錄。見：Memorandum by the Assistant Secretary of State (Johnson), Oct. 30, 1928, *FRUS,* 1928, Vol. II, p. 206.

⑲ Memorandum by the Assistant Secretary of State (Johnson), Nov. 15, 1928, *FRUS,* 1928, Vol. II, p. 211.

⑱ Memorandum by the Assistant Secretary of State (Johnson), Nov. 22, 1928, *FRUS,* 1928, Vol. II, p. 212. 英國與南京政府於 12 月 10 日，由英國公使藍浦生與王正廷談判關稅問題。見：郭廷以，《中華民國史事日誌》，第 2 冊，頁 414。

⑲ Johnson to MacMurray , Dec. 10, 1928, *FRUS,* 1928, Vol. II, p. 213.

⑳ 外交部檔案資訊處編，《中國駐外各大使(公使)館歷任館長銜名年表》(臺北：商務印書館，1968)，增訂本，頁 87，145。

　　至於南京政府成立後，美國駐華公使館並沒有遷往國民政府首都
——南京，顯見對於新政府不夠尊重，而位居南京政府所在地的美國
南京總領事館，於南京事件遭破壞關閉。早於 1928 年 3 月 30 日黃郛
與馬慕瑞交涉寧案時，即希望重新開放領事館[201]。但因調查及賠償問
題而拖延，遲至 1928 年 12 月 15 日南京總領事館在完全沒有舉行任何
儀式中重新開館[202]。一直到 1935 年 9 月，美國政府將公使館升格為大
使館時，才將北京使館遷往南京[203]。

小結

　　國民革命軍第二期北伐主要對象為張作霖，美國駐華公使馬慕瑞
及亞洲艦隊總司令布里斯托，都曾斷然拒絕張作霖要求調停南北戰事
的努力，不希望介入中國的黨派軍閥內爭；再者，就第二期北伐過程
的中外關係而言，當時外交問題焦點為日本及其出兵山東。美國政府
對於日本出兵採低調姿態。結果是美國國務院不介入他國爭端贏得國
內的支持；而美國對於中國民族主義的回應，比起其他國家來得友
善，因而得到中國人民的友誼。

　　通過中美關稅協議及承認南京政府，美國政府強化了國民政府內
部溫和派的影響力，也提高國民政府的國際地位。隨著南京政府的建

---

[201]　MacMurray to Kellogg, Mar. 31, 1928, *FRUS*, 1928, Vol. II, p. 335.

[202]　Bernard D. Cole, *Gunboats and Marines: The United States Navy in China, 1925-1928*, p. 168. 由於南京暴行，引起中國人民強烈惡感，南京政府拒絕在開幕儀式中向美國國旗鳴放禮砲，美國政府後來退讓，領事館遂在無儀式中復館。此一退讓，主要是避免讓中國人民及在南京的美僑，憶起這段中美關係史上不愉快的經驗——南京事件。有關美國南京領事館重開之經過，美國外交文件中有仔細的討論。詳見：*FRUS*, 1928, Vol. II, pp. 338-369.

[203]　郭廷以，《中華民國史事日誌》，第 3 冊，頁 507。

立，美國以國民黨溫和派保護者的姿態，對國民政府有更大的影響力。美國承認南京政府以後，參與國民政府的各項改革，包括經濟、財政、交通等項改革與現代化。所謂國民政府「黃金十年」之成就與美國之援助，有相當大的關係⑳。

如與美國相較，蘇聯是 1920 年代對中國干預最為投入的國家，國民黨最初的聯俄容共、武漢政權的成立及其後的北伐都曾受到蘇聯的資助、影響。然而 1920 年代末期演變的結果卻是國民政府內部蘇俄勢力大為瓦解。衡情而論，在 1920 年代美國政府對於中國政治的援助及回應相當有限。華會結束後的數年內，美國政府並未積極促成華會的各項協議實現，一直到中國一波波的民族主義運動興起，美國政府才開始回應關稅協定及修約問題。但是，美國政府比起其他國家仍算友善，如孔華潤（Warren I. Cohen）所言：「1928 年僅憑藉上帝的仁慈，和凱洛格、詹森兩人可靠的直覺，促進了美國與國民黨政府的和解，美國人再次把自己視為『中國主權的維護者』。」⑳

站在中國之立場，較大的遺憾是美國政府對於日本在華北及滿蒙問題的緘默。濟案發生後，1928 年 7 月中旬，日本駐美大使，向詹森陳述日本對於濟案的處置，認為責任全在中國方面，要求道歉、懲凶、賠償。詹森對此並無發表意見，且表示日軍出兵山東僅為保僑，一旦華北的安全獲得保障，就會撤退⑳。再如本文所言，對於日本在華北置重兵美國政府採取不參與立場，但也無評論的低調姿態，事實上已

---

⑳ 關於美國政府與南京政府「黃金十年」之改革，詳見：James C. Thomson, Jr., *While China Faced West: American Reformers in Nationalist China, 1928-1937* (Harvard University, 1969).

⑳ Warren I. Cohen, *American's Response to China,* p. 101.

⑳ The Japanese Embassy to Department of State, undated, 1928, *FRUS,* 1928, Vol. II, pp. 158-159. Handed to Johnson, July. 21, 1928.

爲繼凱洛格之後的國務卿史汀生(Henry L. Stimson)著名的「不承認主義」(non-recognition doctrine)開了一條先路，而其不能遏制日本的侵略也是可以預期的[207]。

---

[207] 鑑於日本在華北的擴張，1932 年 1 月 7 日，美國國務卿史汀生照會中日雙方，「美國不能承認任何旣成形勢的合法性，也不擬承認中、日政府或其代理人間所締訂的任何有損於美國或其在華國民的條約權利，包括中國的主權、獨立、領土及行政完整，美國也不承認以違反凱洛格和平公約的方法所獲致的任何局勢、條約或協定。」

誠如入江昭所言，此一政策代表美國不願與日本公開衝突，把問題留給中日兩國自行解決。詳見：Akira Iriye, *After Imperialism: The Search for a New Order in the Far East, 1921-1931*, pp. 178-181.

第六章　結論

　　1917 年中國政局的南北對峙狀態，肇端於第一次世界大戰期間，派系政爭投射在參戰問題上，主戰反戰之說壁壘分明。美國於戰爭末期加入歐戰，中國朝野人士多主張跟隨美國加入歐戰；然而美國對於中國之參戰，並不鼓勵。在威爾遜的議程表中，中國參戰問題顯然不能與歐戰場的進展相提並論。緣於大戰前後，美、日爭奪亞洲事務領導權關係緊張；美國參戰後，顯然不願對中國問題多表示意見，以免捲入與日本更大的衝突之中。再者，威爾遜總統及國務卿藍辛，認為中國內政之和諧，遠甚於中國的參戰問題。北京政局經歷府院之爭、復辟醜聞後，美國政府不願背負干涉內政之嫌，對中國參戰問題不僅消極且刻意規避。其後，平定復辟事件的段祺瑞，自認有再造共和之功，不願恢復約法，孫中山因而南下護法。於是，南北對峙之局正式形成。

　　軍政府成立之初，不論是美國廣州領事或美國公使芮恩施，咸不信任孫中山之領導，認為護法運動形如再一次的革命，不符合當時中國和平安定之需要，指涉孫中山鼓勵分離運動，不僅不予外交承認，且曾於革命黨人於美國屬地夏威夷及菲律賓群島向華僑籌款時，故意阻撓。

　　美國政府不承認南方政權，但對於南北分裂及內戰的情況，始終寄予同情。尤其是日本與皖系的利益結合，幾乎使得中國成為日本的軍事附庸國，美國政府頗思加以抵制。待一次世界大戰接近尾聲，威

爾遜總統於冀望戰後和平會議之時，也對中國內政提出呼籲，希望南北召開和平會議。就某方面來說，美國政府之主張列強(包括日本)採一致態度促成中國南北和談，也是預期南北統一後的北京政府與列強的關係重新調整，在列強合作的基礎上技術性地遏制日本在華勢力的過度擴大。

美國政府除提議召開南北和議，並建議實施軍火禁令、外債限定用途，希望促成中國統一。1919年南北和議原由美國提議，日本政府最初即無誠意，因此在和議過程中仍偏袒段派；對於參戰借款，雖曾稍做讓步，但對參戰軍則堅持不放，仍奉行中日軍事協定不變。顯然南北政府並未有心求和，而軍火禁運問題，也未能抑止中國內戰、外債限定且造成軍閥與列國間的秘密外交，尤其是日本政府先後對皖、奉系軍閥的支持。這項由美國所發起的南北和議及全國人民翹首以待的和平，遂成幻影。

1919年上海南北和議失敗後，中國南北和平統一之機會愈爲渺茫。此後，中國內部雖然召開數次促成南北統一及黨派合作的會議，但以1919年的南北和議最受矚目，列強之參與也最多。統一中國的命題，最後是以國民革命軍之北伐而完成，列強的參與並未能解決中國南北和平統一問題。

南北分裂時期最重要的爲外交承認，獲得國際承認才可能履行外交關係下的權利與義務，如貸款、通商口岸和修築鐵路等權利，以及履行包括清末以來條約賠款之義務(如庚款)和保護外人生命財產之責。美國與列強之所以承認北京政府，主要爲條約利益上的依存關係。從1917至1924年，美國政府承認北京政府爲法理(de jure)政府，但是每經一次軍閥內戰，北京政府即告重組，顯示此一政權基礎之薄弱。所以，北京新政府之成立，往往引發應否予以繼續承認的質疑或聲稱

其爲事實（de facto）政府的討論。段祺瑞臨時執政上臺後，美國政府依此一政權的臨時性質改以事實政府的承認。鑑於北京政府之無能，包括臨案的發生、外債虧欠等，美國與列強一致主張承認條件爲：確實履行辛丑和議以來的條約義務關係。

從 1925 年開始，北方軍閥展開更大規模的軍閥混戰，1926 年下半年張作霖控有北京政府，事實上呈無政府狀態；是否繼續承認北京政府面臨南方的挑戰，尤其是國民革命軍展開北伐後的凌厲攻勢。美駐華參贊邁爾及馬慕瑞公使先後提出「不承認政策」（non-recognition policy）──否定北京政府，並且認爲全中國無代表中國人民之政權。此一政策爲因應於中國動盪之政局，所採取的觀望態度。鑑於中國情勢的重大轉變，國務院終於在 1927 年 1 月 15 日通知馬慕瑞公使「事態的發展，必須等候，直到任何一集團或派系，確實爲全中國人民所賦予的權利，才予以承認」。

就南方政局之發展而言，1921 年廣州政府成立後，孫中山仍極力爭取美國政府的支持。但是美國政府仍如 1917、1918 年對待軍政府的態度，對廣州正式政府不予承認，甚至存有敵意。美國政府不友善的態度，表現在外交承認、對陳炯明政變的反應與關餘交涉問題上。廣州政府先後與柯蘭公使及舒爾曼公使交涉，希望獲得外交承認與援助，前者對孫中山的態度甚爲惡劣；後者則曾因關餘問題，親至廣州與孫會面，曾讓孫中山寄予厚望，而美國政府對於孫中山所提議的裁軍及統一計畫，並無善意回應。1920 年代美國國務院外交檔案中充斥許多對孫中山及南方政府負面評價的文件，美國政府一再漠視孫中山要求外交支援的呼籲，使得孫中山在對外孤立無援的情況下，最後取徑聯俄容共之外交政策。

1925 年 7 月，國民政府成立，對於北京政府即將召開的關稅會議

強力反對。次年下半，國民政府強行徵收華盛頓會議附加稅。美國國務院對此事件的回應，迥異於孫中山時期關餘交涉風波中的強硬態度，認爲沒有必要與英、日討論海軍示威問題，僅要求廣州總領事向廣州當局抗議，與孫中山時期美國與英、日軍艦集結白鵝潭示威的情況相比，顯見美國政府對南方政府態度逐漸轉變。

從五卅慘案爆發後，美國政府以北京「中央政府」爲抗議及交涉對象。但是日益嚴重的排外運動，使得美國亞洲艦隊幾乎完全承擔了在中國的保僑責任，相對地顯出北京政府的無能。有鑑於華南地區排外風潮不斷，美國政府不得不與國民政府建立關係以保護美國僑民。最後的結果是確認了英美政府與廣州政府事實關係的建立，不論是「英國變更對華政策建議案」或凱洛格 1927 年 1 月 27 日對華政策公開宣言，可說是確認與國民政府實質關係的建立，將南北兩政府視爲平等的政治實體。

考察美國政府宣稱不干涉中國內政的立場，不論是北方軍閥混戰或北伐戰爭中美國政府尚稱中立，而以保護美國僑民的性命安危爲第一考量。筆者同意吳應銑(Odoric Y. K. Wou)的研究，認爲美國在華人士與直系有較親密的關係，但在直皖、直奉戰爭中，美國政府仍採取相當謹慎的態度，並無直接史料證明美國政府在軍閥混戰中支持直系。例如直皖戰爭時，美國政府不贊成北京外交使團向北京政府要求限制戰爭行動(不利於皖系)之勸告；再如直奉戰爭時拒絕北京外長顧維鈞要求的黃埔江中立化條件，認爲此一條件將有利於直系，違背美國的中立立場而回拒。1928 年 5 月國民革命軍第二期北伐的最後階段，美國駐華公使馬慕瑞及亞洲艦隊總司令布里斯托，都曾斷然拒絕張作霖要求調停南北戰事的努力，不希望介入中國的黨派軍閥內爭。

北伐軍事行動勢必威脅各國在華利益以及僑民安危，美國政府自

不例外。面對北伐展開後所導致的中外衝突，美國政府對砲艦外交之使用相當謹慎，以避免造成重蹈中英萬縣事件之慘劇。為保護外僑在上海租界的生命財產安全，美國政府曾主動提出上海租界中立化主張，然而南方派認為此一提議，受惠的可能是孫傳芳，而非北伐軍；孫傳芳認為此一提議，漠視其統治權而不支持。南京事件爆發後不久，美國政府憂懼如果強迫國民政府立即解決此一事件，將逼使國民黨內的溫和派被激進派整肅，建議暫緩南京事件之解決，對溫和派有所諒解。在防衛京津的過程中，美國政府拒絕與英、日國家採取聯合軍事行動和擴大京津防衛區，以避免過當的行動，影響中國內戰的最後結果。

　　不論就北洋軍閥內戰或北伐軍事行動，美國政府對於使用武力保僑，採取相當謹慎措施，此一方面來自於美國本土的輿論壓力。由於美國公眾對於世界大戰後的國際政治人為失望，這種情緒滋長反對以武力解決國際問題的各種聲浪。從 1920 年代起，美國民眾日益反對帝國主義，而且對於使用武力對抗未開發國家甚為反感，國內持續的壓力迫使凱洛格最後簽署一項公約宣布戰爭為非法。在此一背景下，美國政府不得不對在中國以武力保護美國在華利益及僑民安危，表示猶豫①。國務院指示駐華使領及亞洲艦隊總司令執行「保護僑民，但不維護租界」，此一指令在國務院與駐華使領間迭有爭議。

　　對於共產主義在中國的興起，至少在孫中山時期聯俄容共的最初階段，國務卿休斯對於此一問題，並不在意，認為此係「中國的內政問題」，直到排外運動層出不窮，美國政府才警覺到中國可能走俄國革

---

① Warren I. Cohen, *American's Response to China,* p. 96. 1928 年 8 月，凱洛格簽訂「非戰公約」(General Treaty for the Renunciation of War)，該公約第二條規定：「締約國間如有任何爭端或衝突，不論其性質或起因，只應依和平方法求得解決」。

命模式。對於國民政府內部的分裂，駐華使領的報告中亦有詳細之記載，從中山艦事件、廖案、國民黨整理黨務案、清黨、分共等重大事件，駐華使領大量報告了革命陣營的路線之爭，提醒美國政府注意此一情勢之發展。1928年3月中美寧案協議中，國民政府將寧案之發生歸諸於共產黨人於南京政府未成立前所製造的陰謀，此一說法，更加印證美國國務院原本得來的訊息：即南京暴行係國民黨內的激進派欲迫使溫和派蔣中正垮臺的手段。所以，寧案交涉中，美國政府採取較溫和手段，不與列國一致採取制裁行動。美國政府逐漸以南京政府的溫和派——尤其是核心人物蔣中正為交涉對手，與寧案之交涉有相當關聯，美國政府同情溫和派，不主張制裁、不要求限時答覆，係諒解溫和派可能遭受排擠之處境；但是，沒有充分證據說明美國政府曾以具體行動支持國民黨右翼打擊左翼。

隨著北伐軍的告捷，愈來愈多的美國朝野人士對中國民族主義運動深表同情，相對也增加對國民政府的好感。不少人以為中國的排外運動，是共產國際的陰謀，主張支持國民黨溫和派以挽救中國，使它擺脫蘇聯的控制。在此一期盼之下，促使美國政府對中國民族主義運動有更大的領導權，希望中國大革命風潮係以美國革命為範本。凱洛格1927年1月27日發表的對華政策宣言，表示「假如中國能協議任命能代表中國人民或當局的代表」美國願與中國談判治外法權及關稅問題。癥結問題仍在於中國的分裂狀態，何者才具代表性？此一問題仍必須等候中國情勢的進一步進展。同年2月美國眾院通過了有關中國問題的波特決議案(Porter Resolution)，要求美國政府以平等互惠的基礎與中國展開修約，討論過程中也有一些主張予國民政府承認的呼聲。

無論如何，美國政府對於南北政府的承認，相當務實而謹慎。1926年下半年，當美國駐華參贊邁爾及馬慕瑞公使先後提出「不承認政策」

時，北京政府早已陷入無政府狀態，不可能被期待成爲負責任之政府；
而美國與國民政府交涉南京事件中，已顯見支持溫和派政權的合理化
解釋。但是，美國仍不急於承認南京政府，他們要等待北伐的最後結
果。對美國國務院而言，中國局勢之混沌，最有利的立場是採取觀望
態度。美國政府一方面不願貿然承認南方，同時也不願採取可能有損
於美國利益的措施。1927 年 3 月，當時駐華公使馬慕瑞鑑於中國南北
無實際代表中國政府之存在，建議國務院廢除駐中國公使一職，將他
改任爲高級專員（High Commissioner），美國政府以爲其他國家皆無
此例，美國不必冒著可能損及在華利益的危險。1928 年 5 月，國民革
命軍克復北京，關內統一後，對於此一事實上建立起來的政府，美國
政府沒有理由不予承認。通過《整理中美兩國關稅關係之條約》之簽
訂，柯立芝總統同意給予國民政府法理（de jure）承認，爲列國之中最
早承認國民政府的國家。所以，中國南北局勢本身的明朗化，是美國
國務院承認南京政府的最後一道門檻。

　　美國雖承認南京國民政府，但對南京政府之前途不具信心，南京
政府要求公使館升格、使館南遷，美國政府都沒有答允。美國政府當
時已和歐洲主要國家和日本建立大使級層次的外交關係，中國政府之
請求被拒，足證美國政府輕視之意。再者，當時公使館仍保留於北京，
而不遷往已承認政府之首都，亦是一種相當不尊重的態度。美國駐華
使領的報告，對這一新建立的政府，並沒有興奮之情，他們擔心中國
的軍事統治可能捲土重來，對南京政府的穩定性相當質疑。

　　值得留意的是，1927 年 1 月 27 日凱洛格的對華政策宣言，希望中
國協議任命能代表本國人民或當局的代表，美國願與中國展開修約交
涉；柯立芝總統亦表示，美國政府準備與中國南北政府推出之代表，
交涉修約事宜，此在道義上有鼓勵中國統一之意；據美國方面的資料

顯示，當時南北皆不願與對方磋商談判代表一事。設若當時中國南北推出代表與美國政府磋商，或許關稅自主的協定將提早達成；果眞如此，對於南京政府的承認方式，就必須透過另外的外交程序完成，例如正式的承認照會。因爲承認新政府之權限，在於美國總統，而不在於批准條約的參院。

　　1928年4月第二期北伐展開後，中外關係之主角爲日本及其出兵山東事件。美國政府對於日本出兵山東，採取緘默態度，甚至以爲日本的出兵，僅在單純的保僑。無論如何，華北危機日益加深，美國國務院以不介入他國爭端贏得國內的支持；而美國政府對於中國民族主義的反應，也比起其他國家來得友善，因此得到中國人民之友誼。如與美國相較，蘇聯是1920年代對中國干預最爲投入的國家，國民黨最初的聯俄容共、武漢政權的成立及其後的北伐都曾受到蘇聯的資助、影響。然而1920年代末期演變的結果卻是國民政府內部蘇俄勢力大爲瓦解。1929年中俄並且因爲中東路事件絕交。

　　日本視滿蒙爲其禁臠，從美國開始介入遠東事務意圖建立亞洲霸權時，與日本在滿蒙的抗衡就不曾消失，然而美國政府最後幾乎都採取讓步。1917年美國簽訂藍辛石井協定，對日本退讓，承認日本對其鄰近之中國有特殊利益；到1920年代末期，美國政府對於日本出兵山東及對滿蒙問題的緘默，此與1930年代繼凱洛格之後的國務卿史汀生(Henry L. Stimson)著名的「不承認主義」(non-recognition doctrine)同樣是低調與無所作爲的態度。美國在遠東所採行的遏止政策，實際上有相當的侷限性，主要原因在於美國在華利益有限，沒有必要爲中國問題捲入國際糾紛②。

---

② Roy W. Curry, *Woodrow Wilson and Far Eastern Policy, 1913-1921* (N. Y.: Bookman Associate, 1957), pp. 321-322.

　　據統計，從 1920 年至 1931 年，美國在中國的經濟利益相當有限。
1920 年美國對華出口僅占美國出口總額比例的 1.8，1922 年占 2.6，
1926 年占 2.3，1928 年占 2.7，1930 年占 2.3，1931 年占 4.0；而 1931
年美國對華投資，僅占美國海外投資總額的 1.2 ③。當美國的最大利益
與中國福祉有所衝突時，沒有必要為遠東的有限利益，捲入國際糾紛，
採行必要的妥協是唯一的方式。此構成美國政府在遠東採行對日本的
遏制政策有相當的限制，從一次大戰時期藍辛石井協定的退讓，乃至
於 1930 年代的華北滿蒙問題，在經過 1920 年代華盛頓體系協調外交
的嘗試後，仍回到原點──美、日在亞洲的競爭、激化、妥協之三重
現象不停輪迴。

　　近百年來中美關係的發展，中美雙方時常強調「中美傳統友誼」，
形成中外關係上美國與中國的「特殊關係」，即美國利他主義的援助和
中國方面對美國的友好情感④。1920 年代之初，由於中國排外運動的
高張，使得中外關係的發展極為緊張與不確定，比起其他國家，美國
政府對於中國民族主義的回應，仍具領導意義。但如細究之，華盛頓
會議後的數年，雖因法國遲遲未簽訂華會協議，導致關稅會議及治外
法權問題的懸而未決，但做為領導華盛頓會議的美國政府並未積極促
使華會各項結果實現。同時，美國政府沒有單方面放棄美國所享有的
任何在華特權，及廢除不平等條約。這使得共產黨人有藉口，認為如

---

③　Warren I. Cohen, *American's Response to China,* p. 107. 有關美國在
　　中國的投資，可參見：羅志平，〈兩次世界大戰期間美國在華企業投資與中
　　美關係〉（臺灣：中國文化大學博士論文，1994）。
④　Michael H. Hunt, *The Making of a Special Relationship—The
　　United States and China to 1914* (Columbia University Press, 1983),
　　pp. 299-314. 有關中國方面認為中美的傳統友誼的歷史淵源，可參見：吳翎
　　君，〈晚清中國朝野對美國的認識〉（臺灣大學歷史研究所碩士論文，1987）。

果美國政府眞正同情中國民族主義者的要求，本可效法蘇聯放棄帝俄時代的權利。

　　就中國而言，必須認淸中美特殊關係實質背後，爲利害交加的國際因素，中國方面往往高估中國本身對美國的重要性，而陷於「中美傳統友誼」的思考窠臼，最後卻成爲特殊關係下的受害者。中美關係建立在不穩定的現實國際政治的基礎上，美國政府面臨理想主義與現實主義之兩難時，最後考量的當然是符合美國的較大利益。誠如費正淸(John K. Fairbank)在影響一代美國人的中國觀之專書《美國與中國》(*The United States and China*)中，對於美國傳統遠東政策的省思：

> 美國的傳統政策中助長了一種使人爲難的分裂，一方面是人道主義的理想；一方面是政略上的現實。……可是我們通過道義制裁比採取行動，更加省事。有時我們似乎是不負責的，我們搖擺在插手、脫手和無所作爲之間。⑤

　　無論如何，1920年代美國政府的「有限介入」(limited involvement)遠東國際局勢，使它成爲最大的贏家。由於美國政府對國民黨溫和派之諒解與同情，使得南京政府成立後，美國對於國民政府內部產生相當作用，包括經濟、財政、交通等多項現代化改革，與美國之援助有相當大的關係⑥。

　　1920年代末期也標誌著華盛頓體系的徹底崩潰。北京關稅會議的

⑤　John K. Fairbank, *The United States and China*, pp. 315-316.
⑥　所謂南京政府「黃金十年」的成就與美國援助之關聯，詳見：James C. Thomson, Jr., *While China Faced West: American Reformers in Nationalist China, 1928-1937* (Cambridge, Mass.: Harvard University, 1969).

失敗，代表著各國在中國利益不同，協調外交在實施上的困境，各國
政府傾向和中國單獨談判。但是，此一時期各國並不認為華盛頓會議
國家的單獨行動將導致遠東的巨大衝突，即如日本在華北和滿洲的擴
張，大多先探詢歐美列強的意見。表面上歐美仍與日本友善，事實上
美、日間並未中止彼此的猜忌。華盛頓會議協調外交的舊秩序，已一
去不復返了⑦。

---

⑦　Akira Iriye, *After Imperialism: The Search for a New Order in the
　　Far East, 1921-1931,* pp. 87-88.

附　　錄

1927 年 1 月 27 日
凱洛格對華政策宣言①
（中、英文對照）

At this time, when there is so much discussion of the Chinese situation, I deem it my duty to state clearly the position of the Department of State on the question of tariff autonomy and the relinquishment of extraterritorial rights.

The United States has always desired the unity, the independence and prosperity of the Chinese nation.　It has desired that tariff control and extraterritoriality provided by our treaties with China should as early as possible be released. It was with that in view that the United States made the declaration in relation to the relinquishment of extraterritoriality in

---

① 這份資料，英文部分出處：United States Dept. of State, *Papers Relating to the Foreign Relations of the United States,* 1917, pp. 350-353; 中文據：北京：世界知識出版社編印，《中美關係資料彙編》（北京：1957），頁 472-475，本文採用此份直譯的中文對照。此份聲明中文版，另見於《東方雜誌》，第 24 卷第 4 期，收錄於蔣永敬編，《北伐時期的政治史料——1927 年的中國》（臺北：正中書局，民國 70 年），文字較爲典雅，但相較之下，直譯內容較能反映英文原件之意涵。

the Treaty of 1903 and also entered into the Treaty of Washington of February 6, 1922, providing for a Tariff Conference to be held within three months after the coming into force of the Treaty.

The United States is now and has been, ever since the negotiation of the Washington Treaty, prepared to enter into negotiations with any government of China or delegates who can represent or speak for China not only for the putting into force of the surtaxes of the Washington Treaty but entirely releasing tariff control and restoring complete tariff autonomy to China.

The United States would expect, however, that it be granted most favored nation treatment and that there should be no discrimination against the United States and its citizens in customs duties, or taxes, in favor of citizens of other nations or discrimination by grants of special privileges and that the open door with equal opportunity for trade in China shall be maintained; and further that China should afford every protection to American citizens, to their property and rights.

The United States is prepared to put into force the recommendations of the Extraterritoriality Commission, which can be put into force without a treaty at once and to negotiate the release of extraterritorial right as soon as China is prepared to provide protection by law and through her courts to American citizens, their rights and property.

The willingness of the United States to deal with China in the most liberal spirit will be borne out by a brief history of the events since making the Washington Treaty. That Treaty was ratified by the last one of the Signatory Powers on July 7, 1925, and the exchange of ratifications took place in Washington on August 6, 1925. Before the treaties finally went into effect and on June 24, 1925, the Chinese Government addressed identic notes to the Signatory Powers asking for the revision of existing treaties. On the first of July 1925, I sent instructions to our Minister in Peking, which instructions I also communicated to all the other Governments, urging that this should be made the occasion of evidencing to the Chinese our willingness to consider the question of treaty revision. I urged that the Powers expedite preparations for the holding of the Special Conference regarding the Chinese customs tariff and stated that the United States believed that this special tariff conference should be requested, after accomplishing the work required by the Treaty to make concrete recommendations upon which a program for granting complete tariff autonomy might be worked out. The Delegates of the United States were given full powers to negotiate a new treaty recognizing China's tariff autonomy. At the same time, I urged the appointment of the Commission to investigate extraterritoriality, with the understanding that the Commission should be authorized to include in its report recommendations for the gradual relinquishment of extraterritorial rights. Prior to this, the Chinese Government urged the United States to use its influence on Tariff Matters and the appointment to grant to its representatives the broad power to consider the whole subject of the revision of the treaties and to make recommendations upon the subject of the abolition of extraterritorial rights. This was in harmony with the views of the United States. Accordingly, on September 4, 1925 the United States and each of the other Powers having tariff treaties with China evidenced their intention to appoint their delegates to the Tariff Conference. By a note which has been published, the Powers informed China of their willingness to consider and discuss any reasonable proposal that might be made by the Chinese Government on the revision of the treaties on the subject of the tariff and also announced their intention of appointing their representatives to the Extraterritorial Commission for the purpose of considering the whole subject of extraterritorial right and authorizing then to make recommendations for the purpose of enabling the governments concerned to consider what, if any, steps might be taken with a view to the relinquishment of extraterritorial right. Delegates were promptly appointed and the Chinese Tariff Conference met on October 26, 1925.

Shortly after the opening of the Conference and on

November 3, 1925, the American Delegation proposed that the Conference at once authorized the levying of a surtax of two and one-half percent on necessaries, and, as soon as the requisite schedules could be prepared, authorize the levying of a surtax of up to five percent on luxuries, as provided for by the Washington Treaty. Our delegates furthermore announced that the Government of the United States was prepared to proceed at once with the negotiation of such an agreement as might be necessary for making effective other provisions of the Washington Treaty of February 6, 1922. They affirmed the principle of respect for China's tariff autonomy and announced that they were prepared forthwith to negotiate a new treaty which would give effect to the principle and which should make provision for the abolition of likin, for the removal of tariff restrictions contained in existing treaties and for the putting into effect of the Chinese National Tariff Law. On November 19, 1925, the committee on Provisional Measures of the Conference, Chinese delegates participating, unanimously adopted the following resolution:

The Delegate of the Powers assembled at this Conference resolve to adopt the following proposed article relating to tariff autonomy with a view to incorporating it, together with other matters, to be hereafter agree upon, in a treaty which is to be signed at this Conference.

The Contracting Power other than China hereby recognize Chinese right to enjoy tariff autonomy; agree to remove the tariff restrictions which are contained in existing treaties between themselves respectively and China; and consent to the going into effect of the Chinese National Tariff Law on January 1st, 1929.

The Government of the Republic of China declares that likin shall be abolished simultaneously with the enforcement of the Chinese National Tariff Law; and further declares the abolition of linkin shall be effectively carried out by the First Day of the First Month of the Eighteenth Year of the Republic of China (January 1st, 1929).

Continuously from the beginning of the Conference, our delegates and technical advisers collaborated with the delegates and technical advisers of the other Powers, including China, in an effort to carry out this plan,—viz. to put into effect the surtaxes provided for in the Washington Treaty, and to provide for additional tariff adequate for all of China's needs until tariff autonomy should go into effect. Until about the middle of April 1926, there was every prospect for the successful termination of the Conference to the satisfaction of the Chinese and the other Powers. About that time the Government which represented China at the Conference was forced out of power. The delegates of the United States and the other Powers, however, remained in China in the hope of continuing the negotiations and on July 3, 1926, made a declaration as follows:

> The Delegate of the foreign Powers to the Chinese Customs Tariff Conference met at the Netherlands Legation this morning. They expressed the unanimous and earnest desire to proceed with the work of the Conference at the earliest possible moment when the Delegates of the Chinese Government are in a position to resume discussion with the foreign Delegates of the problems before the Conference.

The Government of the United States was ready then and is ready now to continue the negotiations on the entire subject of the tariff and extraterritoriality or to take up negotiations on behalf of the United States alone. The only question is with whom it shall negotiate. As I have said heretofore, if China can agree upon the appointment of delegates representing the authorities or the people of the country, we are prepared to negotiate such a treaty, however, existing treaties which were ratified by the Senate of the United States cannot be abrogated by the President but must be superseded new treaties negotiated with somebody representing China and subsequently ratified by the Senate of the United States.

The Government of United States has watched with sympathetic interest the nationalistic awakening of China and welcomes every advance made by the Chinese people toward reorganizing their system of Government.

During the difficult years since the establishment of the new regime in 1912, the Government of the United States has endeavored in every way to maintain an attitude of the most careful and strict neutrality as among the several factions that have disputed with one another for control in China. The Government of the United States expects, however, that the people of China and their leaders will recognized the right of American citizens in China to protection for life and property during the period of conflict for which they are not responsible. In the event that the Chinese Authorities are unable to afford such protection, it is of course the fundamental duty of the United States to protect the lives and property of its citizens. It is with the possible necessity for this in view that American naval forces are now in Chinese waters. This Government wishes to deal with China in a most liberal spirit. It holds no concessions in China and has never manifested any imperialistic attitude toward that country. It desires, however, that its citizens be given equal opportunity with the citizens of the other Powers to reside in China and to pursue their legitimate occupation without special privileges, monopolies or spheres of special interest or influence.

　　在目前對於中國情勢正在議論紛紛的時候，我認為明白地說國務院對於關稅自主問題及放棄治外法權問題所取的態度，實為我應盡的職務。

　　美國一向希望中國團結獨立和繁榮。它希望在我們對華條約中所規定的關稅控制和治外法權儘早放棄。為了這個目的，美國於 1903 年的條約作了關於放棄治外法權的宣告，且又締結了 1922 年 2 月 6 日的華盛頓條約，在約中規定於該條約生效後三個月內召開一個關稅會議。

　　自從華盛頓條約談判以後，美國曾經準備，而且現在仍在準備著，與中國任何政府或任何能代表中國或代中國發言的代表談判，不僅談判華盛頓條約的二五附加稅之實行，而且談判關稅控制之完全放棄，及恢復中國的完全關稅自主。

　　不過，美國期望得到最惠國待遇，期望不致在關稅或他種課稅上有不利於美國及其國民，而不利於他國國民的差別待遇，不致因別國得到特權而受到差別待遇。並期望在華貿易機會均等的門戶維持開放，而且，更期望中國對美國僑民及其財產權利提供一切的保障。

　　治外法權委員會的建議無須另訂條約即能實行。美國準備即行實施此等建議，並準備一俟中國準備對美國僑民及其財產與權利予以法律及法院之保障時，即行談判放棄治外法權。

　　美國願意以最寬大的精神對待中國，這事由華盛頓條約締結以來所發生的事實的簡短歷史可以證明。華盛頓條約係於 1925 年 7 月 7 日經簽字國中最後批准的國家批准，同年 8 月 6 日在華盛頓互換批准書。在條約最後發生效力以前，中國政府於是年 6 月 24 日向各簽字國送致文字相同的照會，要求修改現存條約。同年 7 月 1 日我即向我們駐北京公使館發出訓令，並將該項訓令傳達給其他各國政府。在這訓

令中我主張我們應該藉此機會向中國人表明我們願意考慮修改條約問題。我主張列強對舉行中國關稅特別會議之準備應加速進行，我並指陳，美國認為，特別關稅會議在完成條約所要求的工作以後，應請其提供具體建議，根據此等建議可以擬出准許完全關稅自主的方案。美國的代表賦有全權談判一個中國關稅自主的新約。同時，我主張指派委員會考察治外法權問題，這委員會應了解為賦有權力在報告中提出逐漸放棄治外法權的建議。在此以前，中國政府曾籲請美國運用其在有關列強方面的影響，促速召開關稅會議及指派治外法權委員會，並促使各國政府授其代表以廣泛權力，俾能考慮整個修約問題，並能對廢除治外法權問題提出建議。這和美國的見解是相符合的。因此，美國及其他每一對華有關稅條約的列強於 1925 年 9 月 4 日表示願意任命代表出席關稅會議。列強在一個業經公布的照會裡通告中國，它們願意考慮並商討中國所提出關於修改關稅條約的任何合理的提議，並聲明它們願意任命代表參加治外法權委員會，考慮整個治外法權問題，並願意授權代表提出建議，俾使有關的政府能夠考慮採取哪一種步驟——如或有此等步驟可供採取時——以期放棄治外法權。各國代表很快就派定了，中國關稅會議遂於 1925 年 10 月 26 日開會。

　　會議開幕不久，美國代表團即於 1925 年 11 月 3 日提議：關稅會議立即準備對必需品徵收 2.5% 的附加稅，並且一俟必要的徵稅表預備好時，立即准許依照華盛頓條約規定徵收對奢侈品最高 5% 的附加稅。我們的代表並宣布，美國政府準備立即進行談判實施 1922 年 2 月 6 日華盛頓條約其他條款所必要的協定。美國代表確認尊重中國關稅自主的原則，並宣布準備立即談判一個實施此項原則，並規定裁撤釐金，解除現行條約上的關稅限制及實施中國國定關稅定率條例的新條約。1925 年 11 月 19 日有中國代表參加的「關稅會議臨時辦法委員會」一

致通過下列的決議：

> 本會議各國代表議決採用下列所擬關於關稅自主一條，以便連
> 同以後協訂其他各項事件，加入本會議所簽訂之約：
> 各締約國（中國在外）茲承認中國享受關稅自主之權利，允許解
> 除各該國與中國間現行各條約中所包括之關稅束縛，並允許中
> 國國定關稅定率條例於 1929 年 1 月 1 日發生效力。
> 中國政府聲明裁撤釐金與中國國定關稅定率條例須同時實行，
> 並聲明於民國 18 年 1 月 1 日即 1929 年 1 月 1 日須將裁釐切實
> 辦竣。

從會議開始時起，我們的代表及技術顧問持續無間地和他國
——包含中國在內——的代表及技術顧問通力合作，努力貫徹這個計
畫，——即：實施華盛頓條約所規定的附加稅，並增加海關稅率，俾
在實行關稅自主前，足夠維持中國一切需要。直到 1926 年 4 月中止，
會議很有順利結束的希望，令中國和其他各國都能滿意。約在這個時
候在會議上代表中國的政府被迫下野。不過，美國和列強的代表仍留
在中國，希望繼續談判，且在 1926 年 7 月 3 日發表宣言如下：

> 出席中國關稅會議的列強代表今晨在荷蘭公使館，一致表示殷
> 切希望，在最快期間，於中國政府代表能夠恢復與外國代表商
> 談本會議各項問題時，進行本會議工作。

美國政府當時和現在都準備繼續談判關於治外法權及關稅的全盤
問題，或由美國進行單獨。唯一的問題是和誰去談判。我已經說過，

假如中國能協議任命能代表本國的人民或當局的代表，我們準備談判這樣的一個新條約。不過，現行條約經過美國參議院批准，不能由總統廢止，必須由與代表中國的人物談判而嗣後經美國參議院批准的新約加以代替。

美國政府以同情的興趣注視中國民族的覺醒，並且歡迎中國人民在改變政府制度上所獲致之每一進步。

自 1912 年新政體建立以來，在所有這些困難的年月裡，美國政府對所有互相爭持、圖謀控制中國的各黨派間會盡一切努力，保持極嚴謹的中立態度。不過，美國政府期待中國人民及其領袖們承認美國在華僑民的生命財產在這不應由他們負責的衝突期間有被保護的權利。倘若中國當局不能提供這種保護時，美國政府自然有保護其公民生命財產的基本義務。美國海軍現在留駐中國水面，就是爲了照顧到這種可能的需要。本政府願意以最寬大的精神同中國辦交涉。本政府在中國沒有租界，並且絕不會對中國表現任何帝國主義的態度。但美國政府希望美國人民得享有其他國家人民的同等機會，在中國居住並從事合法職業而不擁有特權、獨占或特殊的利益或勢力範圍。

徵引書目

一、中、日文部分

(一)檔案、報紙、雜誌

中央研究院近代史研究所編藏，外交部檔案，《美館會晤問答》、《歐戰檔》、《使美檔》。

《大公報》（長沙），民國 9 年。

《大公報》（天津），民國 16 年。

日本外務省編，《日本外交文書》，東京：日本外務省，1917-1928。

日本外務省編，《日本外交年表並主要文書，1840-1945》，兩冊，東京：日本外務省，1955。

《申報》（上海），民國 7、8 年。

《民國日報》（上海），民國 7 年。

《民國日報》（廣州），民國 10、16 年。

《東方雜誌》（上海），民國 8、10、16 年。

《國聞週報》（天津），民國 16 年。

(二)專書

丁名楠等編，《帝國主義侵華史》，一、二卷，（北京：人民出版社，

　　　1986）。

丁身尊等編，《列強在中國的租界》（北京：中國文史出版社，1992）。

丁賢俊、喻作鳳編，《伍廷芳集》上、下（北京：中華書局，1993）。

上海人民出版社編印，《上海公共租界史稿》（上海：1980）。

中山大學歷史系孫中山研究室編印，《孫中山全集》（北京：中華書局，
　　　1981-1986）。

中國國民黨中央黨史會編印，《國父全集》（臺北：1973）。

中國國民黨中央黨史會編印，《革命文獻》（臺北：1954-1987）。

中國第二歷史檔案館編，《蔣介石年譜初稿》（南京：檔案出版社，
　　　1992）。

中國第二歷史檔案館編，《中華民國史檔案資料匯編》，第 1-4 輯（南
　　　京：古籍出版社，1986）。

王芸生，《六十年來中國與日本》，第 6-8 冊，1932 年初版（香港：三聯
　　　書店，1978-1982）。

王耿雄等編，《孫中山集外集》（上海：上海人民出版社，1990）。

王綱領，《民初列強對華貸款之聯合控制──兩次善後大借款之研究》
　　　（臺北：東吳大學中國學術著作獎助委員會，1982）。

王綱領，《歐戰時期的美國對華政策》（臺北：學生書局，1988）。

王樹槐，《庚子賠款》（台北：中央研究院，1974）。

王鴻賓主編，《張作霖與奉系軍閥》（河南：河南人民出版社，1989）。

丘宏達主編，《現代國際法》（臺北：三民書局，1993，第 10 版）。

北京中國社會科學院近史所編印，《五四愛國運動》（北京：1979）。

北京世界知識出版社編印，《中美關係資料彙編》（北京：1957）。

古屋奎二編，《蔣總統祕錄》（臺北：中央日報社譯印，1975）。

史全生、高維良、朱劍合著，《南京政府的建立》（臺北：巴比倫出版

社，1992）。

外交部檔案資訊處編，《中國駐外各大使（公使）館歷任館長銜名年表》（臺灣商務印書館，1968，增訂本）。

朱建民，《外交與外交關係》（臺北：正中書局，1977）。

臼井勝美，《日本と中國──大正時代》（東京：原書房，1972）。

臼井勝美著，陳鵬仁編譯，《中日外交史──北伐時代》（臺北：水牛出版社，1989）。

臼井勝美著，陳鵬仁譯，《近代日本外交與中國》（臺北：水牛出版社，1989）。

呂芳上，《革命之再起》（臺北：中央研究院近代史研究所專刊，1989）。

呂偉俊、王德剛，《馮國璋和直系軍閥》（河南：河南人民出版社，1993）。

李宗一、章伯鋒主編，《北洋軍閥》，第1-7卷（湖北：武漢出版社，1987）。

李恩涵，《北伐前後的「革命外交」（1925-1931）》（臺北：中央研究院近代史研究所，1993）。

李健民，《五卅慘案後的反英運動》（臺北：中央研究院近代史研究所專刊，1986）。

李國祁，《民國史論集》（臺北：南天書局，1990）。

李雲漢，《從容共到清黨》（臺北：中國學術著作獎助會，1966）。

李新主編，《國民革命的興起》（上海：上海人民出版社，1991）。

吳東之主編，《中國外交史，1911-1949》（河南：河南人民出版社，1990）。

來新夏主編，《北洋軍閥》，第1-5冊（上海：上海人民出版社，1993）。

林明德，《近代中日關係史》（臺北：三民書局，1984）。

林碧炤，《國際政治與外交政策》（臺北：五南圖書出版社，1990）。

邵玉銘，《中美關係研究論文集》（臺北：傳記文學出版社，1987）。

金問泗，《從巴黎和會到國聯》（臺北：傳記文學出版社，1983）。

芮恩施著，李抱宏、盛震溯譯，《一個美國外交官使華記》（北京：商
　　務印書館，1982）。

姚松齡譯，《顏惠慶自傳》（臺北：傳記文學出版社，1989）。

段雲章，《孫中山與中國近代軍閥》（四川：四川人民出版社，1990）。

洪鈞培，《國民政府外交史》（臺北：文海出版社繙印，1968）。

胡繩，《帝國主義與中國政治》（北京：三聯書店，1950）。

卿汝楫，《美國侵華史》，第1、2卷。香港：三聯書店，1954-1956）。

唐振常主編，《上海史》（上海：上海人民出版社，1991）。

崔丕，《近代東北亞國際關係史研究》（東北：師範大學出版社，1992）。

張玉法編，《中國現代史論文集》，第4-6輯（臺北：聯經出版公司，
　　1980）。

張忠紱，《中華民國外交史》（臺北：正中書局，1954）。

莫世祥，《護法運動史》（臺北：稻禾出版社，1991）。

郭廷以，《中華民國史事日誌》，第1、2冊（臺北：中央研究院近代史
　　研究所，1979-1984）。

陳存恭，《列強對中國的軍火禁運》（臺北：中央研究院近代史研究所，
　　1983）。

陳志讓，《軍紳政權》（香港：三聯書局，1979）。

陶文釗，《中美關係史》（重慶：重慶出版社，1993）。

陶菊隱，《北洋軍閥史話》，第1-8輯（臺北：蒲公英出版社，1986）。

費正清主編，章建剛(等譯)，《劍橋中國史》，第12、13卷（上海：上
　　海人民出版社，1992）。

費成康，《中國租界》（上海社會科學院出版社，1991）。

黃征、陳長、馬烈，《段祺瑞與皖系軍閥》（河南：河南人民出版社，1990）。

楊翠華，《中基會對科學的贊助》（臺北：中央研究院近代史研究所專刊，1991）。

楊大辛主編，《北洋政府總統與總理》（天津：南開大學出版社，1989）。

葉遐庵口述，兪誠之筆錄，《太平洋會議前後中國外交內幕及其與梁士詒之關係》，收入：《近代中國史料叢刊續輯》，第19輯（臺北：文海出版社，1974）。

董霖譯著，《顧維鈞與中國戰時外交》（臺北：傳記文學出版社，1984）。

賈士毅，《華會見聞錄》（臺北：文海出版社，無出版年代）。

鈴木武雄監修，《西原借款資料研究》（東京：東京大學出版會，1972）。

劉大年，《美國侵華史》（北京：人民出版社，1951）。

樂炳南，《日本出兵山東與中國排日運動》（臺北：國史館，1988）。

蔣永敬編，《北伐時期的政治史料──1927年的中國》（臺北：正中書局，1981）。

蔣永敬編，《濟南五三慘案》（臺北：正中書局，1978）。

蔣永敬，《鮑羅廷與武漢政權》（臺北：中國學術著作獎助會，1963）。

蔣廷黻，《近代中國外交史資料輯要》，上、下（上海：商務印書館，1941）。

蔣廷黻，《蔣廷黻回憶錄》（臺北：傳記文學出版社，1984）。

錢泰，《中國不平等條約之緣起及其廢除之經過》（臺北：國防研究院，1961）。

閻廣耀、方生（選譯），《美國對華政策文件選編──從鴉片戰爭到第一次世界大戰，1842-1918》（北京：人民出版社，1990）。

薛銜天等編,《中蘇國家關係史資料匯編(1917-1924)》(北京:中國社
會科學院出版社,1992)。

顧長聲,《傳教士與近代中國》(上海:上海人民出版社,1991,增補
本)。

顧維鈞,《顧維鈞回憶錄》,第1冊(北京:中華書局,1982年)。

(三)論文

孔慶山,〈華盛頓會議與美國對華政策〉,收入:丁名楠主編,《中美關
係史論文集》,第2冊(成都:重慶出版社,1988),頁181-203。

孔慶泰,〈1927年寧案與寧案處理始末〉,《歷史檔案》(北京:1987:
2),頁108-119。

牛大勇,〈北伐戰爭時期美國分化政策與美蔣關係形成〉,《近代史研
究》(北京:1986:6),頁187-211。

牛大勇,〈美國對華政策與中國大革命的失敗〉,收入:丁名楠主編,
《中美關係史論文集》第2冊(成都:重慶出版社,1988),頁231
-256。

王聿均,〈舒爾曼在華外交活動初探(1921-1925)〉,收入:中華文化復
興運動推行委員會主編,《中國近代現代史論集》,第23編(下),
(臺北:商務印書館,1986),頁1149-1248。

王綱領,〈北伐時期美國的對華政策〉,收入:《蔣中正與現代中國學
術討論集》(1986:12),頁164-179。

石楠,〈美國與日俄爭奪中國東北和第二次日俄密約的簽訂〉,《近代
史研究》(北京:1988:2),頁163-185。

吳應銑著,陳玉璣譯,〈英美與吳佩孚〉,《近代史資料》,總52期(北
京:中國社會科學院近代史研究所,1983:2),頁81-128。

呂芳上，〈廣東革命政府的關餘交涉〉，《中國歷史與文化討論集》
　　(1984 年 5 月)，頁 253-279。

李仕德，《北伐前後時期中英關係之研究(1925-1928)》(臺北：中國文
　　化大學史學研究所碩士論文，1989)。

李守孔，〈北伐前後國民政府外交政策之研究——民國十三年元月至
　　民國十六年三月〉，收入：中華文化復興運動推行委員會主編，
　　《中國近代現代史論集》，第 24 編(臺北：商務印書館，1986)，
　　頁 595-679。

李恩涵，〈九一八事變前中美撤廢領事裁判權的交涉〉，《中央研究院
　　近代史研究所集刊》，第 15 期(1986：6)，頁 335-369。

李恩涵，〈北伐前後收回關稅自主權的交涉〉，收入：中華文化復興運
　　動推行委員會主編，《中國近代現代史論集》，第 24 編(臺北：商
　　務印書館，1986)頁 681-740。

李恩涵，〈北伐期間收回漢口、九江英國租界的交涉〉，《歷史學報》(國
　　立臺灣師範大學)，第 10 期(1982：6)，頁 405-439。

李國祁，〈德國檔案中有關中國參加第一次世界大戰的幾項記載〉，收
　　入：中華文化復興運動推行委員會主編，《中國近代現代史論
　　集》，第 23 編(上)(臺北：商務印書館，1986)，頁 279-294。

李雲漢，〈中山先生護法時期的對日政策〉，收入：中華文化復興運動
　　推行委員會主編，《中國近代現代史論集》，第 24 編(臺北：商務
　　印書館，1986)，頁 147-160。

李雲漢，〈中山先生護法時期的對美交涉(1917-1923)〉，收入：中華文
　　化復興運動推行委員會主編，《中國近代現代史論集》，第 24 編
　　(臺北：商務印書館，1986)，頁 161-222。

沈予，〈1924-1927 年日本對華政策——論「幣原外交」的特性〉，收

入：夏良才主編，《近代中國對外關係》(四川：人民出版社，1985)，頁 269-306。

沈予，〈第一次世界大戰後美英與日本在華新角逐和日本侵華策略的演變〉，《近代史研究》(北京：中國社會科學院近代史研究所，1988：1)，頁 169-189。

沈予，〈論北伐戰爭時期美國對華政策〉，收入：丁名楠主編，《中美關係史論文集》，第 2 冊(成都：重慶出版社，1988)，頁 204-230。

汪熙、吳心伯，〈司戴德與美國對華金元外交〉(上、下)，《復旦學報》(社會科學版)(上海：1990：6；1991：1)，頁 90-97，80-85。

周惠民，〈孫中山先生尋求與德國進行軍事合作之努力〉，國父建黨革命一百週年學術研討會，(臺北：1994 年 11 月 19 日至 23 日)。

林明德，〈簡論日本寺內內閣之對華政策〉，收入《中國近代現代史論集》，第 23 編，《民初外交》(上)，頁 521-558。

林明德，〈日本與 1919 年的南北議和〉，收入《中國近代現代史論集》，第 23 編，《民初外交》(上)，頁 559-580。

林明德，〈華盛頓會議與中日關係〉，收入：中華文化復興運動推行委員會主編，《中國近代現代史論集》，第 23 編(上)(臺北：商務印書館，1986)，頁 593-640。

林泉，〈太平洋會議與中國關稅自主運動〉，收入：中華文化復興運動推行委員會主編，《中國近代現代史論集》，第 23 編(下)(臺北：商務印書館，1986)，頁 679-716。

邵宗海，〈美國外交承認中華民國始末〉，國父建黨革命一百週年學術研討會，(臺北：1994 年 11 月 19 日至 23 日)。

郎維成，〈中國政局與幣原外交〉，收入：中國中日關係史研究會編，《日本的中國移民》(北京：三聯書店，1987)，頁 304-321。

唐啓華，〈北伐時期的北洋外交——北洋外交部與奉系軍閥處理外交事務的互動關係〉，中華民國史專題第 1 屆研討會（臺北：1992 年 8 月 6 日至 8 日）。

徐洛，〈中國大革命時期美國對華政策〉，《世界歷史》（北京：1990：6），頁 118-128。

張玉法，〈孫中山的歐美經驗對中國革命的影響〉，孫中山與亞洲國際學術研討會（廣州：中山市翠亨村，1990）。

郭曦曉，〈寧案與中美外交〉，《歷史研究》（北京：1992：5），頁 61-72。

陳豐祥，〈五四時期的民族主義〉，收入：中華文化復興運動推行委員會主編，《中國近代現代史論集》，第 22 編（臺北：商務印書館，1986），頁 371-410。

黃嘉謨，〈中國對歐戰的初步反應〉，收入：中華文化復興運動推行委員會主編，《中國近代現代史論集》，第 23 編（上）（臺北：商務印書館，1986），頁 261-278。

楊寧一，〈從原敬到幣原——評 20 年代日本外交的變化〉，《世界歷史》（北京：1990：1）。

魏良才，〈一九二〇年代後期的美國對華政策：國會、輿論及壓力團體的影響〉，《美國研究》，卷 10，第 1、2 期合刊（臺北：中央研究院美國文化研究所，1978），頁 158-184。

羅志平，〈兩次世界大戰期間美國在華企業投資與中美關係〉（臺北：文化大學史學研究所博士論文，1994）。

二、英文部分

(一)檔案、年鑑、報紙、雜誌

The China Press (Shanghai, 《大陸報》).

China Weekly Review (Shanghai, 《密勒氏評論報》).

Chinese Year Book (Shanghai, 《中國年鑑》).

Great Britain, Foreign Office, FO 371, China: General Corre-
spondence.

New York Times (New York).

North China Daily News (Shanghai, 《字林西報》).

Peking Leader (Peking, 《北京導報》).

Peking & Tientsin Times (Tientsin, 《京津泰晤士報》).

United States Department of State, *Papers Relating to the
Foreign Relations of the United States,* 1914-1928.

United States Department of State, National Archives. esp.
*Records of Department of State Relating to Internal
Affairs of China, 1910-1929,* A Microfilm Publication.
(Washington, D. C. , 1960).

(二)專書

Borg, Dorothy, *America and the Chinese Revolution, 1925
-1928.* New York: American Institute of Pacific Rela-
tions, the MacMillan Company, 1947.

Buhite, Russell D., *Nelson T. Johnson and American Policy
toward China, 1925-1941.* East Lansing Michigan: Mi-
chigan State University Press, 1968.

Chan, F. Gilbert & Etzold, Thomas H., eds., *China in the 1920s: Nationalism and the Revolution.* New York, London: A division of FranklinWatts, 1976.

Chi, Hsi-sheng, *Warlord Politics in China.* Stanford: Stanford University, 1976.

Cohen, Warren I., *American's Response to China.* New York: Columbia University, 1990.

Cole, Bernard D., *Gunboats and Marines: The United States Navy in China, 1925-1928.* Newark: University of Delaware Press, 1983.

Curry, Roy W., *Woodrow Wilson and Far Eastern Policy,* 1913 -1921. New York: Bookman Associates, 1957.

Etzold, Thomas H., ed., *Aspects of Sino-American Relations.* New York: A Division of Franklin Watts, 1978.

Fairbank, John K., ed., *The Missionary Enterprise in China and America.* Cambridge, Mass.: Harvard University, 1974.

Fairbank, John K., *The United States and China.* Cambridge, Mass.: Harvard University, 1978. Fourth Edition.

Fung, Edmund S. K., *The Diplomacy of Imperial Retreat: Britain's South China Policy, 1924-1931.* Hong Kong: New York: Oxford University, 1991.

McCormark, *Gavan, Chang Tso-lin in Northeast China, 1911 -1928: China, Japan and the Manchurian Idea.* Stanford: Stanford University, 1977.

George, Brian T., *The Open Door and the Rise of Chinese Nationalism: American Policy and Chinese, 1917-1928*. Ann Arbor: University Microfilms International, 1983.

Griswold, Whitney A., *The Far Eastern Policy of United States*. New York: Harrcourt, Brace and Company, 1938.

Hou, Chi-ming, *Foreign Investment and Economic Development in China, 1840-1937*. Cambridge, Mass.: Harvard University, 1965.

Hunt, Michael H., *The Making of a Special Relationship: The United States and China to 1914*. New York: Columbia University, 1983.

Iriye, Akira, *Across the Pacific*. New York: Harcourt, Brace & World, Inc., 1987.

Iriye, Akira, *After Imperialism: The Search for a New Order in the Far East, 1921-1931*. New York: Atheneum, 1969.

Israel, Jerry, *Progressive and the Open Door: America and China, 1905-1921*. Pittsburgh: University of Pittsburgh Press, 1971.

Jordan, Donald A., *The Northern Expedition: China's National Revolution of 1926-1928*. Honolulu: The University Press of Hawaii, 1976.

May, Ernest R. & Thomson, James C. Jr., eds., *American -East Asian Relation: A Survey*. Cambridge, Mass.: Harvard University, 1972.

Nathan, Andrew J., *Peking Politics, 1918-1923*. Michigan:

Michigan University, 1976.

Pollard, Robert T., *China's Foreign Relations, 1917-1931*. New York: MacMillan, 1933.

Pratt, Julius W., *A History of United States Foreign Policy*. New Jersey: Prentice-hall, Inc., 1972.

Schrecker, John E., *Imperialism and Chinese Nationalism*. Cambridge, Mass.: Harvard University, 1971.

Thomson, James C. Jr., *While China Faced West: American Reformers in Nationalist China, 1928-1937*. Cambridge, Mass.: Harvard University, 1969.

Wilbur, Martin, *Sun Yat-sen: Frustrated Patriot*. New York: Columbia University, 1976.

Wilbur,C. Martin & How, Julie Lien-ying, *Missionaries of Revolution*. Cambridge, Mass.: Harvard University, 1989.

Williams, Appleman William, *The Tragedy of the American Diplomacy*, rev. ed., New York: Delta Books, 1961.

Wou, Odoric Y. K., *Militarism in Modern China, the Career of Wu Pei-fu, 1916-1939*. Dawson: Australian National University Press, 1963.

(三)論文

Asada, Sadao, "Japan 'Special Interests' and the Washington Conference, 1921-1922," *American Historical Review*, V. 67, No. 1 (1961：Oct.), pp. 62-70.

Buckley, Thomas, "John Van Antewerp MacMurray: The

Diplomacy of an American Mandarin," in Richard D. Burns, et al. eds., *Diplomat in Crisis: U. S.-Chinese -Japanese Relations, 1919-1941* (Santa Barbara: Clio-ABC Press, 1974), pp. 27-49.

Buhite, Russell, "Nelson T. Johnson and American Policy, 1925 -1928," *Pacific Historical Review,* V. 35, No. 4 (1966), pp. 451-465.

Cohen, Warren I., "America and the May Fourth Movement: The Response to Chinese Nationalism, 1917-1921," *Pacific Historical Review,* V. 35, No. 1 (1966), pp. 83-100.

Deangelis, Richard C., "Resisting Intervention: American Policy and the Lin Ch'eng Incident," 《中央研究院近代史研究所集刊》，第 10 期(1981：7)，頁 401-416。

Deangelis, Richard C., "Jacob Gould Schurman, Sun Yat-sen, and the Canton Customs Crisis," 《中央研究院近代史研究所集刊》，第 8 期(1979：10)，頁 253-293。

George, Brian T., "The State Department and Sun Yat-sen Policy and the Revolutionary Disintegration of China, 1920 -1924," *Pacific Historical Review,* V. 41 No. 3(1977), pp. 387-408.

Pugach, Noel, "Making the Open Door Work: Paul S. Reinsch in China, 1913-1919," *Pacific Historical Review,* V. 38, No. 2 (1969), pp. 157-175.

Varg, Paul A., "The Missionary Response to the Nationalist Revolution," in John K. Fairbank ed., *The Missionary*

Enterprise in China and America (Cambridge, Mass: Harvard University, 1974), pp. 311–335.

中英文人名對照表

外國人名

Abbott, John Jay　阿伯特，美國芝加銀行副總裁。

Alston, Beilby　艾斯頓，英國駐華公使。

Amery, Leopold　愛馬瑞，英國殖民部部長。

Anglen, Francis　安格聯，中國海關總稅務司。

Bancroft, Edgar A.　班克羅夫特，美國駐日大使。

Bell, Edward　貝爾，美國駐華代辦。

Bell, Hayley　貝爾上校(英籍)，任職廣州海關。

Bergholz, Lao　柏格霍爾茲，美國駐廣州總領事。

Bingham, Hiramm W.　賓漢，美國共和黨參議員。

Bishop, A. G. Colonel　畢夏上校，美國在華軍官。

Boppe, Auguste　柏卜，法國駐華公使。

Borah, William E.　包拉，美國參議院外交委員會主席。

Borodin, Michael　鮑羅廷，廣州政府俄國顧問。

Bristol, Mark L. Admiral　布里司托上將，美國亞洲艦隊總司令

Brockman, Fletcher S.　布魯克曼，孫中山的美籍友人。

Bryan, William Jennings　布萊恩，於 1913-1915 年擔任美國國務卿一職。

Cecil, Robert　希塞爾，英國外相。

Chamberlain, Austen　張伯倫，英國外相。

Chamberlain, Culver B.　張伯倫，美國駐汕頭副領事。

Chapmam, F. J., III.　查普曼，美國駐北京公使館二等秘書。

Cheney, Sherwood A.　陳尼，美國在華軍官

Christian, George B.　克里斯琴，美國白宮秘書

Clementi, Sir Cecil　克里蒙弟爵士，英國駐香港總督。

Cohen, Morris　柯恩

Colby, Bainbridge　柯爾比，美國國務卿。

Coltman, Charles　滿察理，美國商人。

Coolidge, Calvin　柯立芝總統

Crane, Charles R.　柯蘭，美國駐華公使。

Cunningham, Edwin S.　柯銀漢，美國駐上海總領事

Davis, John K.　戴維斯，美國駐南京總領事。

Davis, Norman　戴維斯，美國國務院顧問。

Donald, W. H.　端納，上海《遠東時報》編輯。

Edward, A. H.　易紈士，中國海關稅務司。

Everson　愛弗生，上海公共租界英國警察巡官。

Ferguson, John C.　福開森，北洋政府總統府美籍顧問。

Fuller, Stuart J.　福勒，美國駐天津總領事。

Gauss, Clarence E.　高斯，美國駐天津總領事。

Giles, Herbert　賈斯，英國駐南京總領事。

Goodnow, Frank J.　古德諾，美國政治學者。

Grew, G. Jesoph　格魯，美國副國務卿。

Hall, Josef Washing　候信雅，美國報人

Hanson, G. C.　韓森，美國駐哈爾濱領事。

Harding, Warren G.　哈定總統

Heintzleman, P. S.　赫茲萊曼，美國駐廣州總領事。

Hornbeck, Stanley K.　項貝克，美國遠東事務司司長。

Hough, H. H.　霍夫上將，美國長江巡邏分隊(Yangtze Patrol)司
令。

Howard, Esme　霍渥德，英國駐美大使。

Hughes,Charles E.　休斯，美國國務卿。

Huston, Jay Calvin　休斯頓，美國駐廣州副領事。

Hutchins, Charles T.　何錦思，美國海軍參贊。

Jamieson, James W.　傑米遜，英國駐廣州總領事。

Jenkins, Douglas　詹金斯，美國駐廣州總領事。

Johnson, E. Finley　費里尼‧強森，「國際司法調查團」美國代表。

Johnson, Nelson T.　詹森，美國國務院遠東司官員。

Jordan, John Newell　朱爾典，英國駐華公使。

Kellogg, Frank B.　凱洛格，美國國務卿。

King, William H.　金，美國參議員。

Lampson, Miles　藍浦生，英國駐華公使。

Lansing, Robert　藍辛，美國國務卿。

Lloyd George, David　勞合‧喬治，英國外相。

Lockhart, Frank P.　羅赫德，美國遠東司司長、駐漢口總領事。

Ma Soo　馬素，孫中山在美國的私人代表。

Macleay, Ronald　馬克利，英國駐華公使。

MacMurray, John V. A.　馬慕瑞，美國國務院遠東司司長、駐華
公使。

MacVeagh, Charles　麥克維，美國駐日大使。

Marcosson, Issac F.　馬科森,《星期六晚報》(Saturday Evening Post)記者

Martin, William F. Colonel　馬丁上校

Mayer, Ferdinand L.　邁爾,美國駐華公使館參贊。

McEven　馬基昂,上海警務處處長(commissoner)。

McMay, Charles B.　馬克維,美國海軍巡邏隊司令。

Morrison, George E.　莫里遜,英籍顧問。

Morrison, George E.　羅伊‧安德森,美孚公司駐華代表。

Norman, Robert　諾曼,孫中山的美國顧問。

O'Malley, Owen　歐瑪利,英國駐京代辦。

Pastor, Don Luis　巴斯特,北京外交使團領袖,西班牙公使。

Paxton, J. Hall　包懋勛,美國駐南京總領事。

Peck, Willys R.　裴克,美國駐北京公使館中文秘書。

Phillip, William　菲利浦,美國國務院顧問。

Philoon, Wallace C.　費隆,助理軍事參贊。

Polk, Frank Lyon　美國國務院顧問。

Pontius, Albert W.　普汀斯,美國駐奉天總領事。

Porter, Stephen G.　波特,美國眾議院外交事務委員會主席,共和黨議員。

Powell, J. B.　鮑威爾,《密勒氏評論》(China Weekly Review)主筆。

Price, Ernest B.　廣州副領事普萊斯、駐福州領事、駐濟南領事。

Reinsch, Paul S.　芮恩施,美國駐華公使。

Ruddock, Albert B.　芮德客,美國北京使館秘書。

Sammons, Thomas　沙曼斯,美國駐上海總領事。

Schurman, Jacob Gould　舒爾曼，美國駐華公使。

Seymour, Walter F.　謝慕爾，美國長老教會醫師。

Sokobin, Samuel　蘇可賓，美國駐張垣領事。

Sokolsky, George　索考斯基，孫中山的美籍友人。

Stimson, Henry L.　史汀生，美國國務卿。

Strauss, Joseph　史佐斯，美國亞洲艦隊總司令。

Strawn, Silas H.　史壯，法權調查委員會主席美國代表。

Thomas, Washington　湯馬斯上將，美國亞洲艦隊總司令。

Tredwell, Roger Culver　崔得爾，英國駐香港總督。

Warren　美國駐日大使。

William, John E.　文懷恩。金陵大學副校長。

Williams, Clarence S. Admiral　威廉斯，美國亞洲艦隊總司令。

Willoughby, W. W.　韋洛貝，北洋政府總統府顧問。

Wilson,Woodrow　威爾遜總統

部分中國人名

Chen, Eugene　陳友仁

King, Wunsz　金問泗

Koo, Telly　顧泰萊

Koo, Wellington　顧維鈞

Lee, W. Frank　李錦綸

Sun, Fo　孫科

Sze, Alfred　施肇基

Wang, Chung Hui　王寵惠

Wang, C. T.　王正廷

Wu , C. C.　伍朝樞

Yen, William W.　顏惠慶

索　引

六畫

七畫

九畫

十三畫

二十二畫

教育叢書書目

中國現代史叢書書目

大雅叢刊書目

法學叢書書目

圖書資訊學叢書書目

三民大專用書書目 —— 歷史·地理

書名	作者	著/編	學校
中國歷史	李國祁	著	臺灣師大
中國歷史系統圖	顏仰雲	編繪	臺灣大學
中國通史（上）（下）	林瑞翰	著	臺灣大學
中國通史（上）（下）	李方晨	著	東吳大學
中國通史	甘懷真	著	臺灣大
中國史	林瑞瀚	著	臺灣大
中國近代史四講	左舜生	著	
中國現代史	李守孔	著	臺灣大學
中國現代史	薛化元	編著	交通大學
中國近代史概要	蕭一山	著	
中國近代史（近代及現代史）	李守孔	著	臺灣大學
中國近代史	李守孔	著	臺灣大學
中國近代史	李方晨	著	
中國近代史	李雲漢	著	政治大學
中國近代史（簡史）	李雲漢	著	政治大學
中國近代史	古鴻廷	著	東海大學
隋唐史	王壽南	著	政治大學
明清史	陳捷先	著	臺灣大學
黃河文明之光（中國史卷一）	姚大中	著	東吳大學
古代北西中國（中國史卷二）	姚大中	著	東吳大學
南方的奮起（中國史卷三）	姚大中	著	東吳大學
中國世界的全盛（中國史卷四）	姚大中	著	東吳大學
近代中國的成立（中國史卷五）	姚大中	著	東吳大
秦漢史話	陳致平	著	
三國史話	陳致平	著	
通鑑紀事本末 1/6	袁樞	撰	
宋史紀事本末 1/2	陳邦瞻	撰	
元史紀事本末	陳邦瞻	撰	
明史紀事本末 1/2	谷應泰	撰	
清史紀事本末 1/2	黃鴻壽	撰	
戰國風雲人物	惜秋	撰	
漢初風雲人物	惜秋	撰	
東漢風雲人物	惜秋	撰	
蜀漢風雲人物	惜秋	撰	

書名	著者	服務機構
隋唐風雲人物	惜秋　撰	
宋初風雲人物	惜秋　撰	
民初風雲人物（上）（下）	惜秋　撰	
中國文化史	杜正勝主編	中央研究院
世界通史	王曾才著	臺灣大學
西洋上古史	吳圳義著	政治大學
世界近代史	李方晨著	
世界現代史（上）（下）	王曾才著	臺灣大學
西洋現代史	李邁先著	前臺灣大學
東歐諸國史	李邁先著	前臺灣大學
英國史綱	許介鱗著	臺灣大學
德意志帝國史話	郭恒鈺著	柏林自由大學
法國史	吳圳義著	政治大學
印度史	吳俊才著	政治大學
日本通史	林明德著	臺灣師大
日本史	林明明著	臺灣師大
日本信史的開始——問題初探	陶天翼著	
日本現代史	許介鱗著	臺灣大學
臺灣史綱	黃大受德著	臺灣師大
近代中日關係史	林明德著	臺灣師大
美洲地理	林鈞祥著	臺灣師大
非洲地理	劉鴻喜著	臺灣師大
自然地理學	劉鴻喜著	臺灣師大
地形學綱要	劉鴻喜著	臺灣師大
聚落地理學	胡振洲著	國立臺灣藝專
海事地理學	胡振洲著	國立臺灣藝專
經濟地理	陳伯中著	前臺灣大學
經濟地理	胡振洲著	國立臺灣藝專
都市地理學	陳伯中著	臺灣大學
中國地理（上）（下）（合）	任德庚著	
中國地理	潘桂成、張瑞津著	臺灣師大

三民大專用書書目 —— 政治・外交

政治學	薩	孟	武	著	臺灣大學
政治學	鄒	文	海	著	政治大學
政治學	曹	伯	森	著	陸軍官校
政治學	呂	亞	力	著	臺灣大學
政治學	凌	渝	郎	著	美國法蘭克林學院
政治學概論	張	金	鑑	著	政治大學
政治學概要	張	金	鑑	著	政治大學
政治學概要	呂	亞	力	著	臺灣大學
政治學方法論	呂	亞	力	著	臺灣大學
政治理論與研究方法	易	君	博	著	政治大學
公共政策	朱	志	宏	著	臺灣大學
公共政策	曹	俊	漢	著	臺灣大學
公共關係	王德馨、俞成業			著	交通大學
中國社會政治史（一）～（四）	薩	孟	武	著	臺灣大學
中國政治思想史	薩	孟	武	著	臺灣大學
中國政治思想史（上）（中）（下）	張	金	鑑	著	政治大學
西洋政治思想史	張	金	鑑	著	政治大學
西洋政治思想史	薩	孟	武	著	臺灣大學
佛洛姆（Erich Fromm）的政治思想	陳	秀	容	著	政治大學
中國政治制度史	張	金	鑑	著	政治大學
比較主義	張	亞	澐	著	政治大學
比較監察制度	陶	百	川	著	國策顧問
歐洲各國政府	張	金	鑑	著	政治大學
美國政府	張	金	鑑	著	政治大學
地方自治概要	管		歐	著	東吳大學
中國吏治制度史概要	張	金	鑑	著	政治大學
國際關係 —— 理論與實踐	朱張碧珠			著	臺灣大學
中國外交史	劉		彥	著	
中美早期外交史	李	定	一	著	政治大學
現代西洋外交史	楊	逢	泰	著	政治大學
中國大陸研究	段家鋒、張煥卿、周玉山			主編	政治大學
大陸問題研究	石	之	瑜	著	臺灣大學
立法論	朱	志	宏	著	臺灣大

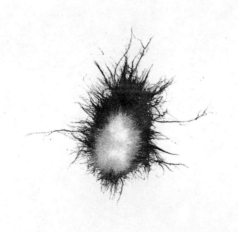